글로벌 기업 재무제표로 알아보는 비즈니스 모델 분석

B/S

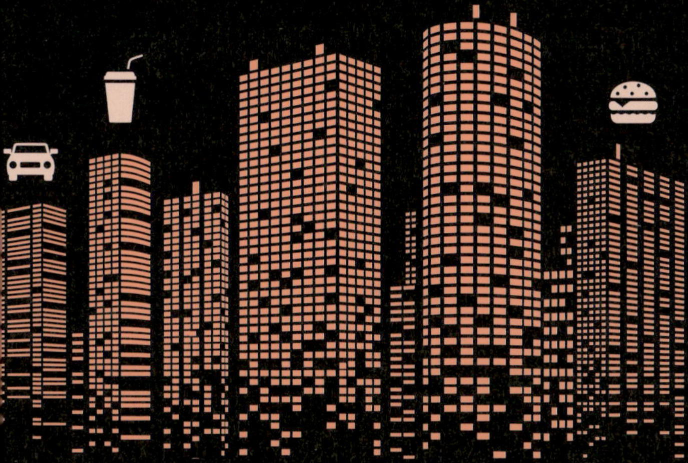

P/L

KESSANSHO X BUSINESS MODEL TAIZEN by Kensuke Yabe

Copyright © 2023 Kensuke Yabe
All rights reserved.
Original Japanese edition published by TOYO KEIZAI INC.
Korean translation copyright © 2024 by Bjpublic

This Korean edition published by arrangement with TOYO KEIZAI INC., Tokyo,
through The English Agency (Japan) Ltd., Tokyo and Danny Hong Agency, Seoul.

이 책의 한국어판 저작권은 대니홍 에이전시를 통한 저작권사와의 독점 계약으로
(주)비제이퍼블릭에 있습니다. 저작권법에 의해 한국 내에서 보호를 받는 저작물이므로
무단전재와 복제를 금합니다.

글로벌 기업 재무제표로 알아보는 비즈니스 모델 분석

야베 켄스케 지음
김여은 옮김

머리말

숫자만으로는 재무제표를 읽을 수 없다

"재무제표를 공부하고 있는데 실제 재무제표를 봐도 잘 모르겠어요. 어떻게 하면 좋을까요?"

최근에 이러한 질문을 받았습니다. 왜 재무제표를 공부하는데 제대로 읽기가 어려울까요?

그 이유는 **재무제표의 숫자만 봐서는 그 내용을 해석할 수 없기 때문**입니다. 이는 실제 경영에서 재무제표가 어떻게 활용되는지를 생각하면 잘 알 수 있습니다.

재무제표는 회사가 받는 일종의 '통지표'와 같습니다. 다음 그림처럼 **경영자는 재무제표를 보고 자신들의 비즈니스에서 성과가 어떻게 나타나는지를 파악**합니다. 그리고 재무제표 데이터를 활용하여 경영상의 문제점을 분석하고, 다음 대책과 비즈니스 모델을 생각합니다.

경영자는 재무제표를 어떻게 활용할까?

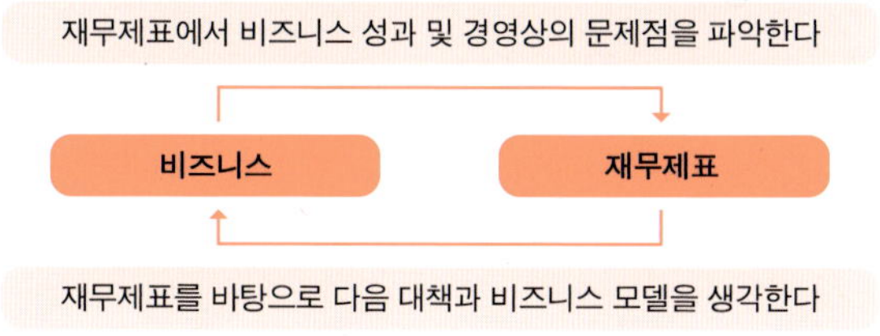

재무제표에서 비즈니스 성과 및 경영상의 문제점을 파악한다

비즈니스 ↔ 재무제표

재무제표를 바탕으로 다음 대책과 비즈니스 모델을 생각한다

즉 **재무제표와 비즈니스는 따로 존재하는 것이 아니라 서로 긴밀하게 연결됩니다.** 경영 성과가 반영된 재무제표를 바탕으로 경영자는 다음 방안을 모색합니다.

그래서 재무제표에서 보이는 숫자만으로는 그 의미를 파악하기 어렵습니다. 즉 **재무제표를 읽으려면 그 회사의 비즈니스를 이해해야 합니다.**

'재무제표×비즈니스 모델' 시점이 중요

그렇다면 그 회사의 비즈니스를 이해하면서 재무제표를 읽으려면 어떻게 해야 할까요?

제가 재무제표를 볼 때 신경 쓰는 기준이 있습니다. 바로 '그 회사의 비즈니스 모델을 보고 가설을 세우면서 재무제표를 읽는 것'입니다.

예를 들어 다음의 경우를 생각해 볼까요.

> 드러그스토어의 재무상태표(B/S)를 비교해 보니 자산으로 외상매출금(매출대금의 미회수분)이 발생한 회사(A사)와 그렇지 않은 회사(B사)가 있습니다. 이 두 회사의 차이는 무엇일까요?

소매업에서 외상매출금은 대부분 발생하지 않거나 적은 경우가 일반적입니다. 현금 판매는 매출이 발생하자마자 매출 대금이 회수되기 때문입니다. 최근에는 전자결제 비율이 높아져서 입금이 완료되기까지 시간이 걸리지만, 주로 기업 간 거래(B2B)를 하는 기업과 비교하면 외상매출금이 작은 경향이 있습니다.

이렇게 생각하면 A사는 외상매출금이 없으므로 '모든 거래는 현금 결제로 이뤄지고 전자결제는 도입하지 않았다'라는 가설을 세울 수 있습니다.

반면 B사는 '전자결제를 도입했다'라는 상반된 가설을 세울 수 있는데, 사실 이 경우에는 '조제 전문 약국을 운영한다'라는 가설도 가능합니다. 시중 유통 의약품과는 다르게 조제 약품의 판매 대금은 환자 본인부담금과 건강보험 공단부담금으로 나뉩니다. 일본의 경우 조제약을 판매하고 3개월 정도 지나야 건강보험조합의 지급금을 받을 수 있기 때문에, 조제 전문 약국을 운영하는 드러그스토어는 외상매출금이 늘어나는 경향이 있습니다.

이처럼 **재무제표를 이해하는 데에는 비즈니스 모델에 대한 가설을 세우면서 재무제표를 읽는 '재무제표×비즈니스 모델'의 시점이 중요**합니다.

이 책에서는 소개하는 사례마다 재무제표에 나타나는 중요한 숫자 변화나 비즈니스 모델의 차이 등을 그래프와 그림으로 만들어 각 사례의 서두에 배치했습니다. 그리고 그 회사에서 어떤 일이 일어났는지, 재무제표에 어떤 차이가 발생하는지를 생각하도록 만들었습니다.

그림으로 설명하면 단번에 많은 재무제표를 볼 수 있다

재무제표를 이해하는 데 또 하나 중요한 점은 재무제표를 읽는 '경험'을 쌓는 것입니다. **수많은 재무제표를 읽다 보면 재무제표를 해석하는 데 필요한 '요령'을 파악하게 됩니다.**

물론 많은 경험을 쌓으려면 어쩔 수 없이 시간이 필요합니다. 그래서 이 책에서 다루는 모든 재무제표를 '비례축척도 比例縮尺図'*와 그래프 형태로 설명하여 **단시간에, 그리고 시각적으로 재무제표 데이터를 이해할 수 있도록 구성**했습니다.

---

* 재무상태표 또는 손익계산서상의 금액의 크기에 비례하여 면적을 나타낸 그림. 주요 계정과목으로 구분하여 재무제표를 시각적으로 이해하기 쉽게 만들었다.

특히 40군데 이상의 기업 사례를 소개하여 여러 회사의 재무제표를 한 번에 읽는 경험을 쌓을 수 있습니다.

이 책의 구성

다양한 비즈니스 모델과의 연관성을 고려하면서 재무제표를 읽을 수 있도록 사례로 소개된 회사의 사업 방식을 유형화하여 각 장을 구성했습니다.

Chapter 1은 입문 단계로 비즈니스 모델과 연결하여 재무제표를 읽는 방법을 설명합니다. 구체적으로 재무상태표(B/S), 손익계산서(P/L), 현금흐름표(CF정산서)의 구조를 살펴보고 음료 제조업과 주택 건설업, 외식업 등 **비즈니스 모델의 차이가 재무제표에 어떻게 반영되는지**를 알아봅니다. 그리고 M&A(기업의 인수 합병) 등의 투자가 현금흐름표에 미치는 영향과 주의할 점도 살펴봅니다.

Chapter 2에서는 수익 구조와 재무제표의 관계에 주목합니다. 드러그스토어와 100엔 숍은 **어떻게 수익**을 만들까요? 그리고 그 수익 구조는 재무제표에 어떻게 반영될까요? 그 밖에 언뜻 비슷한 사업 구조로 보이는 IT벤더**의 비즈니스 모델과 이익 창출의 차이 등에 초점을 맞춰 살펴봅니다.

Chapter 3에서는 글로벌 경영을 추진하는 기업의 재무제표를 다룹니다. 국제 분업을 진행한 주가이제약이나 M&A로 해외 사업을 확대하는 아사히그룹홀딩스 등의 재무제표는 어떻게 구성되어 있는지 살펴보며 사업의 글로벌화가 초래하는 지정학적 리스크의 영향을 알아봅니다.

Chapter 4에서는 경영 개혁과 재무제표의 관계를 살펴봅니다. **수십 년에 한 번 큰 환경 변화가 찾아올 때 회사의 비즈니스 모델도 크게 변화합니다.** 그

** 시스템이나 소프트웨어 등의 IT제품을 판매하는 회사.

때 경영자는 회사 경영에 어떻게 대처하고, 그것이 재무제표에 어떤 식으로 영향을 미칠까요? 후지필름, 르네사스일렉트로닉스 등의 사례를 보며 파헤쳐 봅니다.

Chapter 5에서는 도산 기업과 분식 회계를 진행한 회사의 재무제표에 포커스를 맞춰봅니다. 세계적으로 최상위의 시장 점유율을 자랑하던 자동차 부품 제조업체 다카타와 일본 의류업계를 대표하던 장수기업 레나운 등은 어째서 도산했을까요? 그리고 재무제표를 보고 어떻게 분식 회계를 알아챌 수 있을까요? 이러한 기업 사례에서 중요한 현금흐름표를 읽는 방법도 자세히 배워봅니다.

그럼 지금부터 다양한 기업 사례를 보면서 '재무제표×비즈니스 모델'의 시점을 배워볼까요.

저자소개

야베 켄스케 矢部謙介

주쿄대학 국제학부, 주쿄대학대학원 인문사회과학연구과 교수, 주쿄대학 집행역원 학장 보좌(교육·글로벌화 담당)이고 전문 분야는 경영분석, 경영재무이다. 1972년 출생하여 게이오대학 이공학부를 졸업하고, 동 대학 대학원의 경영관리연구과에서 MBA를 마친 후 토쓰바시대학 대학원 상업학연구과에서 박사(상업학)를 취득하였다.

산와종합연구소(현 미쓰비시UFJ리서치&컨설팅)와 외자계기업인 경영컨설팅업체 롤랜드버거에서 대기업과 중소기업을 대상으로 경영전략구축, 기업재구축, 사업부 실적 평가 시스템 도입, 신규사업 기획지원 등 경영컨설팅 활동에 종사했다. 그 후 현직에 종사하며 맥스밸류 토카이 주식회사의 사외이사를 역임 중이다.

저서로는『결산서의 비교 도감(決算書の比較図鑑)』,『무기가 되는 회계사고력(武器としての会計思考力)』,『무기가 되는 회계 파이낸스(武器としての会計ファイナンス)』,『분식 회계&흑자도산 읽기(粉飾&黒字倒産を読む)』(이상, 니혼지츠교출판사(日本実業出版社)),『일본의 기업 재편의 가치 향상 효과(日本における企業再編の価値向上効果)』,『성공한 패밀리비즈니스는 무엇을 어떻게 바꾸었는가? (공저)(成功しているファミリービジネスは何をどう変えているのか?)』(이상, 도분칸출판(同文舘出版)) 등이 있다.

옮긴이의 글

일본계 기업에서 재무회계 담당자로 일해오던 10여 년의 시간은, 단 1원의 오차도 허용하지 않는 긴장감의 연속이었습니다. 매일 숫자와 씨름하다 보면 어느새 한 달의 기록이 '재무제표'로 완성되었습니다. 이를 12번 반복하고 회계 감사까지 끝나면 그 해에 기업의 성과와 과제를 되돌아보며 다음 회계 연도를 준비했습니다.

『글로벌 기업 재무제표로 알아보는 비즈니스 모델 분석』을 번역하면서 기업의 재정 상태를 단순 수치가 아닌, 재무제표에서 각 항목이 차지하는 비율을 비즈니스 모델과 연결하여 분석하는 방식이 신선하게 다가왔습니다. 그리고 같은 업종이라도 기업의 비즈니스 모델에 따라 재무 상태의 비율이 달라지는 이유와 배경을 알아가며 공부가 되었습니다.

지금까지 제조와 건설, IT 업계를 거치면서 업종별 특징을 잘 이해한다고 생각했는데, 책에서 다루는 글로벌 기업의 실제 사례들을 통해 기업이 비즈니스를 전개해 나가는 방식이 돈의 흐름을 어떻게 좌우하는지 새삼 깨닫게 되었습니다. 그리고 실무로 접해보지 못한 요식업, 의류업의 비즈니스 모델 사례를 통해 대략적인 사업 구조와 운영 방식도 배울 수 있었습니다.

독자 여러분도 저자가 제시하는 41개의 기업 사례를 하나씩 살펴보다 보면 기업의 성공 요인뿐만 아니라 문제점을 파악하기 위한 힌트를 얻어 갈 수 있을 것입니다. 무엇보다 이 책을 통해 눈에 보이는 재무제표의 숫자에 연연하지 않고 비즈니스 모델과 연결하여 거시적으로 분석하는 안목을 얻을 수 있기를 바랍니다.

김여은 드림

베타리딩 추천사

이 책은 다양한 비즈니스 모델별로 Quick하게 재무제표를 읽는 Key Point를 알려줍니다. 새로 맡게 될 직무가 여러 다른 비즈니스 모델로 사업 중인 전체 법인별 사업성 분석이라, 몸담아 본 적 없는 사업까지 어떻게 재무제표를 읽어야 하는지 막막했던 차였습니다. 그런데 이 책에서 단순히 재무제표를 읽는 법을 알려주는 게 아니라 P/L, Waterfall 차트와 함께 비즈니스 모델을 한눈에 쉽게 연결해 볼 수 있는지 몇 가지 꿀팁을 알려주었습니다. (꿀팁은 직접 책을 읽어보면서 알아보시는 것을 추천!)

게다가 한 가지 산업만 설명한 것이 아니라서 실무에서 일할 때 워크북의 용도로 책상에 놓고 필요할 때 꺼내 봐도 될 정도로 다양한 사례가 수록되어 있습니다. 그리고 개인적으로 이 책을 읽고 나니 사업분석에 대해 좀 더 깊게 공부하고 싶단 동기부여도 나름 생겼기 때문에 실무용뿐만 아니라 주식투자 관련해서 대략 여러 산업별 특징과 분석 방향에 대해 알고 싶은 분들께 시작용 책으로 추천합니다!

권혜수 보람상조개발(주) 미래전략팀

이 책에 제시된 여러 기업 사례를 통해 재무제표를 읽고 분석할 수 있는 실무적 역량을 기를 수 있습니다. 현대 사회에서 기업의 경영성과와 재무상태를 분석하는 데 재무제표 읽는 방법을 익히는 것은 필수 소양이라고 생각합니다. 그렇지만 많은 분이 이에 대한 필요성은 인식하면서도 쉽게 도전하지 못하고 있습니다. 아마도 재무제표를 이해하기 위해서는 회계학, 경영학, 경제학 등 여러 학문적 기초가 뒷받침되어야 하기 때문일 것입니다.

그러나 『글로벌 기업 재무제표로 알아보는 비즈니스 모델 분석』은 이런 학문적 기초가 없는 분들이라도 기업의 성과와 재무 상태를 분석할 수 있는 가이드를 제시하고 있습니다. 비전문가에게는 재무분석에 대한 기초를, 전문가에게는 재무분석 실무에 대한 방법론을 제시한다고 할 수 있습니다. 추천하고 싶은 경영, 경제 관련 책입니다.

오두영 경제학 전공자

매년 수십 권 이상의 경제, 경영 도서를 읽지만, 수년간 두 가지 갈증이 있었습니다. 첫 번째는, 국내 기업을 넘어 일본 주식시장의 상장사 기업에 대한 분석을 담은 도서, 두 번째는 해당 기업들의 기업분석을 위한 재무제표에 대한 내용을 담은 도서였습니다.

『글로벌 기업 재무제표로 알아보는 비즈니스 모델 분석』은 이러한 갈증을 해소해 준 서적이라 생각합니다. 단순히 재무제표에 대한 내용들을 넘어서 왜 영속적인 비즈니스 모델을 '유지'하는 게 쉽지 않은 일인지, 어째서 영업이익이 흑자가 나고 있는데 기업이 쇠락하게 되었는지 파악하고 본서의 내용을 통해 한 걸음 더 나아간다면, 기업과 비즈니스 모델을 검토하는 데 큰 도움이 될 거라 자신합니다.

박경호 LS일렉트릭/데이터 거래사 및 분석가/매니저

주식투자에 관심이 있어 관련 서적을 읽기 시작한 게 2018년부터였습니다. 주식투자 관련 책 중에는 재무제표에 관련된 책도 다수 있었는데 그럴 수밖에 없는 것이 제가 주식을 사고파는 방식이 재무제표, 숫자를 기본으로 한 가치투자이기 때문입니다.

지금까지 읽은 기존의 재무제표 책이 나뭇잎과 가지 등 디테일한 숫자에서 출발해서 회사의 투자가치를 찾는 방식을 사용했다고 하면 『글로벌 기업 재무제표로 알아보는 비즈니스 모델 분석』은 기존의 서적과 다르게 재무제표를 전체적인 회사의 제무상태 비율을 볼 수 있는 비례축척도라는 방식으로 접근해 회사의 전체적인 재무상태 배치를 이해하고 이를 토대로 산업 & 비즈니스 모델별로 어떠한 비례로 숫자가 나타나는지에 대해 설명하고 있습니다.

또한 책의 마지막 부분에는 이러한 비례를 이용해 회사가 분식 회게 등을 할 때 이 비례가 어떻게 어그러지는지에 대해 설명해 주식투자 시 이러한 회사를 피할 수 있도록 도와주고 있습니다. 기존에 나와 있는 재무제표에 관한 책과 다르게 회사 전체의 상태와 비즈니스 모델을 제무제표를 통해 숲과 같은 방식으로 크게 이해하고 싶다면 일독하기를 권합니다.

최규민 국가정보자원관리원

재무제표의 숫자를 쉬운 언어로 바꿔주는 마법 같은 책입니다. 재무제표만으로 스톡옵션 매도 자금을 매출 대금으로 둔갑시킨 징후를 발견하고 싶나요? 손익계산서 대비 재무상태표의 규모가 작다는 점에서 점포 관련 자산을 최소화한 경영진의 전략을 읽고 싶나요? 그렇다면 이 책이 좋은 해결책이 될 것입니다.

특히 비례축척도나 폭포 차트를 이용하여 3종의 재무제표를 쉽게 요약하는 저자의 접근법이 인상적입니다. 그리고 음료업체, 건설업체, 맥주회사 등 다양한 기업 pool을 분석하고 있어 재무제표 분석법을 객관적으로 파악하는 데 도움이 됩니다. 더불어 COVID-19나 러-우 전쟁의 여파가 기업에 미치는 영향에 주목하다 보면 큰 재미를 얻을 수 있을 것입니다.

허민 데이터분석가

목 차

머리말 v
저자소개 x
옮긴이의 글 xi
베타리딩 추천사 xii

Chapter 1 | 비즈니스 모델과 연결하여 재무제표 읽기

1 재무상태표(B/S) 읽기 2
2 음료 제조업체의 재무상태표로 보는 비즈니스 모델의 차이 8
3 주택 건설업체의 재무상태표로 보는 비즈니스 모델의 차이 17
4 손익계산서(P/L) 읽기 22
5 유제품 제조업체의 손익계산서로 보는 비즈니스 모델의 차이 27
6 카페·레스토랑의 손익계산서로 보는 비즈니스 모델의 차이 35
7 현금흐름표(C/F) 읽기 42
8 M&A에 따라 현금흐름표는 어떻게 움직이는가? 47

Chapter 2 | 수익 구조와 재무제표

1. 드러그스토어의 수익 구조 차이 54
2. 박리다매 100엔 숍 업계에서 높은 수익성을 실현하는 방법 63
3. 도쿄일렉트론이 반도체 불황에 대비한 비결 72
4. 오빅크가 '경이로운 이익률'을 달성한 이유 80
5. 니토리의 수익성과 재고회전율이 높은 이유 90

Chapter 3 | 글로벌 경영과 재무제표

1. 주가이제약의 수익성이 월등히 높은 2가지 이유 102
2. 아사히·기린·삿포로 맥주 회사 3사의 전략적 차이 111
3. 후발 의약품 회사 2곳을 해외 M&A로 이끈 '구조적 문제' 120
4. 해외 M&A로 글로벌화를 추진한 JT가 우크라이나에서 끌어안고 있는 리스크 129
5. 사카타종묘가 높은 수익성과 안전성을 유지하는 이유 136

CONTENTS

Chapter 4 경영 개혁과 재무제표

1 후지필름은 축소되는 시장에서 어떻게 대응했는가? ······ 146
2 히타치가 히타치건기 주식의 '일부 매각'을 결정한 이유 ······ 157
3 인프로니어의 무형자산이 4년 만에 190배로 뛴 이유 ······ 168
4 돈 버는 구조로 탈바꿈한 르네사스의 리스크 ······ 178

Chapter 5 도산&분식 회계와 재무제표

1 재무제표로 도산과 분식 회계 파악하기 ······ 190
2 명문 어패럴 기업 레나운은 왜 도산했는가? ······ 205
3 에어백 세계 점유율 2위에 빛나던 다카타가 도산한 이유 ······ 215
4 온쿄가 경영 파탄에 이른 원인과 전말 ······ 224
5 그레이스테크놀로지의 분식 회계를 왜 알아차리지 못했는가? ······ 234

맺음말 ······ 243

※ 이 책은 여러 기업의 재무제표의 개요를 비교하며 살펴보는 것에 주안점을 두었기 때문에 재무제표의 세세한 금액이 아니라 일부러 대략적인 숫자(어림수)를 사용했습니다.
그리고 일본회계기준, 국제회계기준(IFRS), 미국회계기준과 같이 서로 다른 회계 기준을 적용한 회사끼리 비교한 경우가 있는데, 이런 경우에는 엄밀성을 따지기보다는 비교하기 쉽게 만들기 위하여 본질을 해치지 않는 범위 내에서 재무제표의 계정과목·구분·나열 순서 등을 변경했습니다.
기본적으로 연결재무제표(한 회사가 속한 그룹 전체의 재무제표)를 사용했습니다. 단, 연결재무제표를 작성·공시하지 않은 경우에는 개별재무제표(그 회사만의 재무제표)를 사용했습니다.

※ '비례축척도'는 『비즈니스·어카운팅 - MBA 회계관리』(야마네다카시 지음, 중앙경제사, 2001)에서 처음 나온 개념으로 이 책에서는 그것을 참고하여 응용한 비례축척도를 사용했습니다.

※ 각 기업의 수치는 기본적으로 유가증권보고서 등의 공시 자료에 근거합니다. 시계열 재무 데이터의 일부는 닛케이 NEEDS-Financial QUEST에서 취득하여 사용했습니다.

※ 이 책의 내용은 기본적으로 2023년 3월 기준의 법령과 정세에 따릅니다.

※ 이 책에 기재된 기업명, 브랜드명, 상품명, 서비스명 등은 각 기업의 상표 또는 등록상표에 해당합니다. 본문에서 ©, ®, TM은 명기하지 않았습니다.

Chapter

1

비즈니스 모델과
연결하여
재무제표 읽기

Section 1

재무상태표(B/S) 읽기

재무상태표를 통해
비즈니스 모델의 차이를 파악한다

기업의 재무제표(결산서)는 크게 재무상태표(B/S), 손익계산서(P/L), 현금흐름표(CF정산서) 3가지로 구성됩니다.[1]

그리고 재무제표에는 단일 기업에서 작성하는 '개별재무제표'와 기업 그룹 전체에서 작성하는 '연결재무제표'가 있습니다. 이 책은 기본적으로 연결재무제표를 중심으로 설명합니다.

먼저 첫 번째로 재무제표의 재무상태표를 보면서 설명하겠습니다. 일정 시점의 기업의 재무 상태를 보여주는 재무상태표는 **Balance Sheet**(밸런스 시트)의 앞 글자를 따서 B/S라고도 부릅니다.

재무상태표는 뒤에서 소개하는 손익계산서와 비교하여 어렵게 느끼는 사람이 많지만, **재무상태표에는 손익계산서 이상으로 해당 기업의 비즈니스 모델과 전략이 나타납니다.** 여기서는 재무상태표의 기본 구조를 이해하고 재무상태표가 어렵다는 인식을 바꿔보겠습니다.

---

[1] 재무제표는 보통 재무상태표, 손익계산서, 현금흐름표, 자본변동표 및 주석 5가지로 분류된다. 이 책은 그중 상기 3가지 보고서를 중심으로 설명한다.

재무상태표의 기본 구조

재무상태표(B/S)

유동자산	유동부채	부채
	비유동부채	
유형자산 (비유동자산)	자본	
무형자산		
투자자산과 기타비유동자산		

위는 재무상태표의 기본 구조를 나타낸 그림입니다. 재무상태표는 크게 왼쪽(자산)과 오른쪽(부채·자본)으로 나눌 수 있습니다.

재무상태표의 오른쪽은 회사가 어떻게 자금을 조달했는지를 보여주는데, 은행에서 빌린 차입금 등의 부채와 자본으로 나눕니다. 부채는 상환하거나 지급을 해야하지만, 자본은 주주에게 귀속된 자금이므로 변제하지 않아도 됩니다.

또 부채는 유동부채와 비유동부채로 구분합니다. 유동부채는 단기(대부분은 1년 이내)로 지급이나 상환이 필요한 부채, 비유동부채는 장기(대부분은 1년 초과)로 지급이나 상환이 필요한 부채입니다.

자본에는 주주가 그 회사에 직접 투자한 돈(자본금[2]과 자본잉여금[3])과 이익

---

2 처음 회사를 만들 때 주주가 투입한 돈.
3 증자 등 자본거래로 발생한 초과 수익.

잉여금 등이 표시되는데, 이익잉여금이란 이제까지 회사가 쌓아온 이익 중에서 내부유보[4](사업으로 재투자)로 돌린 금액을 말합니다.

이익잉여금의 액수는 이제까지 그 회사가 쌓아온 이익의 기준이 됩니다. 특히 **우량 기업으로 불리는 회사는 이익잉여금의 금액이 상당히 커서, 결과적으로 재무상태표의 오른쪽에 있는 자본 비율이 높아지면서 그만큼 부채 비율은 낮아집니다.** 이익을 내부유보로 돌려 투자자금으로 사용하면 차입 등의 유이자부채(이자가 발생하는 부채)에 의존하지 않아도 되기 때문입니다.

재무상태표의 왼쪽은 오른쪽에서 조달한 자금의 투자처를 나타내는데, 유동자산과 비유동자산으로 구분합니다. 단기간(대부분의 경우 1년 이내) 내에 현금화할 수 있는 자산은 유동자산으로, 1년 이내에 현금화가 어려운 자산은 비유동자산으로 분류합니다. 비유동자산은 토지나 건물처럼 형태가 있는 '유형자산', 소프트웨어나 특허권처럼 실체가 없는 '무형자산', 그리고 투자유가증권처럼 장기적으로 보유하는 '투자자산'과 이들에 속하지 않는 임차보증금 등의 '기타비유동자산'으로 나눕니다.

그중에서 무형자산을 볼 때 주목할 점은 바로 '영업권'입니다. **영업권**goodwill **이란 회사가 인수 또는 합병(M&A)을 진행할 때 인수 가격에서 인수 대상 회사의 (시가 기준의) 자본을 초과한 금액**을 가리킵니다. M&A를 진행할 때 인수 가격은 시가 기준의 자본을 웃도는 경우가 많기 때문에, M&A를 진행한 회사의 재무상태표 왼쪽에 고액의 영업권이 포함되는 경우가 많습니다. 인수 대상 회사의 자산에서 부채를 제외한 가격 이상으로 더해진 평가 부분이 인수를 진행한 회사의 무형자산 부분에 영업권으로 표시됩니다.

따라서 재무상태표 왼쪽에 고액의 영업권이 포함되어 있으면 과거에 큰 규모의 M&A를 진행했을 가능성이 높습니다. 영업권을 회계 처리 하는 방법은

---

4 기업의 순이익 가운데 세금이나 배당금 등 외부로 유출된 금액을 제외한 나머지를 축적한 금액.

다음 Section에서 다룰 음료 제조업체의 사례(13~14쪽)에서 자세한 설명이 나오니 참고해 주세요.

이제 본격적으로 실제 재무상태표를 살펴볼까요. 다음은 일본맥도날드홀딩스 日本マクドナルドホールディングス[5](이하 일본맥도날드)의 요약재무상태표입니다.

일본맥도날드의 요약재무상태표(2021년 12월기 결산)

과 목	단위(십억 엔)	과 목	단위(십억 엔)
(자산 부문)		(부채 부문)	
유동자산	103	유동부채	59
현금 및 현금성자산	75	외상매입금	1
외상매출금	21	미지급금	29
기타	7	미지급비용	7
		기타	21
비유동자산	157		
유형자산	103	비유동부채	7
건물·구축물	63	퇴직급여부채	1
기계·장치	10	복구충당부채	4
토지	21	기타	2
기타	9	부채 합계	66
무형자산	10		
영업권	1	(자본 부문)	
소프트웨어	9	자본금	24
기타	1	자본잉여금	42
		이익잉여금	132
투자자산과 기타비유동자산	44	자기주식	0
보증금	34	기타포괄이익누계액 합계	-4
기타	10	자본 합계	194
자산 합계	260	부채자본 합계	260

---

5 햄버거·레스토랑 체인을 중심으로 한 음식점 경영 및 관련 사업을 운영하는 회사로 산하에 일본맥도날드주식회사 등의 자회사를 두고 있다.

이 재무상태표는 일본맥도날드의 공시 자료를 요약하여 간단하게 나타낸 것이지만, 익숙하지 않으면 좀처럼 읽기 어렵습니다. 이제 이 재무상태표를 그림으로 설명하겠습니다.

앞의 재무상태표상에 묶여 있는 숫자를 가져와 다음 그림과 같이 만들었습니다. 구체적으로 왼쪽에는 '유동자산', '유형자산', '무형자산', '투자자산과 기타비유동자산'을, 오른쪽에는 '유동부채', '비유동부채', '자본 부문'을 골라서 금액의 크기에 비례하여 면적으로 나타낸 '비례축척도'로 옮겼습니다.

다음 그림은 일본맥도날드의 재무상태표로 만든 비례축척도입니다.

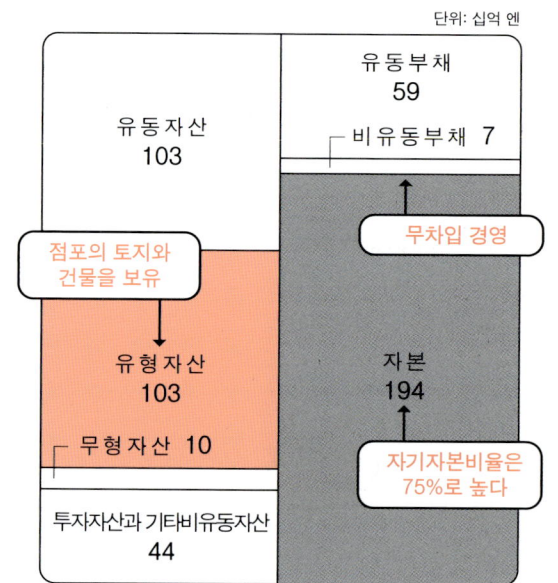

이처럼 읽기 어려운 재무상태표를 비례축척도로 만들면 직관적으로 인식할 수 있습니다. **비례축척도를 활용하여 대략 재무상태표의 큰 틀을 파악한 후 세세한 부분을 재무상태표 원본으로 확인하는 방법이 재무상태표를 보는 요**

령입니다.

예를 들어 일본맥도날드의 재무상태표 왼쪽에서 유형자산은 1,030억 엔으로, **회사가 보유한 점포 건물과 토지를 포함**합니다. 일본맥도날드는 프랜차이즈 점포 형태를 중심으로 운영하지만, 직영 점포도 운영하고 있습니다. 그래서 프랜차이즈나 직영 점포에 필요한 임대 점포의 유형자산 금액이 크다는 것을 알 수 있습니다. 그리고 투자자산과 기타비유동자산(440억 엔)의 대부분은 점포 보증금(340억 엔)이 차지하고 있습니다.

재무상태표의 오른쪽을 살펴보면 상대적으로 부채 비율이 낮습니다. 재무상태표의 원본을 보면 **일본맥도날드에는 차입금 등의 유이자부채가 없습니다**. 따라서 일본맥도날드는 이른바 '무차입 경영'을 하는 기업이라는 사실을 알 수 있습니다.

자본 구성의 안정성을 보는 지표 중에 자기자본비율[=자기자본[6]÷총자본(총자산)]이 있습니다. 회사가 조달한 자본 중에 상환이 필요 없는 자본의 비율을 나타내는데, **비율이 높을수록 그 기업의 안전성이 높다고 판단합니다**. 일본맥도날드의 자기자본비율을 계산하면 75%가 나옵니다. 일본의 상장기업에서 자기자본비율의 평균치는 40% 전후이므로 **일본맥도날드의 자기자본비율은 상당히 높은 수준**이라고 말할 수 있겠지요.

이렇게 요약된 재무상태표로 그 회사가 어떤 비즈니스 모델을 구축하고 있는지를 파악할 수 있습니다.

---

6 기업의 출자자(또는 주주)에게 귀속되는 자본으로 상환 기한이 없다. '순자산'이라고도 한다.

Section 2

음료 제조업체의 재무상태표로 보는 비즈니스 모델의 차이

자산 구성의 차이로
비즈니스 모델의 차이를 파악한다

▸ **음료회사 3사의 차이는 재무상태표에 어떻게 나타날까?**

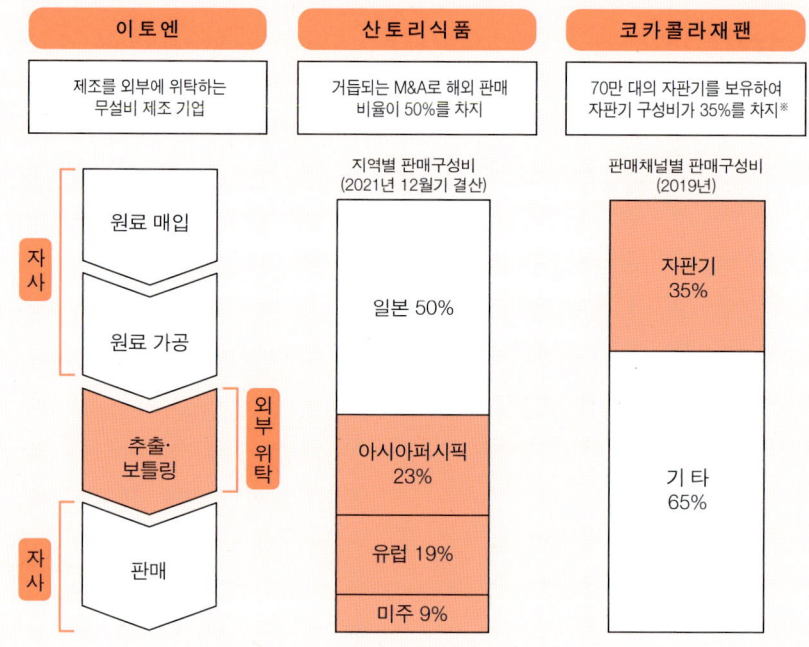

※ 2020년 9월 8일 자 닛케이산교신문

이번에는 대형 음료 제조업체의 재무상태표를 비교해 보겠습니다. 사례에 등장하는 회사는 이토엔伊藤園, 산토리식품인터내셔널サントリー食品インターナショナル (이하 산토리식품), 코카콜라보틀러즈재팬홀딩스コカコーラボトラーズジャパンホールディングス (이하 코카콜라재팬) 3사[7]입니다.

이 회사들은 모두 음료 제조업체이지만, 앞의 그림과 같이 저마다 다른 비즈니스 모델을 가지고 있습니다.

이토엔은 대표 브랜드인 녹차 제품 '오이오차お～いお茶'와 야채 음료, 커피 음료를 주력 상품으로 다루는 청량음료 회사입니다. 이토엔의 비즈니스 모델 특징은 추출이나 보틀링 등의 음료 제조 공정을 자사 공장이 아닌 외부 공장에 위탁하는 무설비 제조 기업이라는 점입니다.

산토리식품은 캔 커피 '보스BOSS'와 녹차 음료 '이에몬伊右衛門' 등의 청량음료를 주력 상품으로 생산합니다. 산토리식품의 특징은 해외 매출 비율이 50%를 차지한다는 점입니다. 이는 산토리식품이 적극적으로 해외 기업과 M&A를 추진한 결과입니다.

코카콜라재팬은 2017년 4월 코카콜라이스트재팬과 코카콜라웨스트재팬이 경영 통합을 이루면서 생겨난 청량음료 제조회사입니다. 영업 지역은 일본의 1도 2부 35현[8]으로 일본의 코카콜라 계열 탄산음료 제조업체 가운데 최대 규모입니다. 코카콜라재팬의 사업 특징은 자판기 70만 대를 보유하여 자판기 채널의 매출구성비가 35%로 높다는 점입니다.

그렇다면 각각의 비즈니스 모델 특징은 재무상태표에서 어떻게 나타날까요? 가설을 세우면서 재무상태표를 살펴보겠습니다.

---

7 일본 업계동향리서치의 2021-2022년 음료업계 매출액 순위 자료에 따르면, 코카콜라보틀러즈재팬홀딩스는 2위(7,858억 엔), 이토엔은 5위(4,007억 엔)를 기록했다. 산토리식품인터내셔널은 1위(12,638억 엔)를 차지한 산토리홀딩스 산하의 자회사이다.

8 일본의 행정구역은 도(都)와 도(道)가 각 1개씩 있고, 부(府) 2개, 현(県) 43개로 이루어져 있다.

무설비 제조 경영으로 유형자산이 적은 이토엔

다음 그림은 이토엔의 2021년 4월기 결산 재무상태표의 비례축척도입니다.

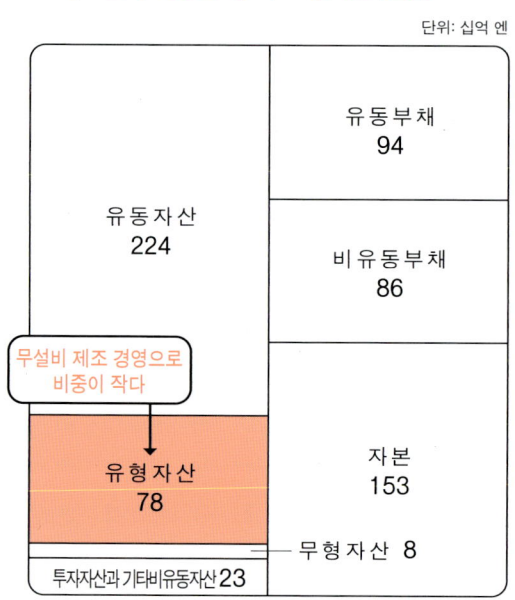

재무상태표 왼쪽(자산)에서 눈에 띄는 특징은 유형자산이 780억 엔으로 적다는 점입니다. 총자산(자산의 합계 금액)에서 유형자산이 차지하는 비율은 23%에 지나지 않습니다.

매출액이 유형자산의 몇 배에 달하는지를 나타내는 유형자산회전율(=매출액÷유형자산)을 계산하면 이토엔 5.7회, 산토리식품 3.0회, 코카콜라 1.7회로 이토엔의 유형자산회전율이 월등히 높은 것을 알 수 있습니다.

이토엔은 녹차 브랜드 중에서 톱을 차지하는데, 자사에서는 원료인 녹찻잎만 제조하고 녹차 추출과 보틀링은 외부에 위탁하는 '무설비 제조 경영' 방식을 채택하고 있습니다. 이렇게 이토엔은 **필요한 설비 투자가 적기 때문에 유형자산의 비중이 작은 경량형 비즈니스 모델로 자리 잡게 되었습니다.**

재무상태표 왼쪽에서 가장 큰 금액을 차지하는 유동자산(2,240억 엔)에는 현금 및 현금성자산(1,090억 엔) 외에 받을어음 및 외상매출금(530억 엔)과 재고자산(450억 엔)이 포함되어 있습니다.

반면 재무상태표의 오른쪽(부채·자본)에서 유동부채는 940억 엔, 비유동부채는 860억 엔이고, 각각 단기차입금 250억 엔, 사채[9] 및 장기차입금 660억 엔이 포함되어 있습니다. 자본은 1,530억 엔으로, 자기자본비율은 46%에 이릅니다.

M&A에 따른 글로벌 전개가 특징인 산토리식품

이어서 산토리식품의 재무상태표를 알아볼까요. 산토리식품은 IFRS(국제회계기준)를 채택하여 일본회계기준의 재무제표와는 일부 다른 점이 있지만, 세세한 차이는 생략하고 살펴보겠습니다.

재무상태표 왼쪽의 가장 큰 특징은 고액의 무형자산(6,860억 엔)입니다. 여기에는 영업권(2,560억 엔)과 상표권(3,280억 엔)이 포함되어 있습니다.

영업권의 대부분은 2009년에 프랑스 청량음료 제조업체인 오랑지나슈웹스 그룹을, 2015년에 재팬베버리지홀딩스를 인수하면서 발생했습니다. 영업권의 회계 처리 방법은 다음 Section에서 자세히 설명하겠습니다.

상표권의 대부분은 영국의 대형 제약회사인 글락소스미스클라인이 양도한

---

9 기업이 유가증권을 발행하여 자금을 조달하는 방법으로 회사채라고도 한다.

'루코제이드', '리베나'와 오랑지나슈웹스그룹에서 취득한 '슈웹스', '오랑지나', '오아시스' 등의 음료 브랜드입니다.

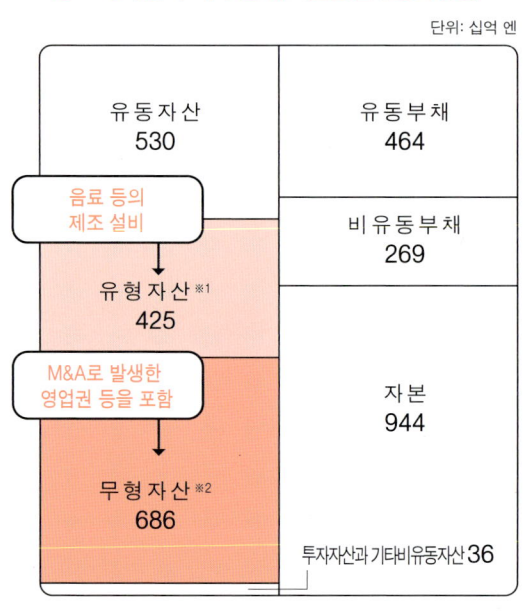

※1 사용권자산을 포함한다.
※2 영업권과 그 밖의 무형자산의 합계액

산토리식품이 음료 사업의 글로벌화를 위해 적극적인 M&A를 추진한 결과가 그대로 재무상태표에 나타나 있습니다.

그리고 산토리식품은 이토엔과는 다르게 **음료 등의 제조 설비를 갖추고 있기 때문에 유형자산[사용권(리스)자산 포함]도 4,250억 엔으로 금액이 많습니다.**

재무상태표의 오른쪽에서 유동부채는 4,640억 엔, 비유동부채는 2,690억 엔이고, 여기에 포함된 사채 및 차입금은 각각 560억 엔과 1,100억 엔입니다. 자본은 9,440억 엔, 자기자본비율은 56% 입니다.

M&A로 발생하는 영업권의 회계 처리 방법

이제 다음 그림을 보며 M&A로 발생하는 '영업권'의 회계 처리 방법을 알아보겠습니다.

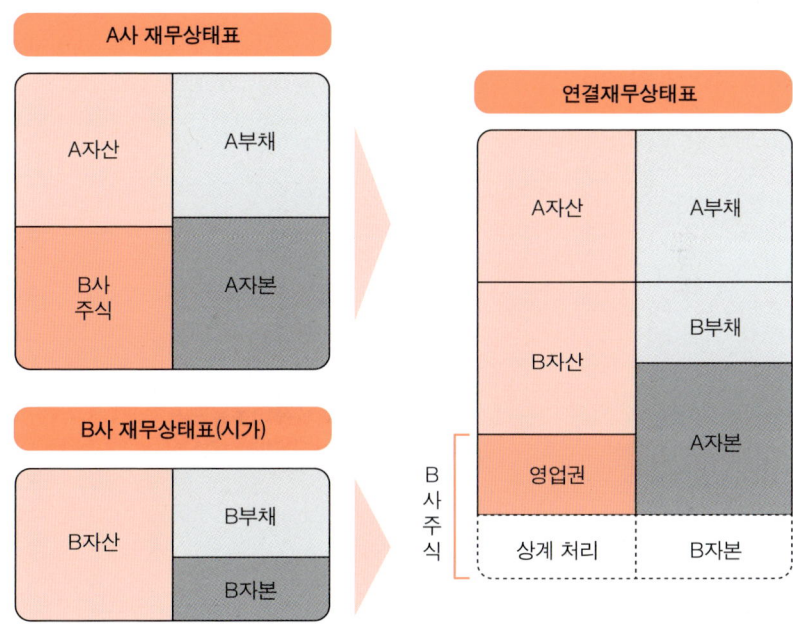

영업권의 회계 처리 방법

예시로 A사가 B사의 주식 100%를 취득하여 B사를 인수한 경우를 생각해 보겠습니다. A사는 B사의 주식을 B사의 자본(B사의 자산과 부채를 시가 평가했을 때의 자본)보다도 높은 가격으로 취득했습니다.

A사가 B사의 주식을 취득했기 때문에, **A사 재무상태표의 자산에는 B사의 주식이 포함됩니다.**

이제 A사 재무상태표와 B사 재무상태표를 합산하여 연결재무상태표를 작성합니다. 이때 A사의 자산, 부채, 자본과 B사의 자산과 부채는 모두 합산합니다. 그리고 B사의 자산과 부채는 시가 기준으로 환산합니다.

여기서 문제는 A사가 보유한 B사의 주식 및 자본을 처리하는 방법입니다. A사가 B사에 투자(=B사 주식)한 일부와 B사의 자본이 이중으로 처리된 상태 즉, A사가 투자한 돈(B사의 주식)의 일부가 B사의 자본으로 계상(회계 처리)된 상태이기 때문입니다.

그래서 **B사의 자본과 이에 해당하는 금액의 B사 주식을 상계하고 남은 부분을 '영업권'으로 처리합니다.** 이것이 M&A를 진행한 회사에서 '영업권'을 회계 처리 하는 방법입니다.

자판기의 매출 비율이 높은 코카콜라

코카콜라재팬의 재무상태표(아래 그림)도 살펴볼까요. 코카콜라재팬도 산토리식품과 동일하게 IFRS를 채택하고 있습니다.

코카콜라재팬의 재무상태표 왼쪽에서 유형자산(4,600억 엔, 사용권(리스)자산 포함)이 가장 큰 금액을 차지합니다. 유형자산의 금액이 커진 이유는 산토리식품과 마찬가지로 보틀링 설비를 갖추고, 수많은 자판기를 보유하고 있다는 점을 꼽을 수 있습니다.

2021년 말 기준 코카콜라재팬이 보유한 자판기는 약 70만 대입니다. 2020년 9월 8일 자 닛케이산교신문에 실린 음료총연[10]의 자료에 따르면, **2019년 코카콜라재팬의 매출액에서 자판기 매출액이 차지하는 비율은 35%로, 산토리식품 24%, 이토엔 16%보다도 높습니다.** 이러한 점에서 코카콜라재팬의 재무상태표에는 880억 엔 규모의 자판기가 유형자산으로 처리되었습니다. 이

---

10 일본의 음료 시장을 조사하고 월간지 '음료 비즈니스飲料ビジネス'를 발행하는 유한회사.

는 **유형자산(사용권자산[11] 포함)의 19%에 해당**합니다.

재무상태표의 오른쪽에서 유동부채는 1,560억 엔, 비유동부채는 2,190억 엔이고, 여기에 포함된 사채 및 차입금은 각각 310억 엔과 1,570억 엔입니다. 자본은 4,920억 엔, 자기자본비율은 57%입니다.

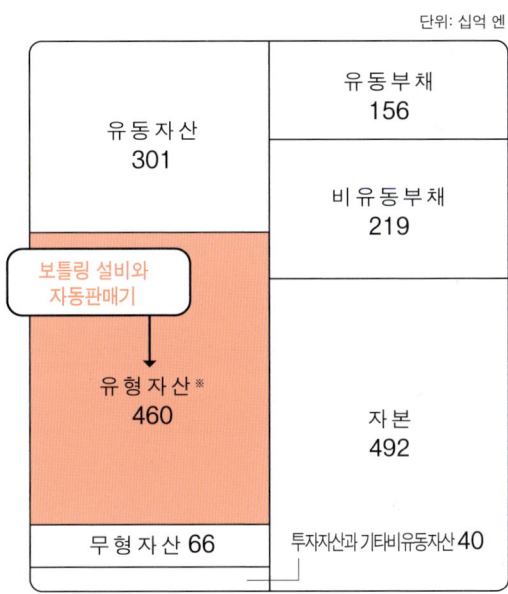

코카콜라재팬의 재무상태표(2021년 12월기 결산)

단위: 십억 엔

※ 사용권자산을 포함한다.

---

11 리스 이용자가 리스 기간에 사용할 권리를 나타내는 자산.

Point

이번 사례의 핵심 정리!

여기서는 음료 제조업체 3사인 이토엔, 산토리식품, 코카콜라재팬의 재무제표를 비교해 봤습니다.

이토엔은 무설비 제조 경영으로 재무상태표에 반영된 유형자산이 적다는 점이 특징입니다. 음료 제조 공정을 외부에 위탁하는 형태로 이토엔의 비즈니스 모델은 경량형이라고 볼 수 있겠지요.

산토리식품은 재무상태표상에서 무형자산의 금액이 크다는 특징이 있습니다. 해외 기업과 M&A를 거듭 진행하면서 발생한 영업권과 상표권이 재무상태표에 반영되었기 때문이지요.

그리고 코카콜라재팬은 유형자산의 금액이 큰 편입니다. 보틀링에 필요한 설비를 보유하는 데다 수많은 자판기도 유형자산으로 분류되었기 때문이지요.

이상으로 각 회사 비즈니스 모델의 전략적 특징이 재무상태표에 선명히 드러나는 것을 살펴볼 수 있는 사례였습니다.

Section

3

주택 건설업체의 재무상태표로 보는 비즈니스 모델의 차이

사업 구성의 특징이
재무상태표의 차이를 만들어낸다

▸ **매출 구성의 특징을 보고 재무상태표의 차이를 발견할 수 있을까?**

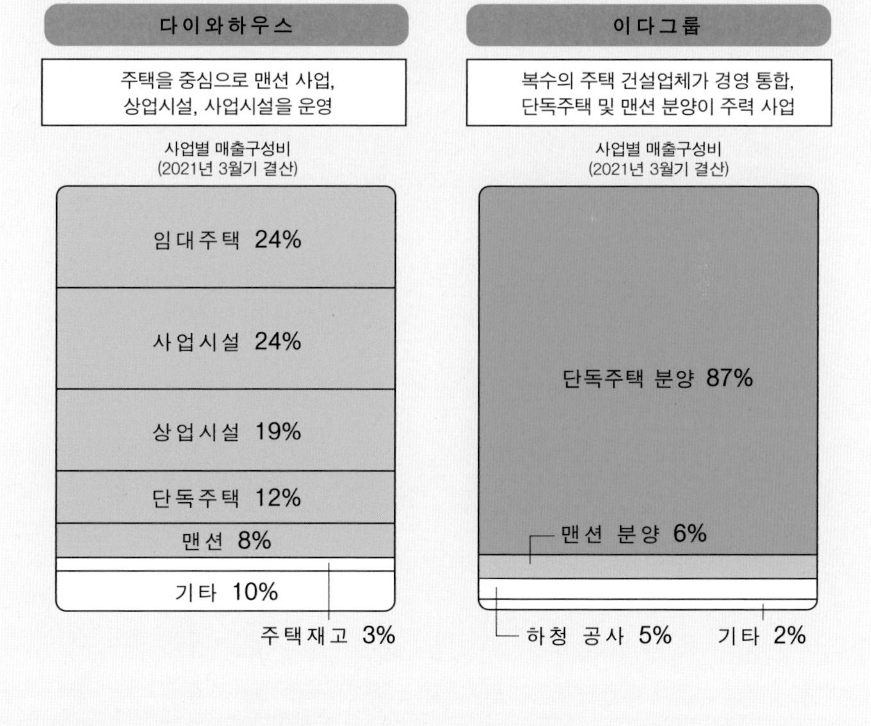

다이와하우스

주택을 중심으로 맨션 사업,
상업시설, 사업시설을 운영

사업별 매출구성비
(2021년 3월기 결산)

- 임대주택 24%
- 사업시설 24%
- 상업시설 19%
- 단독주택 12%
- 맨션 8%
- 기타 10%
- 주택재고 3%

이다그룹

복수의 주택 건설업체가 경영 통합,
단독주택 및 맨션 분양이 주력 사업

사업별 매출구성비
(2021년 3월기 결산)

- 단독주택 분양 87%
- 맨션 분양 6%
- 하청 공사 5%
- 기타 2%

17

여기서는 주택 건설업체 다이와하우스공업大和ハウス工業(이하 다이와하우스)과 이다그룹홀딩스飯田グループホールディングス(이하 이다그룹)의 재무상태표를 비교해 보겠습니다. 앞의 그림처럼 다이와하우스는 주택을 중심으로 맨션(아파트), 상업시설, 사업시설을 운영하는 종합 주택 건설업체이고, 이다그룹은 단독주택과 맨션의 분양 사업을 주력으로 하는 주택 건설업체입니다.[12]

재무상태표로 알아보는 다이와하우스의 주력 '사업'

그럼, 바로 다이와하우스의 재무상태표부터 살펴볼까요.

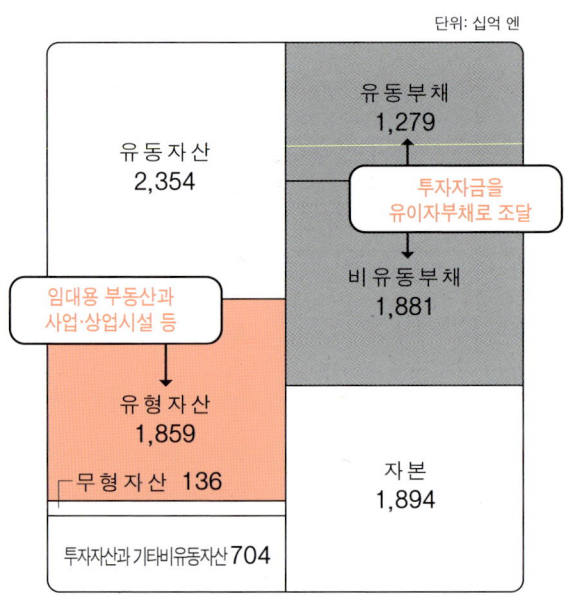

---

12 2022년 11월기 결산 기준 일본 주택 건설업계의 매출액 순위에 따르면, 다이와하우스가 1위(4조 4,395억 엔), 이다그룹이 4위(1조 3,869엔)를 기록했다.

먼저 다이와하우스의 재무상태표를 보면 **유형자산이 1조 8,590억 엔으로, 자산 내 비율이 높습니다.** 이를 바탕으로 다이와하우스는 '어떠한 큰 규모의 설비 투자를 진행했다'라는 가설을 세울 수 있습니다.

이 유형자산을 파악하기 위한 단서로 재무제표가 실려 있는 유가증권보고서[13]를 활용합니다. 다이와하우스의 유가증권보고서에서 '설비 상황'의 유형자산 명세를 보면, 모회사인 다이와하우스의 '임대 등 부동산'은 4,390억 엔, 자회사인 다이와리스가 보유한 '임대용 상업시설'은 1,740억 엔입니다. 이것으로 보아 **임대용 부동산이 유형자산에 포함되어 있다**는 사실을 알 수 있습니다.

그리고 해당 보고서에서 '사업 부문별 정보'[14]를 보면 물류시설 및 제조시설 등 개발·건축을 담당하는 '사업시설' 부문 자산이 1조 6,900억 엔, 상업시설의 개발·건축·관리·운영을 담당하는 '상업시설' 부문 자산이 1조 60억 엔으로 다른 사업 부문과 비교해도 자산의 금액 규모가 월등히 큽니다.

최근에 **다이와하우스는 단독주택 및 임대주택, 맨션 사업에 이어서 사업시설 및 상업시설 사업에도 힘을 쏟고 있습니다.** 이렇게 설비 투자를 진행한 결과가 재무상태표상에서 고액의 유형자산으로 나타난 것입니다. 그리고 투자자금을 장기차입금이나 사채로 조달하여 **부채에서 차지하는 비율이 높다**는 점이 특징입니다. 따라서 자기자본비율은 37%로 약간 낮은 편입니다.

---

13 주식을 발행하는 상장기업 등이 공시하는 기업 정보로 투자 의사 결정에 활용된다. 한국은 전자공시시스템 DART(dart.fss.or.kr)에서 사업보고서를 검색할 수 있다.
14 한국 기업은 사업보고서에서 '사업의 내용'을 참고하면 된다.

이다그룹 비즈니스 모델의 특징

이어서 이다그룹의 재무상태표를 살펴볼까요.

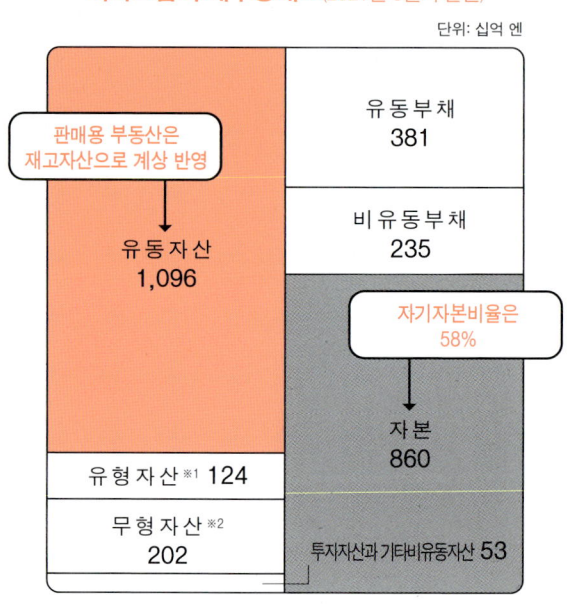

이다그룹은 2013년에 하지메건설一建設, 이다산업飯田產業, 도에이주택東栄住宅, 택트홈タクトホーム, 어니스트원アーネストワン, 아이디홈アイディホーム이 경영이 통합되며 탄생한 회사입니다. 주력 사업은 단독주택 및 맨션 분양 사업으로, **부동산을 매입하여 주택이나 맨션을 짓고 이를 고객에게 판매**하는 것이 주택 분양 회사의 기본적인 비즈니스 모델입니다.

따라서 **주택 분양 사업을 하는 회사의 재무상태표 왼쪽(자산)에는 일반적으로 매입한 부동산을 재고로 반영**합니다. 이러한 부동산은 이른바 재고이기 때문에 유형자산이 아닌 유동자산에 재고자산으로 계상합니다. 이다그룹의 재무상태표에서 부동산 재고 4,780억 엔은 재고자산으로 계상되어 유동자산(1조 960억 엔)의 44%를 차지합니다. 그리고 **이다그룹은 기본적으로 임대사업을 하지 않기 때문에 유형자산의 비율이 낮습니다.**

재무상태표의 오른쪽(부채·자본)에서 유동부채는 3,810억 엔, 비유동부채는 2,350억 엔입니다. 여기에 포함된 사채 및 차입금은 각각 2,010억 엔, 2,000억 엔으로, 유이자부채를 활용하여 자금을 조달했다는 사실을 알 수 있습니다. 그렇지만 자기자본비율은 58%로 다이와하우스와 비교하면 높은 수준입니다.

Point

이번 사례의 핵심 정리!

여기서는 주택 건설업체 다이와하우스와 이다그룹의 재무상태표를 비교해 봤습니다.

임대주택이나 상업시설, 사업시설과 같은 유형자산을 보유한 다이와하우스에 비해, 주택 분양이 주력 사업인 이다그룹은 판매용 부동산을 재고자산으로 유동자산에 포함하기 때문에 두 회사의 재무상태표에서 큰 차이가 나타납니다.

비즈니스 모델과 재무상태표 사이에 밀접한 관련이 있다는 사실을 알 수 있는 사례입니다.

Section 4

손익계산서(P/L) 읽기

손익계산서로
기업이 돈 버는 방법을 파악한다

여기서는 재무상태표에 이어 기본 재무제표 중 하나인 손익계산서를 읽는 방법을 알아보겠습니다. 손익계산서는 **1년간의 거래를 통하여 얻은 수익(매출액 등)에서 비용을 차감하여 이익을 계산하려는 목적으로 작성합니다.** 그리고 손익계산서는 **Profit and Loss Statement**의 앞 글자를 따서 P/L이라고도 합니다.[15] 실제 손익계산서는 뒤에서 설명하겠지만, 재무상태표(B/S)와 마찬가지로 비례축척도를 통해 그림을 보면서 이해하는 편이 효과적입니다.

손익계산서를 그림으로 옮길 때는 그림의 왼쪽처럼 수익 항목(매출액, 영업외수익, 특별이익)을 오른쪽에, 비용 항목[매출원가, 판매비와 관리비(이하 판관비), 영업외비용, 특별손실, 법인세 등]을 왼쪽에 표시합니다. 그리고 '수익 - 비용'이 플러스가 되면 당기순이익 금액을 왼쪽에, 마이너스가 되면 당기순손실 금액을 오른쪽에 표시합니다.

영업외수익·비용[16]과 특별이익·손실[17]의 금액이 크지 않은 경우 그림의 오른

---

15 혹은 I/S(Income Statement)이라고도 합니다.
16 한국채택국제회계기준(K-IFRS)에서는 기타수익·비용 및 금융수익·비용으로 구분하여 표시한다.
17 한국은 2006년 국제회계기준(IFRS)에 따라 수익과 비용 항목을 '특별손익 항목'으로 표시하는 것을 금지했다.

쪽처럼 영업이익까지만 표시하면 간단하고 이해하기 쉽습니다.

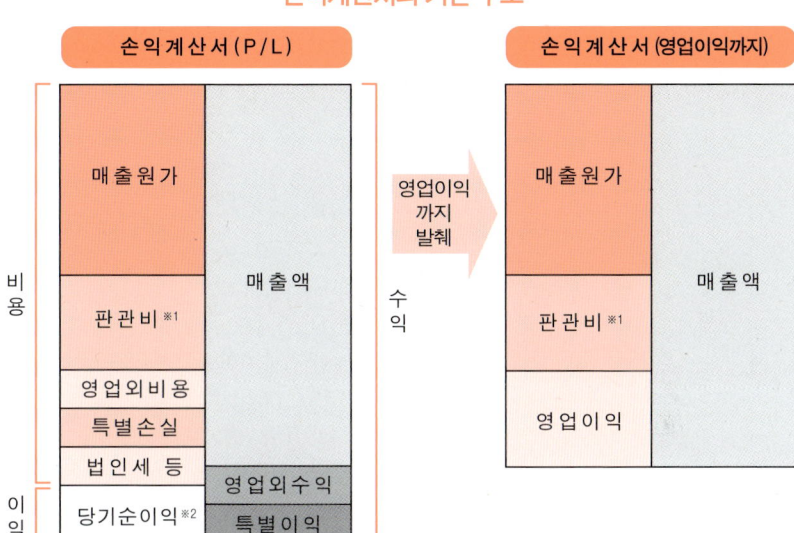

※1 판매비와 관리비
※2 당기순이익은 '비지배지분에 귀속되는 당기순이익'과 '지배기업의 소유주에게 귀속되는 당기순이익'으로 나눠진다.

이 경우에 비례축척도의 오른쪽에는 상품이나 제품, 서비스의 판매를 통해 발생한 '매출액'을 표시합니다. 왼쪽에는 상품이나 제품을 매입·제조할 때 들어가는 비용인 '매출원가'와 매출원가 이외에 본업에서 필요한 비용인 '판관비'를 표시합니다. 그리고 '매출액 - 매출원가 - 판관비 > 0'이면 그 금액을 '영업이익'으로 왼쪽에, '매출액 - 매출원가 - 판관비 < 0'이면 '영업손실'로 오른쪽에 표시합니다.

영업이익은 회사가 본업으로 벌어들인 수익을 나타내기 때문에 여기까지 손익계산서의 구조를 이해한다면 그 회사 본업의 이익 구조를 파악할 수 있습니다.

물론 다양한 회사를 분석하다 보면 본업 이외의 경상적인 활동으로 생기는 영업외수익·비용이나 그해에만 임시로 발생하는 이익과 손실인 특별이익·손실에 큰 금액이 발생하기도 합니다. 이럴 때는 왼쪽처럼 손익계산서의 전체 구조를 그림으로 만들면 이해하는 데 도움이 됩니다.

그럼 실제 손익계산서를 살펴볼까요. 다음 표는 일본맥도날드의 요약손익계산서입니다.

일본맥도날드의 요약손익계산서(2021년 12월기 결산)

과 목	금액(십억 엔)
매출액	318
매출원가	254
매출총이익	64
판매비와 관리비	29
영업이익	35
영업외수익	1
영업외비용	2
경상이익	34
특별이익	0
특별손실	1
법인세비용차감전순이익	33
법인세 등	9
당기순이익	24
지배기업의 소유주에게 귀속되는 당기순이익	24

영업이익까지 비례축척도로 나타낼 때는 묶여 있는 '매출액', '매출원가', '판관비', '영업이익'의 수치를 반영합니다. 그림 오른쪽에는 '매출액'을, 왼쪽에는 '매출원가', '판관비', '영업이익'을 배치하여 재무상태표와 동일하게 금액의 크기에 비례하여 면적으로 나타낸 비례축척도를 만듭니다('영업손실'의 경우에는 그림의 오른쪽에 표시).

다음 그림은 상기 방법으로 만든 일본맥도날드의 손익계산서 비례축척도입니다. 일본맥도날드의 매출액은 3,180억 엔, 매출원가는 2,540억 엔, 판관비는 290억 엔이므로, 영업이익은 350억 엔입니다.

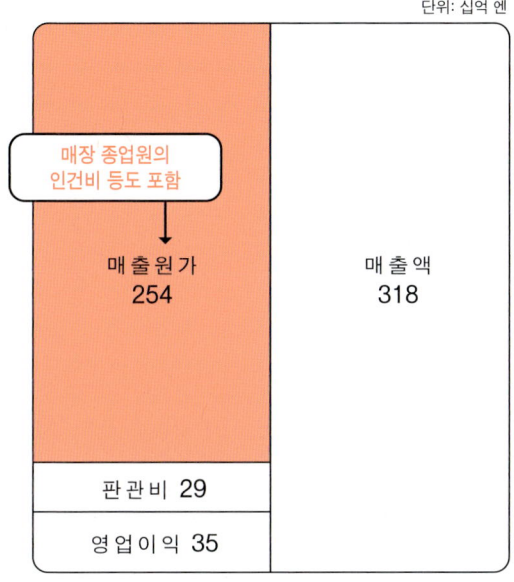

손익계산서의 이익 구조를 파악할 때 비용과 이익을 매출액의 비율로 분석하는 방법을 사용합니다. 매출원가를 매출액으로 나눈 것을 원가율, 판관비를 매출액으로 나눈 것을 판관비율, 영업이익을 매출액으로 나눈 것을 매출액영업이익률이라고 부릅니다. 예를 들어 일본맥도날드의 원가율은 80%, 판관비율은 9%, 매출액영업이익률은 11%로 계산할 수 있습니다.

통상적으로 외식 사업의 원가율은 30% 전후인데, 일본맥도날드의 원가율은 그에 비하면 꽤 높은 수준입니다.

일본맥도날드의 원가율이 높은 요인으로는 매출원가에 재료비와 (직영) 매장에서 햄버거를 만드는 종업원의 인건비가 포함되고, 매출액을 차지하는 프랜차이즈 수입(프랜차이즈 점포의 로열티, 임대료, 광고선전비 부담금 등)과 그에 따른 매출원가의 비율이 높다는 점을 꼽을 수 있습니다. 일본맥도날드의 재무제표가 실린 유가증권보고서에 따르면, 직영 점포의 원가율은 88%, 프랜차이즈 점포의 원가율은 63%인 것을 확인할 수 있습니다.

이처럼 손익계산서를 볼 때도 그 회사의 비즈니스 모델을 고려하면서 분석하는 것이 중요합니다.

Section 5

유제품 제조업체의 손익계산서로 보는 비즈니스 모델의 차이

야쿠르트에서
일명 '야쿠르트 레이디'[18]는 왜 중요할까?

▸ **야쿠르트 레이디를 통한 판매 이점은 무엇일까?**

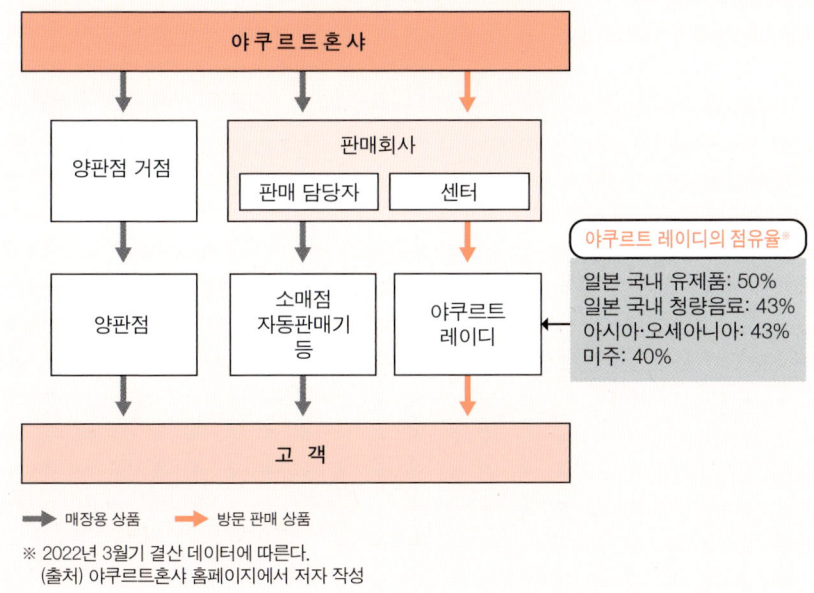

야쿠르트혼샤의 판매 채널

➡ 매장용 상품 ➡ 방문 판매 상품

※ 2022년 3월기 결산 데이터에 따른다.
(출처) 야쿠르트혼샤 홈페이지에서 저자 작성

18 일본에서 야쿠르트 판매원의 명칭은 '야쿠르트 레이디 ヤクルトレディ'이다. 한국에서는 2019년 한국야쿠르트가 정식 명칭을 '야쿠르트 아줌마'에서 '프레시 매니저'로 변경했다.

27

이번에는 손익계산서의 분석 사례로 유산균음료 '야쿠르트'로 잘 알려진 야쿠르트혼샤ヤクルト本社19에 대해 알아보겠습니다. 그리고 그 비교 대상으로 동종 유업·유제품 제조업체에 속하는 유키지루시메그밀크雪印メグミルク의 손익계산서도 다뤄보겠습니다.

앞의 그림을 보면 야쿠르트 레이디의 방문 판매 채널이 야쿠르트혼샤의 판매 채널에서 중요한 위치를 선점하고 있습니다. **야쿠르트 레이디의 판매 점유율(수량 기준)은 일본 내 유제품의 50%에 이릅니다.** 그렇다면 야쿠르트 레이디의 판매 채널이 야쿠르트혼샤에서 중요한 이유는 무엇일까요?

여기서 다루는 2022년 3월기 결산 전후로 원재료를 해외 수입에 의존하던 식품업체는 원재료의 가격 폭등과 엔저의 여파로 수익성에 압박을 받았습니다. 이러한 영향이 두 회사에는 어떻게 나타나고 있을까요? 그리고 유산균음료 '야쿠르트1000'이 히트한 야쿠르트혼샤의 사업은 어떻게 진행됐는지, 손익계산서를 보면서 알아보겠습니다.

유키지루시메그밀크에서 '수익 감소'가 발생한 이유

먼저 유키지루시메그밀크부터 살펴보겠습니다. 유키지루시메그밀크는 2009년 일본밀크커뮤니티日本ミルクコミュニティ와 유키지루시유업雪印乳業이 경영을 통합하며 탄생한 대형 유업 제조업체입니다.

다음 그림은 유키지루시메그밀크의 손익계산서로 만든 비례축척도입니다. 매출액은 5,580억 엔이고 매출원가는 4,690억 엔(원가율 84%), 판관비는 710억 엔(판관비율 13%)입니다. 영업이익은 180억 엔, **매출액영업이익률은 3%**입니다.

---

19 유산균음료 제조업체로는 일본 내 최대 규모로 음료 외에 식품, 화장품, 의약품 등을 제조 및 판매하는 회사.

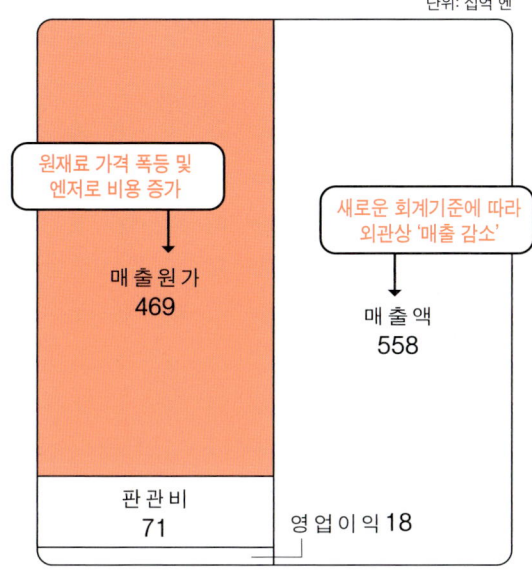

2021년 3월기 결산 매출액은 6,150억 엔이었는데 2022년 3월기 결산에서 570억 엔의 수익 감소가 발생했습니다. 이는 **2022년 3월기 결산부터 새로운 '수익인식에 관한 회계기준'[20]이 적용되어, 이제까지 거래 총액을 매출액으로 처리했던 금액 중 일부가 수수료에 해당하는 순액으로 반영되며 리베이트 등의 일부가 매출액에서 공제되는 영향을 크게 받았기 때문입니다.**

유키지루시메그밀크의 유가증권보고서에 따르면, 새로운 수익인식에 관한 회계기준을 적용한 2022년 3월기 결산 매출액은 적용 전에 비해 620억 엔이 감소했습니다. 즉 **2021년 3월기 결산과 동일 기준이었다면 원래 매출액은 6,200억 엔이 되며 실질적으로는 전년 대비 매출이 증가했다**는 것을 알 수 있습니다.

---

20 기업이 수익을 인식하기 위해서 5가지 단계를 따르도록 요구한다. 5단계를 보면 고객을 식별하는 단계, 기업의 수행의무 식별, 거래금액의 산정, 거래금액을 수행의무별로 안분하고 마지막 단계에서 수익을 인식한다. 일본은 2021년 4월부터 상장기업 및 대기업에 강제로 적용되었다. 한국은 2018년 1월부터 적용되었고, K-IFRS 제1115호 '고객과의 계약에서 생기는 수익'에 명시되어 있다.

이처럼 새로운 '수익인식기준'을 적용한 기업은 매출액과 비용에 큰 변동이 발생할 수 있기 때문에 재무제표를 볼 때 주의가 필요합니다.

유키지루시메그밀크는 새로운 기준을 적용하면서 앞에 언급한 매출액 감소와 더불어 매출원가는 90억 엔, 판관비는 530억 엔이 감소했습니다.

한편 영업이익은 새로운 기준에 따른 변화는 없었지만, 2021년 3월기 결산 200억 엔에서 2022년 3월기 결산에는 180억 엔으로 20억 엔이 감소했습니다.

주요 원인으로는 **원재료의 가격 폭등 및 엔저에 따른 원재료 비용 상승과 운영 비용 증가**를 들 수 있습니다. 유키지루시메그밀크는 원재료의 일부를 해외 수입에 의존하기 때문에 엔저가 지속되며 실적에 악영향을 받았습니다.

야쿠르트1000의 히트로 수익이 증가한 야쿠르트혼샤

이어서 야쿠르트혼샤의 손익계산서를 살펴보겠습니다.

다음 그림은 야쿠르트혼샤의 손익계산서로 만든 비례축척도입니다. 이에 따르면 매출액은 4,150억 엔이고, 매출원가는 1,670억 엔(원가율 40%), 판관비는 1,950억 엔(판관비율 47%)입니다. 영업이익은 530억 엔이고, 매출액영업이익률은 13% 수준입니다.

야쿠르트혼샤도 2022년 3월기 결산부터 **'수익인식에 관한 회계기준'을 적용하여 매출액이 전년 대비 80억 엔 감소**했습니다. 그렇지만 2021년 3월기 결산 매출액 3,860억 엔과 비교하면 290억 엔이 증가했습니다. 그리고 영업이익도 2021년 3월기 결산의 440억 엔에서 100억 엔이 증가했습니다(반올림 오차로 인해 영업이익의 차액과 전년 대비 이익 증가 폭은 일치하지 않음).

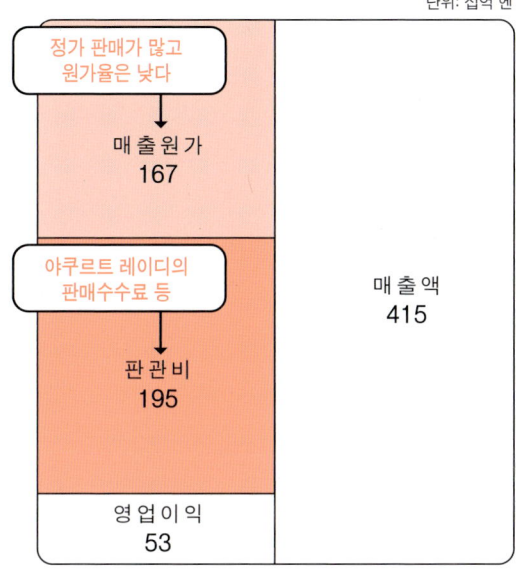

이렇게 야쿠르트혼샤의 실적이 매출과 수익 증대로 이어진 요인 중 하나는 **야쿠르트1000을 시작으로 유제품 판매가 늘어나면서 일본 내 매출액과 이익이 증가**했기 때문입니다. 2019년 10월부터 수도권과 기타칸토北関東[21] 지역에서 야쿠르트1000의 선판매가 시작됐는데, 2021년 4월부터 판매 지역이 전국으로 확대되며 2022년 3월기 결산 실적에 크게 기여했습니다.

야쿠르트혼샤의 결산설명자료에 따르면, 2022년 3월기 결산 일본 내 유제품 판매 수량은 전기 대비 2.1% 증가하여, 국내의 음료·식품의 매출액(수익인식 기준의 영향은 제외)은 180억 엔이 증가하고, 영업이익은 70억 엔이 증가했습니다.

---

21 일본 관동 지방의 북부 지역으로 이바라키, 도치기, 군마 3현이 해당한다.

야쿠르트혼샤의 판관비율이 높고 원가가 낮은 이유

여기까지 살펴보면 야쿠르트혼샤의 원가율은 40%, 판관비율은 47%입니다. **일반적으로 유업 등의 축산 가공업체의 원가율은 70%보다 조금 높고, 판관비율은 20% 정도입니다. 이와 비교하면 야쿠르트혼샤의 원가율은 낮고, 판관비율은 높은 편입니다.** 그 이유를 찾기 위해 유키지루시메그밀크와 야쿠르트혼샤의 판관비 명세를 비교해 보겠습니다.

다음 그림을 보면 **야쿠르트혼샤는 급여, 판매수수료, 광고선전비 비율이 높습니다.** 판매수수료는 야쿠르트 방문 판매를 담당하는 '야쿠르트 레이디'에게 지급하는 보수를 말합니다.

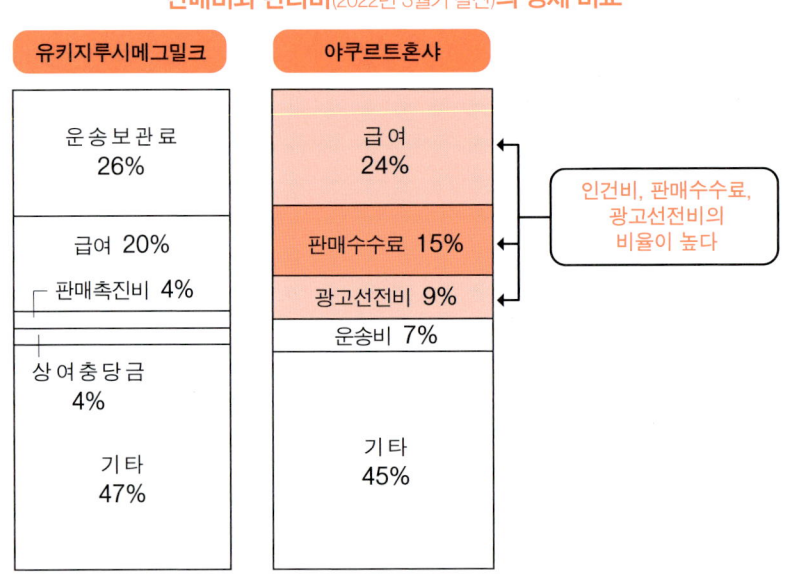

판매비와 관리비(2022년 3월기 결산)**의 명세 비교**

야쿠르트 레이디는 기본적으로 야쿠르트 본사 직원이 아니라 개인사업자로서 야쿠르트 판매회사와 업무위탁계약을 맺습니다. 그래서 **야쿠르트 레이디의 보수는 급여가 아닌 판매수수료의 형태로 지급**합니다. 매출액 대비 판매

수수료의 비율은 7%에 이릅니다. **인건비와 광고선전비가 큰 것도 판관비의 크기에 영향을 줍니다.**

다만 **야쿠르트 레이디를 통한 직판 체제는 판관비를 끌어올리는 원인이 되는 한편, 낮은 원가율로 이어집니다.** 소매 단계에서 중간 이윤이 발생하지 않는 정가 판매이기 때문에 높은 매출총이익률을 기대할 수 있습니다.

서두에서 살펴본 바와 같이 2022년 3월기 결산 일본 국내 유제품에서 야쿠르트 레이디 채널이 차지하는 구성비는 50%(수량 기준)입니다.

그리고 야쿠르트1000을 비롯하여 판매 제품의 **브랜드 가치와 기능성이 높기 때문에 판매 단가를 높게 유지할 수 있다**는 점도 야쿠르트혼샤의 원가율이 낮게 나타나는 이유라고 추측할 수 있습니다.

야쿠르트1000 외에 매출과 수익 증대를 이끄는 또 하나의 이유

야쿠르트혼샤가 매출과 수익 증대를 이룬 또 하나의 주된 이유는 유키지루시메그밀크의 이익 감소를 야기했던 엔저의 영향입니다.

야쿠르트혼샤의 해외 음료·식품 제조 판매 사업은 연결매출액에서 매출액이 차지하는 비율이 45%인데, 엔저의 영향으로 해외매출액과 이익이 증가하면서 실적 전체가 올라가는 효과를 가져왔기 때문입니다.

유가증권보고서에 따르면, 환율 변동은 2022년 3월기 결산에서 해외자회사의 매출액 중 140억 엔이 매출 증가 요인으로, 영업이익 중 30억 엔이 이익 증가 요인으로 나타났습니다. 동기간 해외 음료·식품 사업의 영업이익은 20억 엔의 이익 증가가 나타난 것으로 보아, **만약 엔저의 영향이 없었다면 해외 사업의 이익은 감소했을 것입니다.**

Point

이번 사례의 핵심 정리!

여기서는 대형 유업·유제품 제조업체인 유키지루시메그밀크와 야쿠르트혼샤의 재무제표를 비교해 봤습니다.

일본 내수 중심으로 원재료 상승과 엔저가 실적을 압박하는 유키지루시메그밀크에 비해, 야쿠르트혼샤는 일본 내 야쿠르트1000의 호조가 매출액과 이익을 크게 끌어올리는 요인이 되었고, 거기에 엔저가 지속되며 해외 사업 실적에도 순풍이 불었습니다.

유키지루시메그밀크가 실적 압박을 소비자에게 가격 인상으로 전가할 것인지, 그리고 야쿠르트혼샤는 야쿠르트1000의 매출액을 어디까지 끌어올릴 것인지 앞으로의 귀추가 주목됩니다.

Section 6

카페·레스토랑의
손익계산서로 보는
비즈니스 모델의 차이

코로나19 기간에도
강세를 보인 고메다의 비결은?

▸ 고메다는 코로나19 여파 속에서 어떻게 흑자를 냈을까?

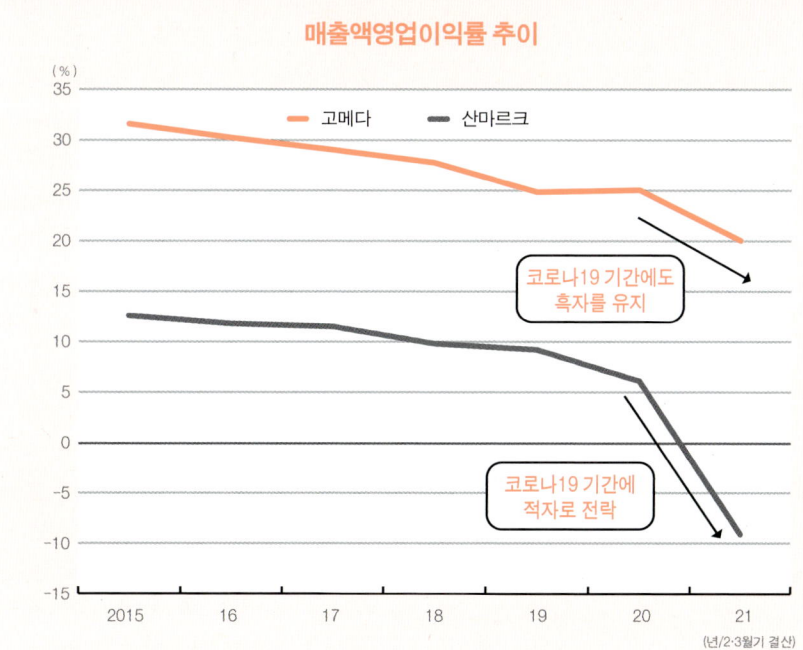

매출액영업이익률 추이

코로나19 기간에도 흑자를 유지

코로나19 기간에 적자로 전락

※ 고메다는 2월기 결산, 산마르크는 3월기 결산. 고메다의 영업이익에는 기타영업수익·비용을 반영하지 않았다.

이번에는 카페와 레스토랑 사업을 진행하는 산마르크홀딩스 サンマルクホールディングス[22] (이하 산마르크)와 고메다홀딩스 コメダホールディングス[23] (이하 고메다)의 재무제표를 비교해 보겠습니다.

두 회사 모두 2020년도 결산(고메다는 2021년 2월기, 산마르크는 2021년 3월기) 때 코로나19 여파로 매출과 수익이 모두 감소했습니다. 그런데 앞의 그래프처럼 적자로 전환되며 매출액영업이익률이 마이너스가 된 산마르크와 비교했을 때 고메다는 매출액영업이익률 20%를 지켜냈습니다.

둘 다 같은 요식업이지만, 이익률에서 큰 차이가 나타납니다. 이러한 차이를 만들어 낸 두 회사의 비즈니스 모델 특징을 실제 재무제표를 보면서 알아보겠습니다.

코로나19 기간에 적자로 전락한 산마르크

우선 산마르크의 손익계산서부터 살펴볼까요.

산마르크의 매출액은 439억 8,700만 엔, 매출원가는 96억 9,200만 엔(원가율 22%), 판관비는 383억 3,100만 엔(판관비율 87%)입니다. 영업손실은 40억 3,600만 엔이고, **매출액영업이익률은 마이너스 9%**를 기록했습니다.

산마르크의 원가율은 외식산업의 평균치인 30% 전후와 비교하면 상당히 낮은 수준입니다. 그 이유는 레스토랑 사업 중심으로 객단가를 높게 책정하고, 주력 상품 중 하나인 빵의 원가가 낮다는 점을 들 수 있습니다.

---

[22] 다양한 요식업 자회사를 경영 및 관리하는 지주회사로, 2023년 3월 말 기준 그룹의 전체 점포 수 793개 중 333개 점포를 운영하는 산마르크카페가 대표적이다.
[23] 카페 체인을 운영하는 주식회사 고메다의 지주회사로, 2023년 2월 말 기준 고메다커피의 일본 전체 점포 수는 968개이다.

그리고 **산마르크**는 판관비에 인건비나 임차료처럼 매출액 변동에 상관없이 발생하는 고정 비용이 커서 매출액 감소에 따라 이익이 줄어들기 쉬운 **고정비형 비용 구조**를 이루고 있습니다.

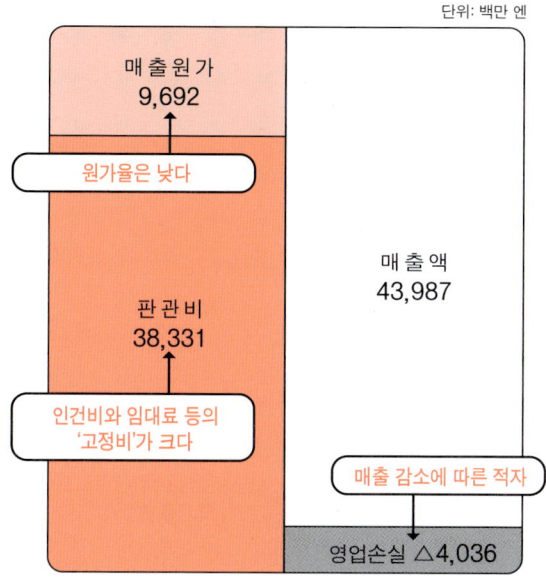

산마르크의 매출액은 2020년 3월기 결산 689억 900만 엔에서 2021년 3월기 결산 439억 8,700만 엔으로 많이 감소했지만, 인건비나 임차료 같은 고정비용은 그만큼 감소하지 않았습니다. 그로 인해 산마르크는 적자로 전락했습니다. 이것이 2020년 3월기 결산에 매출액영업이익률이 플러스 6%에서 마이너스 9%로 뚝 떨어진 원인입니다.

프랜차이즈 도매 모델을 채택한 고메다

계속해서 고메다의 손익계산서를 살펴보겠습니다. 고메다의 손익계산서에서 매출액(매출수익)[24]은 288억 3,600만 엔, 매출원가는 184억 7,700만 엔(원가율 64%), 판관비는 46억 2,000만 엔(판관비율 16%)입니다. 영업이익(기타영업수익·비용은 반영하지 않음)은 57억 3,900만 엔으로 흑자를 기록했습니다. **매출액영업이익률은 코로나19 여파에도 불구하고 20%로 높은 편입니다**(2020년 2월기 결산 매출액영업이익률은 25%).

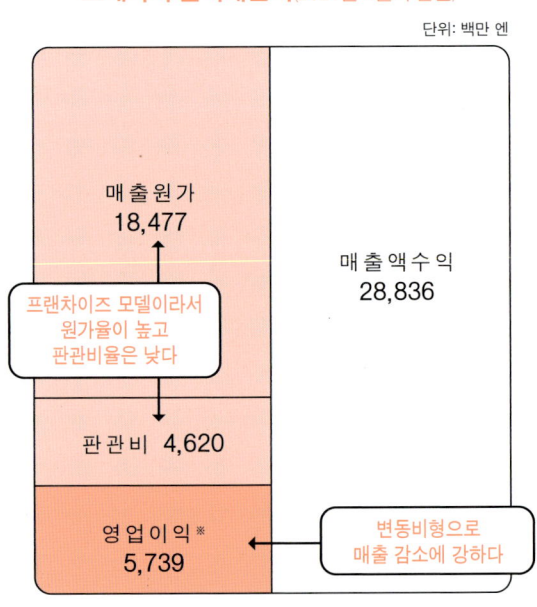

고메다의 손익계산서 (2021년 2월기 결산)

※ 기타수익, 기타비용은 반영하지 않았다.

고메다의 원가율이 높고 판관비율이 낮은 이유는 고메다의 프랜차이즈(FC) 점주형 비즈니스 모델과 밀접하게 연관됩니다. 고메다 매출액의 대부분은

---

24 일본에서 백화점이나 쇼핑센터 등 대리 판매로 수수료 비즈니스를 영위하는 일부 기업이 '새로운 수익인식기준'을 적용하며 매출액을 총액이 아닌 이익 상당액만을 반영하는 순액으로 표시를 변경했다. 이에 따라 '매출액'의 계정과목 표시도 '매출수익'으로 변경한 경우가 있지만, 이 책에서는 '매출액'으로 표기를 통일했다.

프랜차이즈점에 공급하는 식자재 등의 '도매 매출'이 차지합니다. 일반적으로 도매업의 원가율은 높아지는 경향이 있어 고메다의 원가율도 높은 편입니다. 반면 **점포에서 발생하는 인건비와 임차료 등의 판관비는 프랜차이즈점에서 비용으로 처리**하여 고메다의 손익계산서에는 포함되지 않습니다. 이것이 고메다의 원가율이 높고 판관비율이 낮은 이유입니다.

그렇다면 고메다가 코로나19 기간에 높은 이익률을 확보할 수 있었던 이유는 무엇일까요?

고메다가 코로나19 여파 속에서도 웃을 수 있었던 3가지 이유

고메다가 코로나19 여파 속에서도 호황을 기록한 이유는 다음과 같이 크게 3가지로 나뉩니다.

> ① 고메다의 비용 구조는 변동비형이다.
> ② 고메다의 점포는 교외형 입지로 좌석 간 거리에 여유가 있는 구조이다.
> ③ 고메규(소갈비햄버거) 등의 상품이 히트했다.

첫 번째 이유는 앞서 설명한 대로 고메다가 프랜차이즈점 중심의 사업을 전개한다는 점입니다. **외식업에서 대표 고정비용인 점포 인건비와 임차료가 낮고 프랜차이즈점에 도매로 식재료를 공급하는 등 변동비용이 차지하는 비율이 크기 때문에** 고메다의 비용 구조는 변동비형입니다. 변동비형 사업은 매출액이 감소하면 비용도 감소하는 경향이 있어 **매출액 감소에 강한 비즈니스 모델**입니다.

이어서 두 번째와 세 번째 이유를 설명하기 전에 산마르크와 고메다의 기존 점포의 매출액 전년 대비 데이터를 살펴보겠습니다(고메다는 프랜차이즈점의 도매매출액 전년 대비). 다음 그래프를 보면 코로나19 감염이 확산하며 일본에서 첫 코로나 긴급사태를 선언한 2020년 4월에 두 회사의 매출액이 급감했는데, **고메다는 상대적으로 하락폭이 작습니다.** 그리고 그 이후에도 **고메다는 빠르게 매출액을 회복했습니다.**

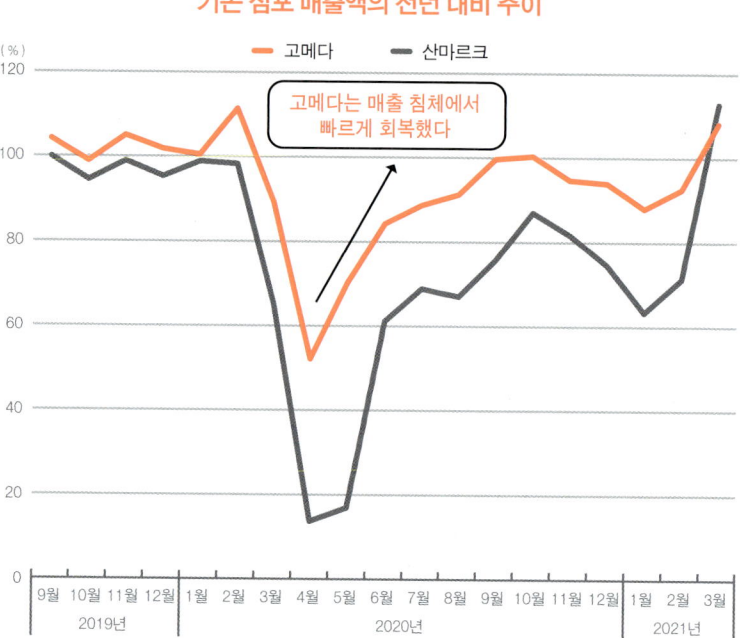

※ 고메다는 프랜차이즈점의 도매매출액 전년 대비를 나타낸다.

고메다의 매출액 하락이 상대적으로 짧게 끝난 주된 이유 중 하나가, 두 번째 이유인 점포의 입지와 레이아웃입니다. **고메다의 점포 대부분은 주택지에 위치하고 있고, 점포 내 좌석 간에 여유가 있습니다.** 일본 정부의 긴급사태 선언에 따라 재택근무가 늘어나며 도심부에 위치한 점포는 점심 시간대 인구 이동 감소로 큰 타격을 받았지만, 대부분의 점포가 주택지에 있는 고메다는 그 영향이 덜했습니다. 그리고 **원래 좌석 간 거리에 여유가 있던 편이라 '거리두기'가 가능하여 좌석 수를 줄여야 하는 점포도 상대적으로 적었을 것입니다.**

그리고 또 다른 이유는 세 번째에 언급한 히트 상품의 존재입니다. 고메다는 2020년 9월 소갈비와 채 썬 양배추를 쌓아 만든 햄버거 '고메규'를 계절 한정 상품으로 판매하기 시작했습니다. 고메규는 판매 초기부터 큰 반향을 불러일으켜 한때 동이 날 정도로 인기 상품으로 떠올랐습니다. 이러한 히트 상품도 고메다의 매출액 하락을 막아주었습니다. 게다가 이러한 상품 정보가 SNS에서 화제가 되며 새로운 고객층을 확보했습니다.

Point

이번 사례의 핵심 정리!

여기서는 산마르크와 고메다처럼 카페·레스토랑을 운영하는 두 회사의 재무제표를 비교해 봤습니다.

산마르크와 고메다 사이에는 고정비와 변동비의 비율 차이가 나타나는데, 이는 코로나19 기간에 실적의 명암을 가르는 주요한 요인 중 하나가 됐습니다. 그리고 코로나19 여파로 점포의 입지도 실적에 큰 영향을 미치며 교외형 점포 수가 많은 고메다는 매출의 감소 폭도 상대적으로 낮았습니다. 이것이 고메다의 실적이 더 떨어지지 않도록 막아준 요인이 되었다고 말할 수 있습니다.

Section **7**

현금흐름표(C/F) 읽기

현금흐름표로
현금수지를 파악한다

마지막으로 세 번째 기본 재무제표인 현금흐름표(C/F)^Cash Flow Statement를 읽는 방법에 관해 설명하겠습니다.

현금흐름표는 1년간 현금의 입출(수지收支)을 나타내기 위한 목적으로 작성합니다. '계산은 맞지만 현금이 모자라다(이론과 실제가 다름)'라는 말이 있습니다. 이는 손익계산서상 이익을 냈지만 현금이 부족한 상황을 가리킵니다. 이 책의 Chapter 5에서 기업의 도산 사례를 다룰 텐데 이러한 도산은 지급에 필요한 현금이 부족하여 발생합니다.

그래서 **회사의 경영 상태를 분석할 때는 지급에 필요한 현금이 충분한지, 현금을 어떻게 불리고 어떻게 사용할지를 파악하는 것이 중요**합니다. 그래서 이러한 현금의 움직임을 파악하기 위해 현금흐름표를 활용합니다.

현금흐름표도 이제까지 다뤘던 재무상태표와 손익계산서처럼 그림으로 설명하는 방법이 효과적이지만, 그 형식은 재무상태표나 손익계산서와는 다릅니다. **현금흐름표를 그림으로 설명할 때 '폭포 차트**^Waterfall Chart'를 사용하면 알기 쉽게 표현할 수 있습니다.

폭포 차트는 회계연도 기초에 보유한 현금이 영업활동, 투자활동, 재무활동에 따라 얼만큼 변동했는지를 나타내는 그래프입니다.

다음 그래프는 현금흐름표의 기본 구조를 나타낸 폭포 차트입니다. 그래프의 가장 왼쪽은 기초에 보유한 현금 및 현금성자산[25]의 잔액, 가장 오른쪽에는 기말에 남은 현금 및 현금성자산의 잔액을 표시합니다. 그리고 그 사이에는 영업활동으로 인한 현금흐름(영업현금흐름), 투자활동으로 인한 현금흐름(투자현금흐름), 재무활동으로 인한 현금흐름(재무현금흐름)으로 3가지의 현금흐름을 표시합니다.

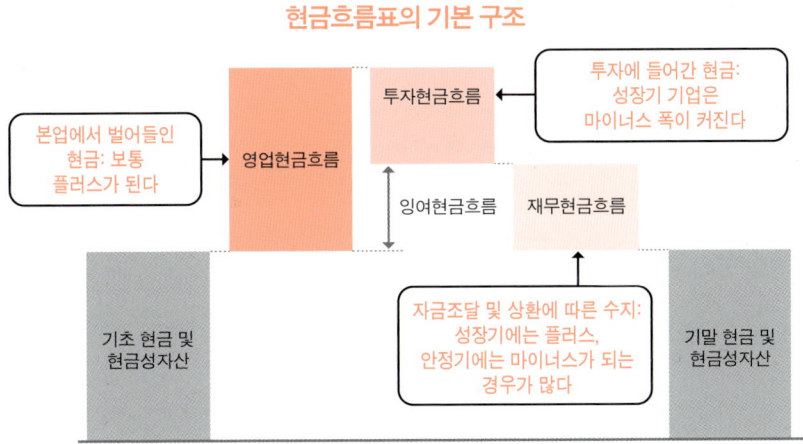

현금흐름표의 기본 구조

첫 번째로 **영업현금흐름은 본업에서 벌어들인 현금**을 나타내며 보통 플러스가 됩니다. 이것이 마이너스가 되면 회사가 본업에서 현금을 벌어들일 수 없다는 뜻입니다. 그래서 영업현금흐름의 마이너스가 지속되면 회사 실적이 좋을지라도 주의가 필요합니다.

두 번째로 **투자현금흐름은 투자에 들어간 현금**을 나타냅니다. 일반적으로

---

25 현금과 비슷한 환금성을 갖는 자산으로 만기 3개월 이내의 금융상품이 이에 해당한다.

성장성이 높은 성장기 회사는 상대적으로 투자현금흐름의 마이너스 폭이 커지고, 성장성이 낮은 안정기 회사는 마이너스 폭이 작아지는 경향이 있습니다. 성장기 기업은 사업 확장을 위해 큰 규모의 투자가 필요한 경우가 많아지기 때문입니다.

영업현금흐름과 투자현금흐름을 합하여 '잉여현금흐름$^{Free\ Cash\ Flow}$'이라고 부릅니다. 이는 영업현금흐름에서 순투자액을 차감한 것입니다. **잉여현금흐름이 플러스라면, 필요한 투자를 진행하고 벌어들인 현금으로 유이자부채를 상환하거나 배당금을 지급하는 용도로 사용할 여유가 있다**는 의미입니다.

세 번째로 **재무현금흐름은 자금조달과 상환에 사용되는 현금수지**를 나타냅니다. 재무현금흐름은 **성장기 회사는 플러스가, 안정기 회사는 마이너스가 되는 경우가 많습니다.** 성장기 회사는 성장 투자를 위한 자금이 필요하므로 새로운 자금조달을 진행하여 재무현금흐름이 플러스가 되는 것에 비해, 안정기 회사는 현금이 풍부하여 보통 유이자부채 상환이나 배당금 지급, 자사주 매입과 같이 주주 환원에 현금이 흘러가기 때문입니다.

이제 실제 현금흐름표를 살펴볼까요. 다음 표는 일본맥도날드의 요약현금흐름표입니다.

일본맥도날드의 요약현금흐름표(2021년 12월기 결산)

과 목	금액(십억 엔)
영업현금흐름	
법인세비용차감전순이익	33
감가상각비및상각비	12
…	
소계	**48**
이자수취	0
이자지급	0
…	
법인세지급	-11
…	
영업순현금흐름	**39**
투자현금흐름	
…	
유형자산의 취득	-19
유형자산의 매각	1
…	
투자순현금흐름	**-21**
재무현금흐름	
장기차입금의 상환	-1
…	
배당금지급	-5
재무순현금흐름	**-6**
현금 및 현금성자산에 대한 환율변동효과	0
현금 및 현금성자산의 증감액	13
기초 현금 및 현금성자산	38
기말 현금 및 현금성자산	50

현금흐름표를 폭포 차트로 만들 때 표 안에 묶여 있는 '기초 현금 및 현금성자산'에 '영업현금흐름', '투자현금흐름', '재무현금흐름'을 더하고, 여기에 '현금 및 현금성자산에 대한 환율변동효과'를 조정하여 '기말 현금 및 현금성자산'과 동일한 금액이 되도록 그래프를 작성합니다.

이렇게 작성한 일본맥도날드 현금흐름표의 폭포 차트는 다음과 같습니다(현금 및 현금성자산에 대한 환율변동효과는 십억 엔 단위로 기재하면 0이 되어 생략).

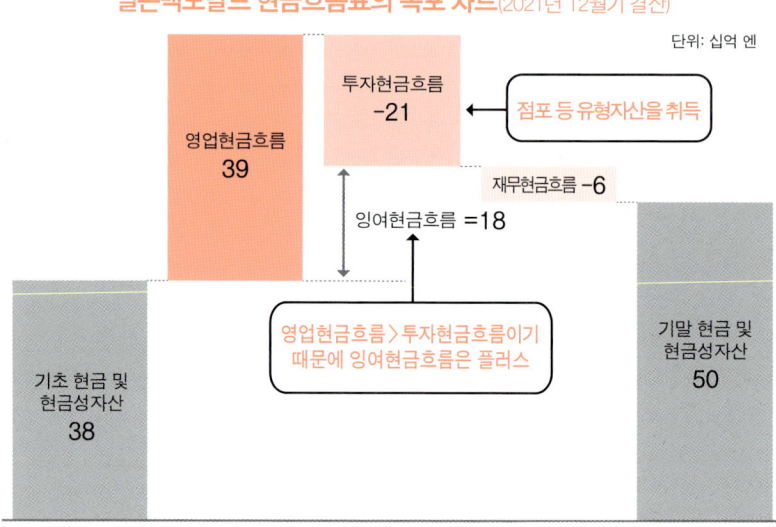

이 차트를 보면 일본맥도날드는 영업현금흐름으로 390억 엔의 현금을 벌어들이고, 투자현금흐름으로 210억 엔의 현금을 투자했습니다. 대부분의 투자는 점포 등 유형자산을 취득하는 데 사용됐습니다. 잉여현금흐름은 180억 엔으로 플러스입니다. 그리고 배당금 50억 엔을 지급하여 재무현금흐름은 마이너스 60억 엔이 되었습니다. 결과적으로 기말 현금 및 현금성자산은 500억 엔을 기록했습니다.

M&A에 따라 현금흐름표는 어떻게 움직이는가?

Section 8

큰 투자 후에는
영업현금흐름의 움직임을 잘 살펴봐야 한다

▸ 쇼와덴코의 2020년 12월기 결산에는 무슨 일이 있었을까?

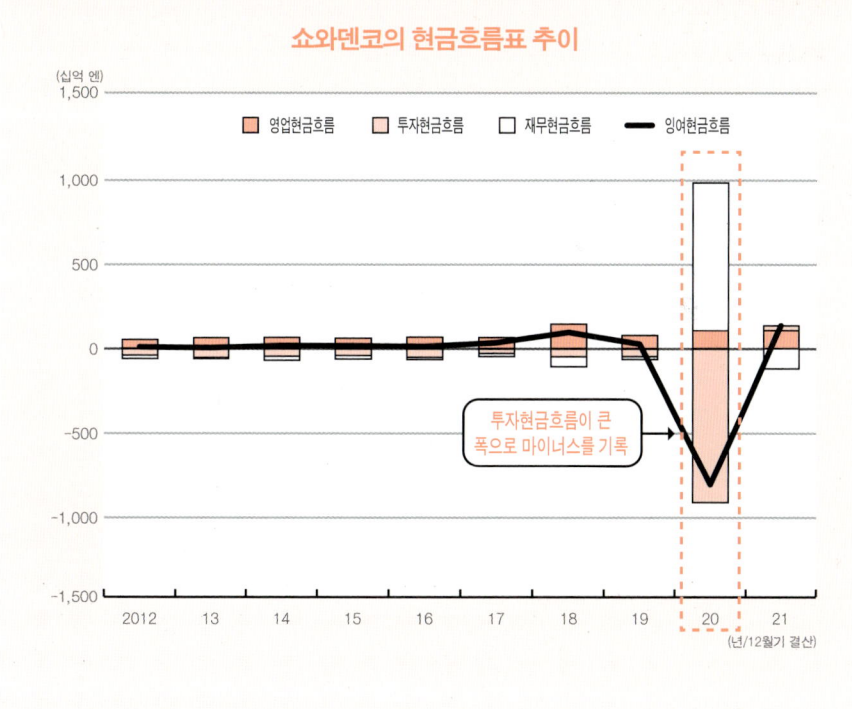

현금흐름표의 분석 사례로 쇼와덴코昭和電工26와 일본우편日本郵便을 살펴보겠습니다. 위는 쇼와덴코의 2012년 12월기부터 2021년 12월기 결산까지의 현금흐름 변화를 정리한 그래프입니다.

2020년 12월기 결산에 투자현금흐름의 마이너스 폭이 상당히 컸기 때문에 잉여현금흐름도 큰 폭으로 마이너스가 발생했습니다. 이것은 다른 연도와 비교하면 눈에 띄는 숫자입니다. 2020년 12월기 결산에 쇼와덴코에서는 무슨 일이 일어났던 걸까요?

M&A를 진행하며 큰 폭으로 투자 지출을 초과한 쇼와덴코

이번에는 2020년 12월기 결산 쇼와덴코의 현금흐름표를 폭포 차트로 나타냈습니다.

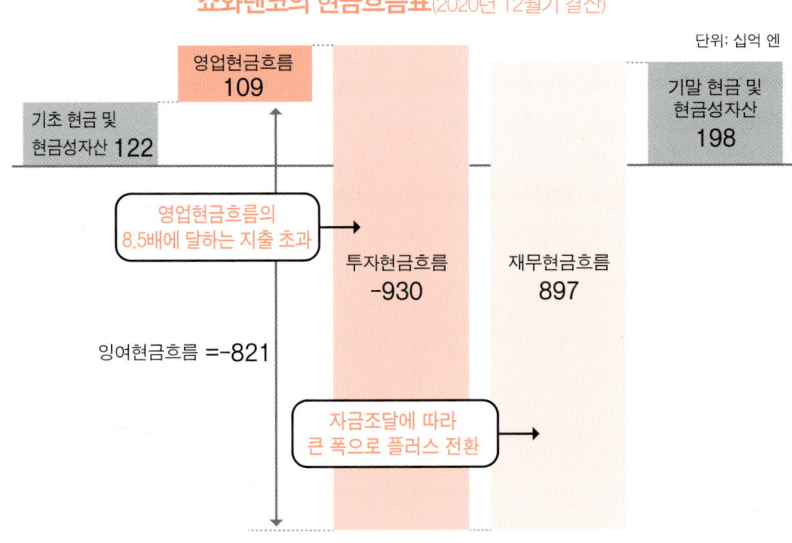

26 쇼와덴코는 2023년 1월 1일 자로 자회사 쇼와덴코머티리얼즈(구 히타치케미칼)와 통합하여 주식회사 레조낙홀딩스로 상호를 변경했다.

이 차트를 보면 **2020년 12월기 결산에 쇼와덴코의 투자현금흐름은 마이너스 9,300억 엔으로 영업현금흐름(1,090억 엔)의 8.5배에 이를 정도로 지출 초과가 발생했습니다.** 이는 2020년 4월에 히타치케미칼^{日立化成}을 인수하고, 완전자회사(그 회사가 발행하는 주식의 100%를 보유하는 자회사로 만드는 것)로 편입시켰기 때문입니다. 쇼와덴코에 따르면 히타치케미칼의 인수 금액은 9,640억 엔입니다.

쇼와덴코는 수중자금[27]이나 영업현금흐름으로는 이 투자 금액을 충당하기 어려워 장기차입금 등을 통해 자금조달을 진행했습니다. 이에 따라 재무현금흐름은 8,970억 엔으로 크게 플러스가 되었습니다.

이러한 **대형 인수나 합병(M&A)을 진행할 때는 향후 영업현금흐름 증가에도 주의가 필요합니다.** M&A에 필요한 투자는 미래에 발생할 영업현금흐름으로 회수해야 하기 때문입니다.

M&A 이후에도 영업현금흐름이 늘어나지 않는 일본우편

여기서 일본우정(일본우편)[28]의 사례를 살펴보겠습니다. **일본우정은 2015년 5월에 자회사인 일본우편을 통해 호주 대형 물류업체인 톨홀딩스를 인수하여 완전자회사화를 진행했습니다.** 인수 금액은 6,093억 엔(공표 기준)으로 일본우정에서 진행했던 과거 최대의 인수 안건이었습니다. 일본우정은 이 인수 효과로 아시아 중심의 국제 물류 사업을 크게 강화하고자 했습니다.

그렇다면 이 인수 전후로 일본우편의 현금흐름은 어떤 추이를 보였을까요? 다음은 2014년 3월기부터 2022년 3월기 결산에 걸쳐서 일본우편의 현금흐름

---

27 기업이 경비나 세금, 배당 등을 지불하고 최종적으로 수중에 남은 돈.
28 일본우정은 2006년 1월 23일 일본우정공사의 민영화에 따라 발족한 특수법인으로, 일본우편은 일본우정의 완전자회사이다.

변화를 정리한 그래프입니다.

이에 따르면, 2016년 3월기 결산 당시 호주 물류 대기업인 톨홀딩스를 인수하면서 일본우편의 투자현금흐름은 크게 마이너스가 되었습니다.

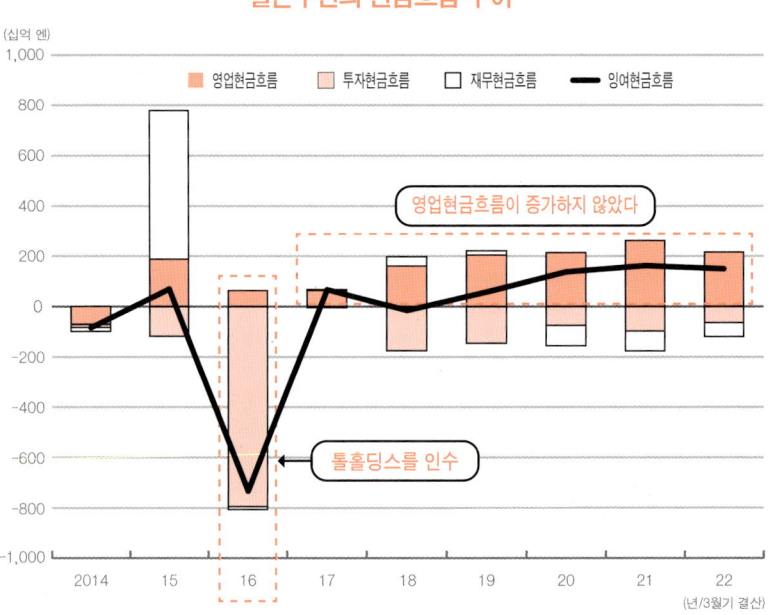

문제는 그 이후의 영업현금흐름의 움직임입니다. 당초 일본우편이 내세웠던 인수 목적대로 국제 물류 사업 강화에 성공했다면 거기서 얻어지는 현금이 영업현금흐름의 증가로 나타나야 하는데, **일본우편의 영업현금흐름은 인수 후에도 그리 늘지 않았습니다.** 이 데이터상으로는 톨홀딩스를 인수하는 데 투자한 자금을 영업현금흐름에서 회수하지 못한 것으로 보입니다.

실제로 중국·호주의 경제 감속과 자원 가격의 하락이 동반되며 2017년 3월기 결산 톨홀딩스의 실적은 매우 악화하였고, 일본우편에서는 국제 물류 사업의 영업권과 상표권 등을 감손(자산의 수익성이 저하되고 투자액의 회수를 예측하기 어려워서 자산 가치를 회수 가능 가액까지 낮추는 것) 처리하여 4,003억 엔의 손실을 기록했습니다. 이후 2021년 8월에는 특히 수익성이 희박한 호주·뉴질랜드의 익스프레스 사업(물류 사업)을 매각했습니다. 일본우편은 향후 **익스프레스 사업 이외에 아시아를 중심으로 한 국제 물류 사업에서 성장성과 수익성을 높이고 영업현금흐름을 늘려가야 하는 상황입니다.**

Point
이번 사례의 핵심 정리!

여기서는 쇼와덴코와 일본우편의 사례를 통해 M&A 전후로 달라지는 현금흐름의 움직임을 살펴봤습니다.

대형 M&A를 진행할 때는 막대한 투자가 필요하여 투자현금흐름의 마이너스가 커지는데, 여기서 중요한 점은 그 이후에 나타나는 영업현금흐름의 움직임입니다. 투자에 알맞은 회수가 가능한지 주의 깊게 지켜봐야 합니다.

Chapter

2

수익 구조와 재무제표

Section **1**

드러그스토어의 수익 구조 차이

상품 구성의 차이가
수익 창출과 재무제표에 미치는 영향을 알아본다

▸ 상품 구성의 차이는 재무제표에 어떻게 영향을 미칠까?

쓰루하

의약품 이외에 식품, 잡화, 화장품도
취급하는 종합 드러그스토어

상품별 매출액 구성비
(2021년 5월기 결산)

의약품 21%
화장품 15%
잡화 28%
식품 23%
기타 13%

코스모스약품

일반 식품의 비율이 50%를 넘는
디스카운트 드러그스토어

상품별 매출액 구성비
(2021년 5월기 결산)

의약품 15%
화장품 10%
잡화 16%
일반 식품 58%
기타 1%

Chapter 2에서는 재무제표와 수익 구조의 관계를 알아봅니다. **다양한 업종에 속하는 회사의 수익 구조가 재무제표에 어떻게 나타나는지** 살펴볼까요.

Chapter 2의 첫 사례로 마츠모토키요시^{マツモトキヨシ}와 코코카라파인^{ココカラファイン}이 경영 통합[29]을 이루며 재편이 진행 중인 드러그스토어(의약품과 함께 식료품, 생활용품 등의 다양한 품목을 판매하는 점포)업계 중 대기업인 쓰루하홀딩스^{ツルハホールディングス}[30](이하 쓰루하)와 코스모스약품^{コスモス薬品}[31]의 재무제표를 보면서 비교해 보겠습니다.

앞의 그림에서 보이듯이 쓰루하는 의약품 이외에 식품, 잡화, 화장품 등을 균형 있게 취급하며 '쓰루하드러그^{ツルハドラッグ}', '쿠스리노후쿠타로^{くすりの福太郎}', '드러그일레븐^{ドラッグイレブン}' 등을 운영하는 종합 드러그스토어 체인입니다.

한편 코스모스약품은 저가로 소비자를 공략하는 디스카운트 드러그스토어 체인으로 일반 식품의 비율이 50%가 넘는 '디스카운트 드러그 코스모스^{ディスカウントドラッグコスモス}'를 전개하고 있습니다.

그럼 두 회사의 성장 과정과 상품 구색 등의 차이가 재무제표에 어떻게 나타나는지 알아보겠습니다.

그리고 이제까지의 사례는 재무상태표 또는 손익계산서를 비례축척도로 만들어 설명했는데 이제부터는 재무상태표와 손익계산서상 금액의 비율을 맞춰서 나열하는 방식으로 살펴보겠습니다.

---

29 경영 통합이란 복수의 기업이 모회사가 되는 지주회사를 신규로 설립하고 출자한 회사는 자회사로서 지주회사의 산하에 들어가는 것을 말한다. 2021년 10월 1일 마츠모토키요시홀딩스와 코코카라파인이 경영을 통합하여 마츠모토코코카라&컴퍼니가 탄생했다.
30 8개의 드러그스토어 및 조제약국 브랜드를 보유하여 2023년 2월 말 기준 일본 전국의 점포 수는 2,571개로 그중 조제약국은 826개 점포에 해당한다.
31 2023년 2월 말 기준 일본 규슈를 거점으로 한 전국의 점포 수는 1,312개이다.

매출액 1조 엔에 육박하는 쓰루하 재무제표의 특징

다음 그림은 쓰루하의 재무제표로 만든 비례축척도입니다.

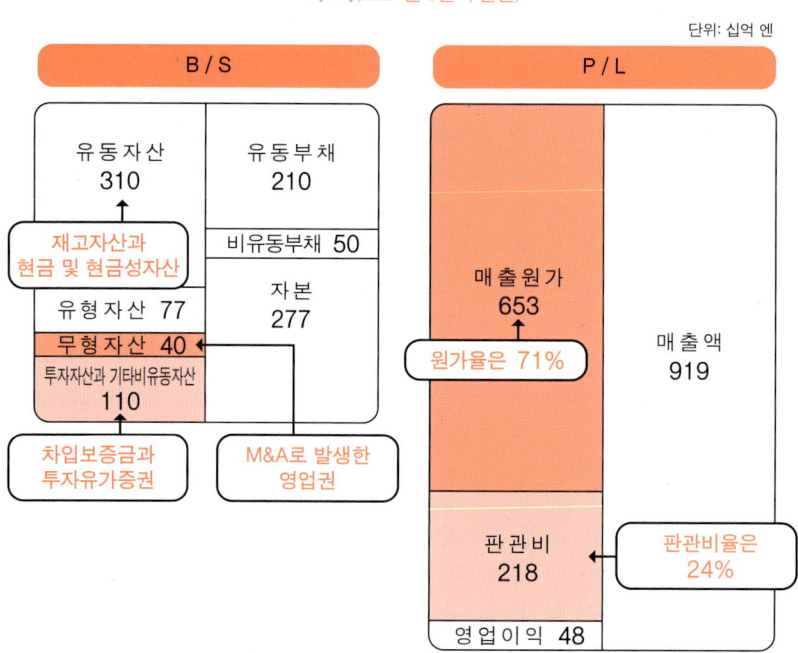

먼저 손익계산서부터 살펴볼까요. 매출액은 9,190억 엔, 매출원가는 6,530억 엔(원가율 71%), 판관비는 2,180억 엔(판관비율 24%)입니다. 영업이익은 480억 엔이고, **매출액영업이익률은 5%** 수준입니다.

이어서 재무상태표를 보겠습니다. **재무상태표의 왼쪽(자산)에서 금액이 가장 큰 항목은 유동자산(3,100억 엔)입니다.** 여기에는 재고자산(1,280억 엔)과 현금 및 현금성자산(1,170억 엔)이 포함되어 있습니다.

다음으로 금액이 큰 항목은 투자자산과 기타비유동자산(1,100억 엔)입니다. 여기에는 차입보증금(620억 엔)이 포함되어 있습니다. **소매업은 점포 물건**

을 빌리거나 세입자로 입점하는 경우가 많기 때문에 차입보증금이 커지는데, 쓰루하도 비슷한 양상을 보입니다. 그리고 투자유가증권은 370억 엔으로 이온 계열을 비롯한 전국의 드러그스토어 체인 그룹 '하피카무'ハピコム[32]에 속한 구성기업[33]의 주식이 대부분입니다. 또한 이온イオン[34]은 쓰루하의 최대 주주(2021년 5월 15일 시점)로 쓰루하도 하피카무의 구성기업 중 하나입니다.

쓰루하가 전국 각지에 운영 중인 점포가 포함된 유형자산은 770억 엔이고, 무형자산은 400억 엔입니다. 쓰루하는 다음 표와 같이 매출액이 수백억 엔 규모인 지방 드러그스토어 체인을 인수하면서 성장해 왔습니다. 인수할 때 처리된 영업권이 무형자산의 대부분을 차지합니다(인수로 발생한 영업권의 회계 처리 방식에 관해서는 Chapter 1의 13~14쪽을 참고).

쓰루하의 주요 M&A

년	월	개 요
2007	5	쿠스리노후쿠타로를 완전자회사화
2009	2	웰니스고호쿠를 자회사화
2013	12	하티원츠를 자회사화
2015	8	하티원츠가 웰니스고호쿠를 흡수합병 하여 '쓰루하그룹드러그&파머시니시니혼'으로 상호 변경
2015	10	레디약국을 자회사화
2017	9	교린도그룹홀딩스를 자회사화
2018	5	B&D홀딩스를 자회사화
2020	5	JR규슈드러그일레븐을 자회사화

여기서 주목해야 할 점은 **쓰루하 산하에 들어간 인수 대상 회사가 그 이후에 이익을 늘리고 있다**는 사실입니다(닛케이비즈니스 2020년 7월 13일호). 체

---

32 일본 전국에서 운영 중인 약 6,000개의 드러그스토어와 조제약국으로 구성되어 있고, 해당 체인에서 취급하는 일반의약품을 중심으로 한 PB Private Brand의 명칭이기도 하다.
33 복수의 기업이 공동으로 사업을 진행하는 조직인 '공동기업체'에서 대표자 이외의 구성원을 말한다.
34 일본 내외 300여 개의 기업으로 구성된 대형 유통그룹인 '이온그룹'을 총괄하는 지주회사.

인으로 사업 규모가 커지고 상품 조달 비용이 줄어들며 그룹 내 각 회사가 지닌 장점을 수평 전개한 점도 실적 호조로 이어진 요인 중 하나입니다.

쓰루하의 매출액은 2011년 5월기 결산 3,000억 엔에서 2021년 5월기 결산 9,190억 엔으로, **최근 10년 사이에 3배 이상 성장**했습니다. 자사 부담으로 점포를 내는 등 적극적으로 M&A에 참여했기 때문입니다.

재무상태표의 오른쪽(부채·자본)에서 유동부채는 2,100억 엔, 비유동부채는 500억 엔이고, 여기에 포함된 차입금은 각각 70억 엔과 270억 엔입니다. 자본은 2,770억 엔, 자기자본비율은 51%입니다.

'자급자족주의' 성장을 지향하는 코스모스약품

계속해서 코스모스약품도 알아볼까요. 다음 그림은 코스모스약품의 재무제표로 만든 비례축척도입니다.

코스모스약품의 재무상태표부터 살펴보겠습니다. **재무상태표의 왼쪽에서 금액이 가장 큰 항목은 유형자산(1,950억 엔)**입니다. 코스모스약품의 2021년 5월기 결산 기준으로 점포 수는 1,130개로, 같은 기준에 2,420개를 보유한 쓰루하의 유형자산 770억 엔과 비교하면 **코스모스약품의 유형자산 금액이 유난히 크다는 사실**을 알 수 있습니다.

그 이유는 유가증권보고서에서 찾아볼 수 있습니다. **쓰루하가 주요 설비로 판매 설비(점포)만 기재한 것에 비해, 코스모스약품은 점포에다 물류센터도 기재했습니다.**

쓰루하는 대부분의 물류센터를 외부에 위탁하므로 이러한 물류 관련 자산을 재무상태표에 반영하지 않은 것으로 보입니다. 한편 코스모스약품의 물류센터는 자사가 소유하고 있습니다. 거기다 코스모스약품은 매장 면적이 1,000 평방 미터를 넘는 대형 점포가 대다수를 이룹니다. 이러한 점도 유형자산의 금액이 커지는 이유입니다.

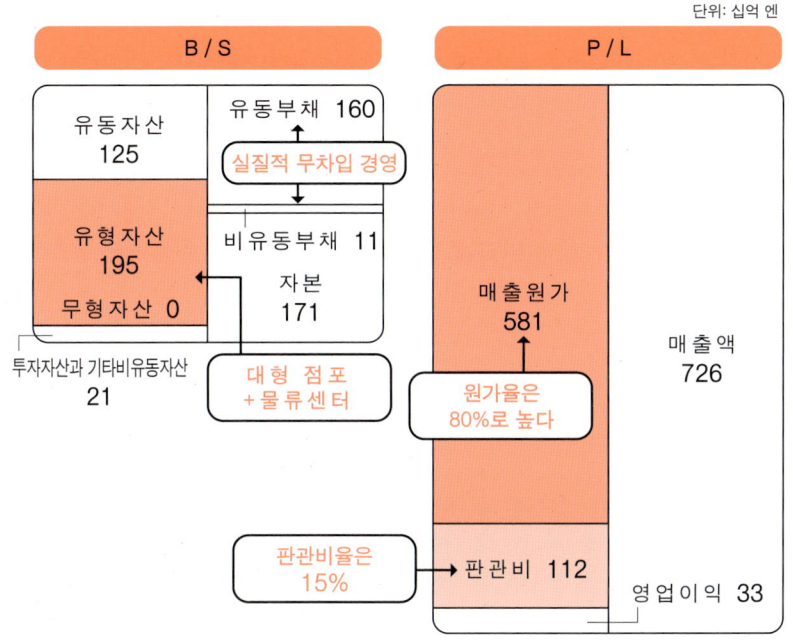

앞서 설명했듯이 쓰루하는 성장 전략의 일환으로 M&A를 적극적으로 활용했지만, **코스모스약품은 기본적으로 자사가 직접 출점하는 형태로 성장해 왔습니다.** 그래서 재무상태표상 무형자산이 거의 없습니다.

재무상태표의 오른쪽에서 유동부채는 1,600억 엔, 비유동부채는 110억 엔이고, 각각에 포함된 차입금은 10억 엔, 40억 엔으로 그다지 많지 않습니다. 그리고 유동자산(재무상태표의 왼쪽)에 반영된 현금 및 현금성자산 금액이 550억 엔으로 차입금의 규모에 비해 상당히 큽니다. 이것으로 보아 **코스모스약품은 실질적 무차입 경영**이라는 사실을 알 수 있습니다.

자본은 1,710억 엔, 자기자본비율은 50%입니다. **실질적 무차입 경영임에도 불구하고 자기자본비율이 그만큼 높지 않은 이유는 외상매입금(매입대금의 미지급분)이 1,330억 엔으로 크기 때문**입니다. 쓰루하도 비슷한 경향을 보입니다.

이제 손익계산서를 살펴보면 매출액이 7,260억 엔, 매출원가는 5,810억 엔(원가율 80%), 판관비는 1,120억 엔(판관비율 15%)입니다. 영업이익은 330억 엔, 매출액영업이익률은 5%입니다. 매출액영업이익률은 쓰루하와 거의 비슷한 수준입니다.

한편 두 회사의 **원가율을 비교해 보면 쓰루하가 71%인 것에 비해 코스모스약품은 80%로 9%차가 발생합니다.** 그 이유는 무엇일까요?

원가율이 높아도 코스모스약품의 이익이 늘어난 이유

그 대답은 앞에서 제시한 상품 구성의 차이를 보면 알 수 있습니다. 다시 쓰루하와 코스모스약품의 상품별 매출액 구성비를 살펴보겠습니다.

두 회사의 차이는 '식품'에서 두드러집니다. **쓰루하는 식품 매출액 구성비가 23%인 것에 비해, 코스모스약품은 일반 식품이 전체의 58%로 절반이 넘습니다.** 이 매출액 구성비의 차이가 원가율에도 영향을 미칩니다.

의약품 및 식품의 원가율을 유가증권보고서의 매입 실적과 판매 실적으로 간단하게 계산하면, 쓰루하는 의약품이 60%인 것에 비해 식품이 86%, 코스모스약품은 의약품이 68%인 것에 비해 일반 식품이 86%로 **두 회사 모두 식품 원가율이 더 높다**는 것을 알 수 있습니다.

일반적으로 드러그스토어는 식품 원가율이 높아서(매출총이익률이 낮음)

저가 식품을 내세워 고객을 모으고 의약품과 화장품으로 이익을 얻는 구조
입니다. 그러나 코스모스약품은 매출의 주축이 되는 카테고리도 식품이라서 전체 원가율이 80%로 높습니다.

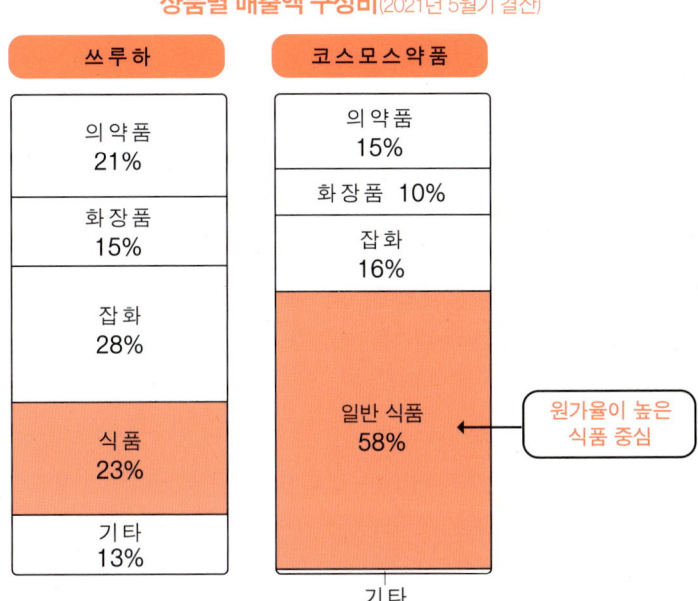

그렇다면 원가율이 높은데도 불구하고 왜 코스모스약품은 쓰루하와 동일 수준의 매출액영업이익률 5%를 확보할 수 있었을까요?

그 대답은 철저한 '저비용 운영 방식'에서 찾을 수 있습니다. 앞서 살펴본 바와 같이 코스모스약품은 쓰루하와 비교하여 판관비율이 낮은 편입니다. 이는 **높은 원가율을 낮은 판관비율로 보완**하는 방식입니다.

드러그스토어 판관비의 대부분은 인건비가 차지합니다. 매출액에서 인건비가 차지하는 비율(법정복리비 제외)을 계산하여 비교하면 **쓰루하가 10%인 것에 비해 코스모스약품은 7%에 머물러 있습니다.** 그리고 코스모스약품은 결제수수료가 발생하는 신용카드와 QR코드 결제 지급도 거의 대응하지 않습니다.

코스모스약품은 이러한 여러 가지 차별점으로 저비용 경영 방식을 철저히 지키며 저가로 승부하는 디스카운트 업태로써 매출액영업이익률 5%라는 수익성을 확보하고 있습니다.

Point

이번 사례의 핵심 정리!

여기서는 종합 드러그스토어 체인을 운영하는 쓰루하와 식품을 중심으로 한 디스카운트 드러그스토어 체인인 코스모스약품의 재무제표를 살펴봤습니다.

원가율이 높은 식품을 주로 다루는 코스모스약품이 쓰루하와 동등한 매출액영업이익률을 확보할 수 있었던 배경에는 철저한 저비용 경영 방식이 자리 잡고 있습니다. 신용카드 결제 등 고객의 편리성을 높이는 서비스를 구태여 제공하지 않고, 최소한의 인원 체제로 저가 상품을 내세우는 경영 방식이 재무제표에도 나타난다고 말할 수 있습니다.

Section 2

박리다매 100엔 숍 업계에서 높은 수익성을 실현하는 방법

이익률 증가를 위한
점포 설계와 운영 비결

▸ 두 회사의 매출액영업이익률에서 차이가 벌어진 이유는?

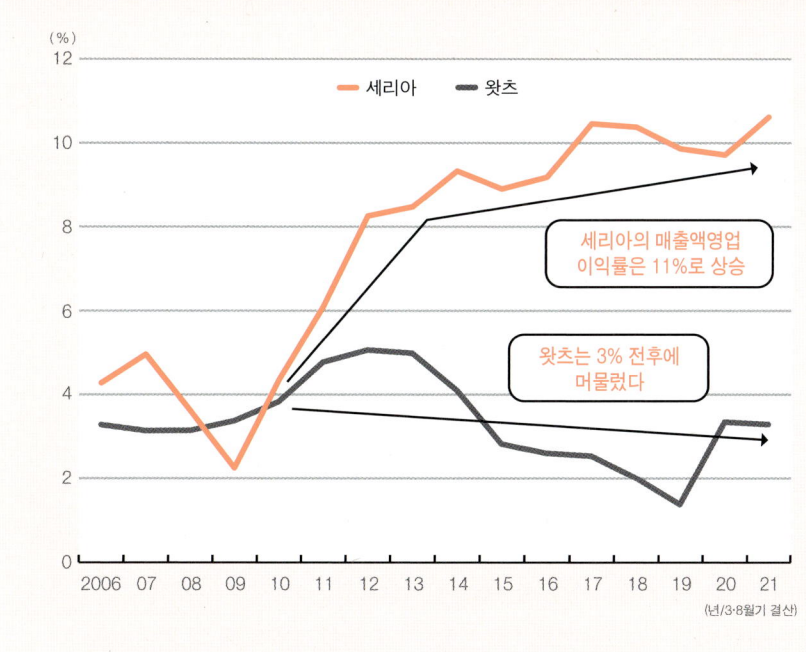

※ 세리아는 3월기 결산, 왓츠는 8월기 결산

여기서는 100엔 숍의 재무제표를 살펴보겠습니다. 업계 매출액 1위인 다이소ダイソー, 大創産業는 비상장기업이므로 업계 매출액 2위인 세리아セリア, Seria35와 4위인 왓츠ワッツ, Watts36를 사례로 들어 설명하겠습니다.

앞의 그래프를 보면 두 회사의 매출액영업이익률은 2010년 3·8월기 결산에는 큰 차이가 없지만, 2021년 3월기 결산에서 세리아의 매출액영업이익률이 11%에 달한 것에 비해 왓츠는 2021년 8월기 결산 매출액영업이익률이 3% 전후에 머물러 있습니다.

박리다매로 통하는 100엔 숍의 재무제표에는 어떤 특징이 나타날까요? 100엔 숍 중에서도 높은 수익성을 자랑하는 세리아의 재무제표를 살펴보며 100엔 숍 사업에서 이익을 얻기 위한 특징을 찾아보겠습니다.

100엔 숍의 재무제표상 특징

다음 그림은 왓츠의 재무제표로 만든 비례축척도입니다.

우선 재무상태표부터 살펴볼까요. 재무상태표의 왼쪽(자산)에서 금액이 가장 큰 항목은 유동자산(160억 5,000만 엔)입니다. 여기에는 현금 및 현금성자산(61억 6,900만 엔) 외에 재고자산(74억 4,400만 엔)이 포함되어 있습니다.

그리고 일반적으로 소매업은 받을어음이나 외상매출금이 거의 발생하지 않는 데 비해, 왓츠는 직영 100엔 숍의 매출에 **일본 국내의 프랜차이즈 점포와 해외 거래처에 도매로 상품을 제공하며 발생하는 매출이 더해져서 유동자산에는 받을어음 및 외상매출금 21억 5,100만 엔이 포함되어 있습니다.**

---

35 2023년 3월 말 기준 일본 전국의 점포 수는 1,961개이다.
36 2023년 2월 말 기준 왓츠 등 6개의 100엔 숍 브랜드를 전개 중으로 일본 전국의 점포 수는 1,692개이다.

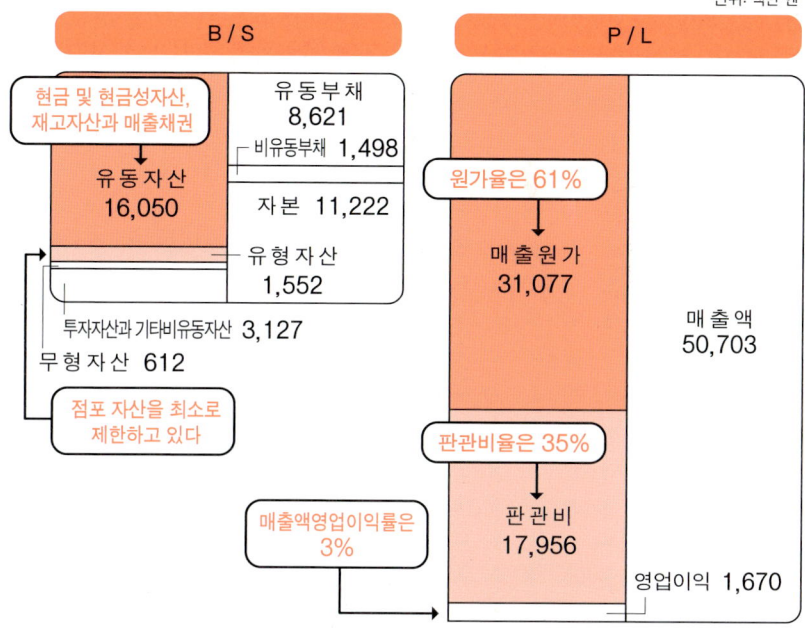

한편 **유형자산은 15억 5,200만 엔으로 총자산에서 차지하는 비율이 7%에 그쳤습니다.** 그 이유는 대부분의 점포가 쇼핑센터 등의 세입자이고, 슈퍼마켓의 한 코너를 매장으로 이용하면서 자산을 최소화한 점포 형태로 출점해 있기 때문입니다.

손익계산서의 규모와 비교하여 재무상태표의 규모가 작은 이유는 이렇게 점포 관련 자산을 최소한으로 제한했기 때문입니다. 따라서 왓츠는 소매업 중에서도 경량형 비즈니스 모델이라고 말할 수 있습니다.

그리고 투자자산과 기타비유동자산이 31억 2,700만 엔으로 점포를 낼 때 발생하는 차입보증금(22억 9,000만 엔)이 절반 넘게 차지합니다.

다음으로 재무상태표의 오른쪽(부채·자본)을 살펴보겠습니다. 유동부채는

86억 2,100만 엔, 비유동부채는 14억 9,800만 엔이고, 그중에 유이자부채는 각각 7억 2,800만 엔과 3억 9,600만 엔으로 현금 및 현금성자산(61억 6,900만 엔)과 비교하여 현저히 적습니다. 이를 통해 왓츠가 실질적 무차입 경영을 한다고 말할 수 있습니다. 자본은 112억 2,200만 엔, 자기자본비율은 53%입니다.

그럼 손익계산서도 살펴볼까요. 왓츠의 매출액은 507억 300만 엔, 매출원가는 310억 7,700만 엔(**원가율 61%**), 판관비는 179억 5,600만 엔(**판관비율 35%**)입니다. 영업이익은 16억 7,000만 엔, **매출액영업이익률은 3%**입니다(반올림의 오차가 있으므로 100%에서 원가율과 판관비율을 뺀 수치와는 일치하지 않음).

영업이익률이 두 자릿수라는 높은 수익성을 자랑하는 세리아

계속해서 세리아의 재무제표를 알아보겠습니다[세리아는 연결재무제표를 작성하지 않으므로 개별(자사만 해당)재무제표를 사용]. 다음 그림은 세리아의 재무제표로 만든 비례축척도입니다.

재무상태표의 왼쪽을 보면 유동자산이 793억 9,300만 엔으로 금액이 가장 큽니다. 그중에서 대부분을 차지하는 항목은 현금 및 현금성자산(535억 9,300만 엔)이고, 그다음으로 큰 항목은 재고자산(182억 3,800만 엔)입니다. **세리아는 왓츠와 다르게 대부분 직영점 매출이라서 외상매출금은 3억 4,100만 엔에 불과합니다.**

유형자산의 금액은 211억 7,000만 엔으로 총자산에서 차지하는 비율은 18%입니다. 세리아는 왓츠와 비교하여 로드 숍 형태의 점포가 많기 때문에 상대적으로 유형자산의 비율이 높지만, 일반적인 소매업 수준(30~40%)과 비교하면 낮은 편입니다. 세리아의 유가증권보고서에 따르면, 로드 숍을 포함하여 점포 토지가 반영되지 않은 점으로 보아 세리아는 기본적으로 토지를 임대하는 것으로 추측됩니다. 이러한 출점 정책이 유형자산의 비율을 낮춘다고 해석할 수 있겠지요.

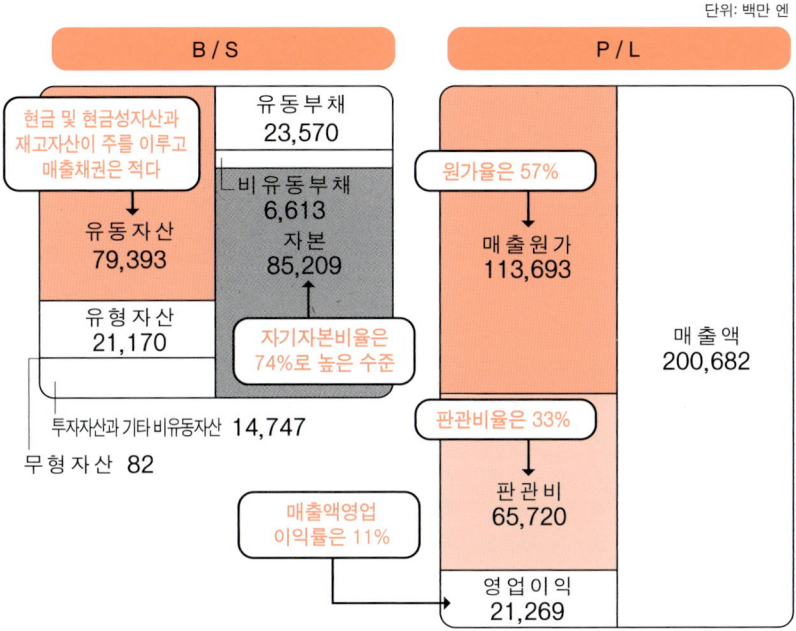

재무상태표의 오른쪽을 보면 유동부채는 235억 7,000만 엔, 비유동부채는 66억 1,300만 엔입니다. 그중에 약간의 리스 채무를 제외한 유이자부채는 포함되지 않아서 거의 무차입 경영이라고 볼 수 있습니다. 따라서 자본은 852억 900만 엔으로 많고, **자기자본비율은 74%로 높은 수준**입니다.

이어서 손익계산서도 살펴보면 매출액은 2,006억 8,200만 엔, 매출원가는 1,136억 9,300만 엔(**원가율 57%**), 판관비는 657억 2,000만 엔(**판관비율 33%**)입니다. 영업이익은 212억 6,900만 엔, **매출액영업이익률은 11%**입니다(왓츠의 사례와 동일하게 반올림의 오차가 있으므로 100%에서 원가율과 판관비율을 뺀 수치와는 일치하지 않음).

왓츠의 매출액영업이익률이 3%인 점을 생각해 보면 세리아의 수익성은 높은 수준입니다. 그리고 같은 100엔 숍 사업을 전개하는 캔두$^{Can\ Do}$의 2020년 11월기 결산 매출액영업이익률도 2%이므로, 왓츠나 캔두의 수익성이 낮다고 보기보다는 세리아의 수익성이 높다고 볼 수 있습니다. 그렇다면 세리아가 높은 수익성을 실현할 수 있었던 이유는 무엇일까요?

세리아의 원가율이 낮은 3가지 이유

세리아의 수익성이 높은 이유를 먼저 원가율에서 찾아보겠습니다.

왓츠의 원가율이 61%인 것에 비해, 세리아는 57%로 원가율이 더 낮습니다. 100엔 숍 상품의 판매 단가 대부분이 100엔이라고 한다면 원가율을 낮추기 위해서는 상품의 매입 단가를 낮춰야만 합니다.

원가율을 기준으로 단순히 계산하면 왓츠는 상품을 61엔, 세리아는 57엔으로 매입할 수 있습니다. 바꿔 말하면 세리아는 상품을 1개 판매할 때 43엔의 이윤(= 매출액 - 매출원가)을 남기는 것에 비해 왓츠는 39엔의 이윤을 남깁니다. 이윤을 숫자로 보면 근소한 차이로 보이지만 상품의 판매 단가가 낮은 100엔 숍의 입장에서 그 차이는 크게 벌어집니다.

세리아가 큰 이윤을 남길 수 있는 이유는 다음 3가지로 생각해 볼 수 있습니다.

① 세리아의 매출액에서 식품이 차지하는 비율이 낮다.
② 세리아는 도매 비율이 낮고 직영점의 매출 비율이 높다.
③ 세리아의 사업 규모가 크고 매입 시 대량 생산이나 대량 구매의 이점이 작용한다.

첫 번째로 세리아의 매출액에서 식품이 차지하는 비율이 낮다는 점을 꼽을 수 있습니다. 세리아의 유가증권보고서에 따르면, 세리아의 매출액에서 과자·식품이 차지하는 비율은 2006년 3월기 결산 17%에서 2021년 3월기 결산 2%까지 하락했습니다. 이에 반해 왓츠의 식품 비율은 6%(2021년 4월 28일자 일본벨투자연구소 IR애널리스트리포트)로 세리아와 비교하여 근소하게 높습니다.

세리아의 2021년 3월기 결산 유가증권보고서에 따르면, 매입 실적과 판매 실적에서 **상품 구분별 원가율을 간단하게 계산하면 잡화가 57%인 것에 비해 과자·식품은 75%로 높습니다.** 따라서 **100엔 숍의 원가율을 낮추려면 식품 비율이 낮아야 유리**합니다. 잡화의 상품력은 높이고 식품의 매출 비율은 낮춘 것이 세리아의 높은 수익성으로 연결되었다고 볼 수 있습니다.

두 번째 이유는 세리아의 도매 비율이 낮고, 직영점 매출 비율이 높다는 점을 들 수 있습니다. **프랜차이즈 점포 등 도매의 경우, 원가율이 높아지기 때문에(매출총이익률이 낮아짐) 직영점 매출 비율이 높아야 전체 원가율이 낮아집니다.**

매출액에서 직영점이 차지하는 비율은 왓츠가 87%인 것에 비해, 세리아는 98%로 높은 것으로 보아 세리아는 원가율을 낮추는 방향으로 움직이고 있다고 추측할 수 있습니다.

세 번째 이유는 매입 시 대량 생산이나 대량 구매로 발생하는 이익의 존재입니다. 왓츠의 2021년 8월기 결산 매출액은 507억 300만 엔인 것에 비해, 세리아의 2021년 3월기 결산 매출액은 2,006억 8,200만 엔으로 약 4배 규모입니다. **상품 매입 시 매입량이 많을수록 할인율이 높아지기** 때문에 세리아의 매출액 규모가 큰 것도 원가율 감소에 도움이 되었다고 생각할 수 있습니다.

세리아의 판관비율을 억제하기 위한 '장치'

다음으로 두 회사의 판관비율의 차이를 살펴볼까요. 왓츠의 판관비율이 35%인 것에 비해 세리아는 33%로 더 낮습니다.

판관비율을 낮추는 방법은 크게 두 가지로 나눌 수 있습니다. 하나는 판매 효율을 높여서 판관비율의 분모인 매출액을 높이는 방법, 그리고 다른 하나는 판관비 그 자체를 낮추는 방법입니다.

세리아는 독자적인 발주 지원 시스템을 도입하여 품절 방지와 함께 점포 앞에 잘 팔리는 상품을 채우는 재고 관리를 실시하고 있습니다(2021년 5월 20일 자 니혼게이자이신문 조간). 두 회사의 판매 효율을 보기 위해 상품 매입부터 판매까지의 기간을 기준으로 하는 **재고자산회전기간(= 재고자산÷하루 평균 매출액)을 계산하면 왓츠가 54일인 것에 비해 세리아는 33일로 더 짧습니다.** 이는 세리아의 상품 판매 효율이 높다는 사실을 보여주는 자료입니다.

점포에서 발생하는 인건비와 토지·건물 임차료는 매출 증감에 상관없이 일정액이 발생하는 고정적인 비용입니다. 따라서 높은 판매 효율로 판관비율의 분모인 매출액이 커지면 판매 비율은 낮아집니다. 이것이 세리아의 판관비율이 낮아진 첫 번째 이유입니다.

그리고 두 번째 이유는 **바로 앞에서 설명한 발주 지원 시스템으로 시간제 근무자나 아르바이트라도 재고 관리가 가능한 장치를 구축했다**는 점입니다. 그 결과 전체 종업원 중 정사원 비율이 왓츠가 14%이지만, 세리아는 4%로 제한했습니다.

매출액인건비율(법정복리비 제외)은 세리아, 왓츠 모두 13%로 같아 보이지만, 앞서 설명한 대로 세리아는 도매 매출이 거의 없기 때문에 여기서도 세리아의 인건비 효율이 더 높다고 유추해 볼 수 있습니다.

Point

이번 사례의 핵심 정리!

여기서는 100엔 숍 업태를 전개하는 세리아와 왓츠의 재무제표를 비교해 봤습니다. 세리아는 잡화 중심의 상품 구성, 직영점을 주체로 한 영업, 대량 생산이나 대량 구매로 얻어지는 이익, 그리고 시간제 근무자나 아르바이트에 상관없이 재고 관리가 가능한 고정밀도의 발주 지원 시스템으로 판매 효율까지 향상되며 높은 수익성을 실현했다는 사실을 알았습니다.

원재료 가격이 폭등하고 엔저가 지속되며 100엔 숍의 경영에 역풍이 불고 있습니다. 이 혹독한 시대에 어떻게 살아남을지, 향후 각 회사의 전략에 주목해야겠습니다.

Section 3

도쿄일렉트론이 반도체 불황에 대비한 비결

실리콘 사이클[37]에 흔들리지 않는 기업 체질은 어떻게 만드는가?

▸ **도쿄일렉트론이 과거 두 번 적자가 났던 이유는?**

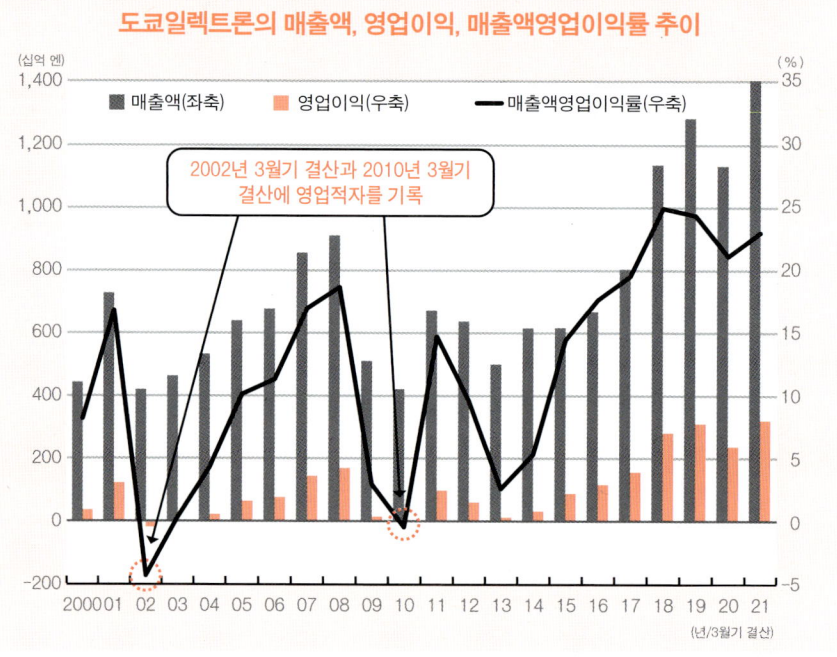

도쿄일렉트론의 매출액, 영업이익, 매출액영업이익률 추이

2002년 3월기 결산과 2010년 3월기 결산에 영업적자를 기록

37 세계 반도체 산업의 경기 순환 사이클로 1970년 이후 대체로 4년마다 호황과 불황이 변동되는 경향이 있다.

이번에는 반도체 제조 장비 업체인 도쿄일렉트론 東京エレクトロン의 재무제표를 살펴보겠습니다.

도쿄일렉트론은 1963년에 설립된 VTR Video Tape Recorder과 자동차, 라디오 등의 전자기기를 수출입하는 상사입니다(설립 당시의 사명은 도쿄일렉트론 연구소 東京エレクトロン研究所). 설립 당초에 도쿄일렉트론은 도쿄방송 東京放送(현 TBS홀딩스 TBSホールディングス)의 관계회사였습니다. 그리고 2021년 3월기 결산 시점에도 TBS홀딩스는 도쿄일렉트론주의 3.83%를 보유한 대주주였습니다.

이후 도쿄일렉트론은 반도체 제조 장비 사업에 진출하여 2020년 기준 미국 어플라이드머티어리얼즈, 네덜란드 ASML, 미국 램리서치에 이어서 세계 4위[38]의 반도체 제조 장비 업체로 알려져 있습니다(미국 VLSI리서치 조사).

도쿄일렉트론은 전무후무한 반도체 부족으로 반도체 제조 장비의 판매에 호조를 이어가던 2021년 3월기 결산에 호실적을 올렸지만, 과거에는 반도체 시황에 따라 실적이 크게 흔들렸습니다. 앞의 그래프에 나타난 바와 같이 2002년 3월기 결산과 2010년 3월기 결산에는 영업적자에 허덕였습니다.

그러는 가운데 도쿄일렉트론은 시황에 흔들리지 않는 기업 체질을 확립하기 위해 '어느 사업'을 강화하는 데 주력했습니다. 그 사업은 과연 무엇일까요? 도쿄일렉트론의 재무제표와 과거의 실적 추이를 분석하면서 도쿄일렉트론의 전략을 파헤쳐 보겠습니다.

---

38 반도체 분야에서 일본 내 탑으로 세계 순위는 2022년 기준 3위로 상승했다.

반도체 부족으로 호실적을 기록한 도쿄일렉트론의 재무제표

다음 그림은 2021년 3월기 결산 도쿄일렉트론의 재무제표로 만든 비례축척 도입니다.

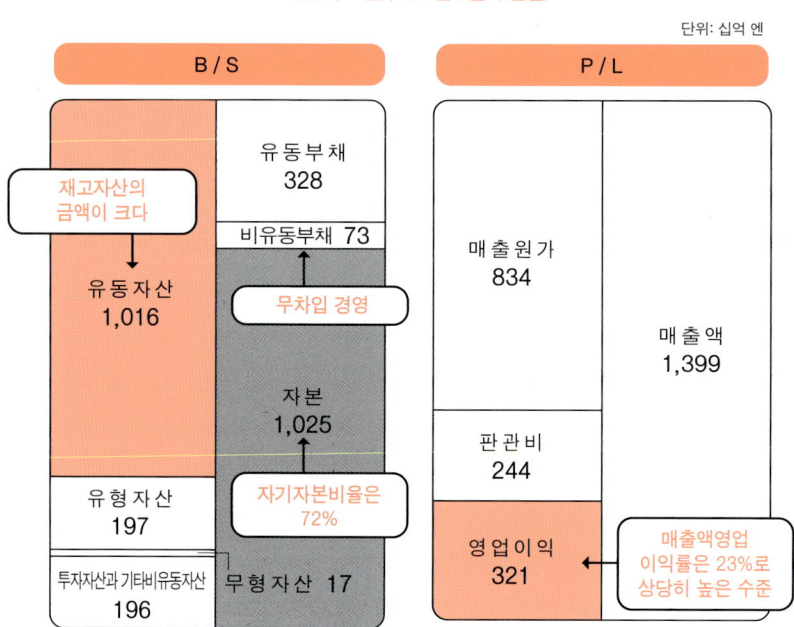

먼저 재무상태표부터 살펴볼까요.

재무상태표의 왼쪽(자산)에서 금액이 가장 큰 항목은 유동자산(1조 160억 엔)입니다. 그중에 상품 및 제품이 2,700억 엔으로 가장 큰 금액을 차지합니다. 여기에 재공품[39]과 원재료, 저장품[40]을 더한 **재고자산 금액은 4,150억 엔에 이릅니다. 이 금액은 도쿄일렉트론 매출액(1조 3,990억 엔)의 108일분에 해당합니다.**

---

39 제조하는 과정에 있는 물품.
40 제조 과정에서 필요한 소모품, 비품 등.

재고자산의 금액이 커진 이유는 매출액(수익)이 반영되는 시점을 설치 작업이 완료된 이후로 잡는 '설치 완료 기준'을 적용하며 받은 영향이라고 추측됩니다. 동종 업계 다른 회사의 상황을 보더라도 반도체 제조 장비 업체의 재고자산은 증가하는 경향이 있습니다.

그리고 유동자산 중에 외상매출금 및 받을어음은 1,920억 엔입니다. **이는 매출액의 50일분에 해당하는데 제조업 전체 평균 수준(70일 전후)으로 보면 약간 짧습니다.**

유형자산은 1,970억 엔으로 반도체 장치를 생산하는 공장의 건물, 기계, 토지 등을 포함합니다.

투자자산과 기타비유동자산은 1,960억 엔인데, 그 절반 이상은 투자유가증권(1,050억 엔)입니다. 이 투자유가증권을 유가증권보고서에 '정책적인 이유로 보유 중인 상장주식 政策保有株式'이라고 기재했는데 이는 상호보유주식[41]을 말합니다.

재무상태표의 오른쪽(부채·자본)에 차입금 또는 사채 등의 유이자부채는 없습니다. 따라서 도쿄일렉트론은 무차입 경영을 합니다. 자본은 1조 250억 엔이고 **자기자본비율은 72%로 안전성은 굉장히 높다고 볼 수 있습니다.**

이어서 손익계산서를 살펴보면 매출액은 1조 3,990억 엔, 매출원가는 8,340억 엔(원가율 60%), 판관비는 2,440억 엔(판관비율 17%)입니다. 영업이익은 3,210억 엔이고, 매출액영업이익률은 23%로 매우 높은 수준입니다.

B to B(주로 기업 대 기업으로 거래) 업체치고는 판관비율이 다소 높아 보이지만, 이는 연구개발비가 1,370억 엔이기 때문입니다. 매출액에서 차지하는

---

41 기업이 타기업과의 영업상 관계 등을 구축·유지하기 위해 보유하는 주식.

연구개발비의 비율은 10%입니다.

미세화가 진행 중인 반도체 회로에 대응하기 위해 반도체 제조 장비 업체도 높은 기술력을 요구받습니다. 따라서 높은 부가가치를 지닌 제품을 제조하려면 최첨단 기술 개발이 필수입니다. 그리고 이렇게 개발된 탁월한 기술력이 도쿄일렉트론의 높은 수익성으로 이어집니다.

반도체 시황에 크게 흔들리는 도쿄일렉트론의 실적

무차입 경영으로 고수익성을 자랑하는 도쿄일렉트론이지만, 실적이 계속 순탄하지만은 않았습니다.

다음은 서두에 나왔던 2000년 3월기부터 2021년 3월기 결산까지 도쿄일렉트론의 매출액, 영업이익, 매출액영업이익률 추이를 정리한 그래프입니다.

이 기간에 도쿄일렉트론은 2002년 3월기 결산과 2010년 3월기 2분기 결산에 영업적자를 기록했습니다. 2002년 3월기는 IT 버블[42]이 붕괴한 시기이고, 2010년 3월기는 2008년 리먼 쇼크[43]가 발단이 된 세계 금융 위기의 시기에 해당합니다.

모든 반도체 수요가 하락하는 가운데 반도체의 공급 능력이 과잉된 시기였습니다. 이러한 상황에서 반도체 제조업체가 일제히 설비 투자를 억제하면서 반도체 제조 장비 업체의 매출도 크게 떨어졌습니다. 실제로 도쿄일렉트론의 매출액은 2001년 3월기 결산 7,240억 엔에서 2002년 3월기 결산 4,180억 엔으로, 2008년 3월 결산 9,060억 엔에서 2010년 3월기 결산 4,190억 엔으

---

[42] 1990년대 후반에서 2000년대 초반에 발생한 경제 위기로 IT 기술에 대한 거품이 꺼지면서 주식 대폭락장이 발생했다.
[43] 리먼 브러더스 사태. 2008년 9월 15일 미국의 거대 투자 은행 '리먼 브러더스'의 파산으로 세계적인 금융·경제 위기가 촉발됐다.

로 크게 하락했습니다.

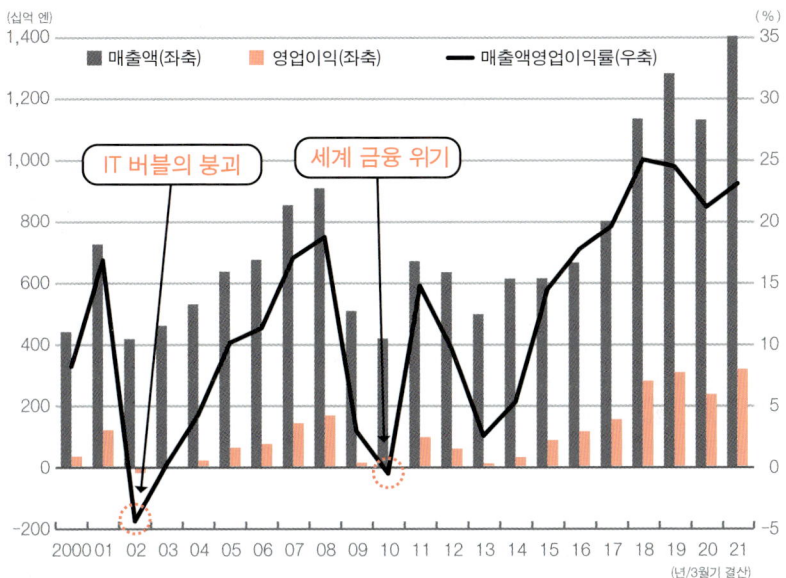

반도체 제조 장비 업체의 매출액은 반도체 제조업체의 설비 투자와 연동되기 때문에 반도체 시황이 악화하면 막대한 영업 악화로 직결되는 구조적인 문제를 껴안고 있습니다.

다가오는 반도체 불황에 대비하여 주력한 '어느 사업'

그렇다면 회사 실적이 반도체 제조업체의 투자 설비에 크게 영향을 받는 반도체 제조 장비 업체의 문제는 어떻게 해결할 수 있을까요?

도쿄일렉트론은 이 문제를 해결하기 위해 '필드 솔루션 사업'을 강화하는 방안을 찾았습니다. 필드 솔루션 사업이란 판매한 장비의 개조 및 중고 장비 판매, 부품 교환 및 서비스를 제공하는 이른바 애프터마켓 비즈니스입니다.

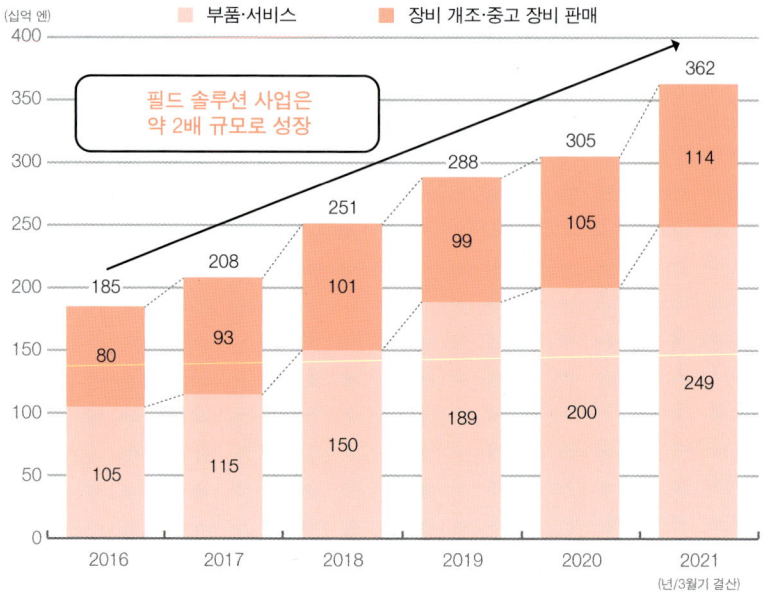

앞의 그래프는 도쿄일렉트론의 필드 솔루션 사업 매출액 추이를 나타냅니다. 2016년 3월기 결산 1,850억 엔이었던 매출은 2021년 3월기 결산 3,620억 엔으로 약 2배 규모로 성장했습니다. 전체 매출액에서 필드 솔루션 사업이 차지하는 비율은 2021년 3월기 결산에 26%를 기록했습니다.

이제까지 설명한 바와 같이 반도체 제조 장비의 판매는 반도체 제조업체의 설비 투자와 연동하기 때문에 한번 반도체 불황에 빠지면 매출액이 크게 감소합니다. 한편 부품 교환이나 서비스의 매출은 지금까지 판매한 장비 수와 연동성이 높기 때문에 비교적 안정된 수익을 기대해 볼 수 있겠지요. 게다가 필드 솔루션 사업은 '신규 장비와 비교하여 연구개발 투자가 적기 때문에 이익률이 높다'(2021년 3월기 결산 3사분기 결산설명회 질의응답)라는 이점도 있습니다.

Point

이번 사례의 핵심 정리!

반도체 산업에는 수년 주기로 일어나는 변동 파도인 '실리콘 사이클'이 있는데 도쿄일렉트론도 그러한 수급 변동의 파도에 따라 실적이 크게 좌우되어 왔습니다.

미래의 반도체 시황을 예측하기란 쉬운 일이 아닙니다. 그렇지만 도쿄일렉트론은 반도체 시황이 초래하는 리스크에 대비하여 안정된 수익과 이익이 기대되는 필드 솔루션 사업 확대에 박차를 가하고 있습니다.

Section 4

오빅크가 '경이로운 이익률'을 달성한 이유

IT벤더의 '상식'을 뒤집은 비즈니스 모델

▸ 오빅크의 원가율은 왜 계속 낮아질까?

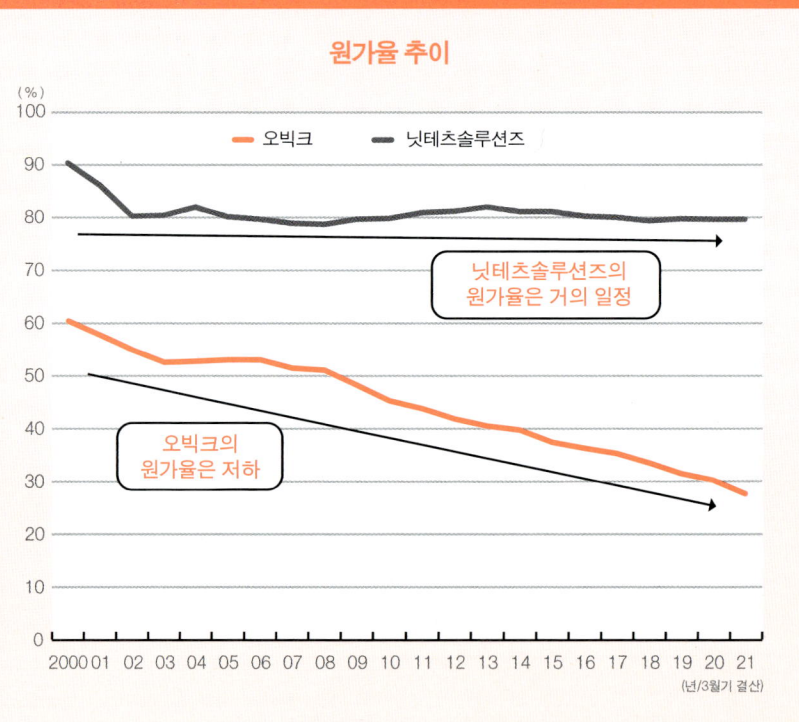

원가율 추이

이번에는 IT벤더인 닛테츠솔루션즈[日鉄ソリューションズ]와 오빅크[オービック]의 재무제표를 살펴보겠습니다.

닛테츠솔루션즈는 구 신일본제철[新日本製鐵]의 정보통신시스템 부문과 시스템 자회사인 신닛테츠정보통신시스템[新日鉄情報通信システム](ENICOM)을 중심으로 출자한 시스템 통합 업체[Systems Integrator](SIer)[44]입니다. 한편 오빅크는 중소기업을 대상으로 한 ERP패키지(전사적 자원관리시스템) 'OBIC7'과 재무회계 소프트웨어인 '간조부교[勘定奉行]'를 주력 제품으로 만드는 소프트웨어 회사입니다.

앞의 그래프는 오빅크와 닛테츠솔루션즈의 원가율 추이를 나타냅니다. **닛테츠솔루션즈의 원가율이 80% 전후로 안정적인 추이를 보이는 것에 비해, 오빅크의 원가율은 2000년 3월기 결산 60%에서 2021년 3월기 결산 27%까지 거의 일관되게 낮아졌습니다.** 그 이유는 무엇일까요?

그럼 디지털 트랜스포메이션[Digital Transformation](DX)[45]의 진전으로 주목받는 IT벤더의 재무제표에는 어떤 특징이 나타나는지 알아보겠습니다.

닛테츠솔루션즈를 통해 본 시스템 통합 업체에만 나타나는 재무제표상 특징

다음 그림은 닛테츠솔루션즈의 재무제표로 만든 비례축척도입니다. 재무상태표의 왼쪽(자산)에서 금액이 가장 큰 항목은 유동자산(1,720억 엔)입니다. 유동자산의 명세를 살펴보면 예치금(740억 엔), 받을어음 및 외상매출금(610억 엔), 재공품(280억 엔) 순으로 금액이 많습니다.

---

44 정보 시스템의 개발, 운용, 보수 등 일체 업무를 담당하는 정보 통신 기업으로 한국에서는 통상 SI 업체로, 일본에서는 SI에 er을 붙여 SIer로 부른다.
45 기존 비즈니스 모델 및 프로세스를 디지털 기술을 활용하여 디지털 구조로 재정립하는 것을 말한다.

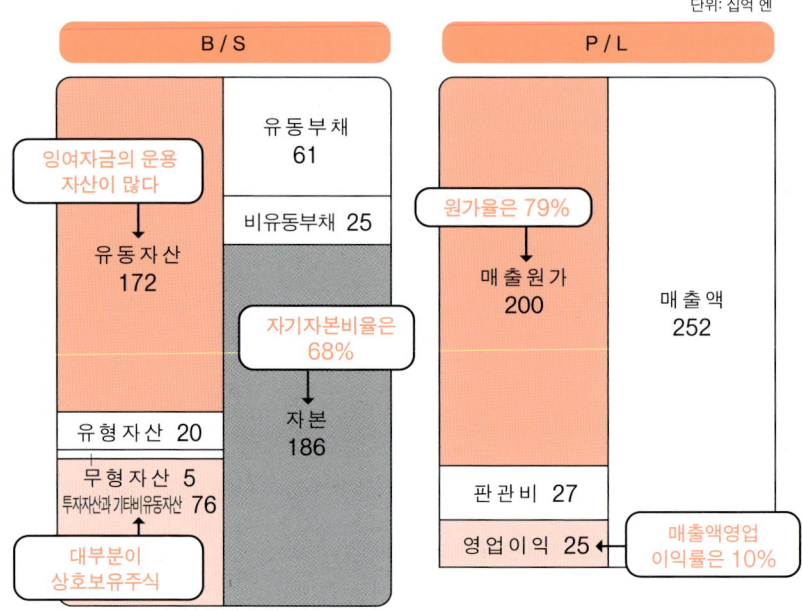

유가증권보고서에 따르면, 예치금은 '자금 운용 방침에 따라 모회사에 예치해 둔 돈'입니다. 이를 보면 예치금은 잉여자금의 운용에 관련된 자산이라는 것을 알 수 있습니다. 그 밖에도 유동자산은 매출채권(받을어음 및 외상매출금)과 재고(재공품) 같은 영업성자산 등이 차지합니다.

다음으로 금액이 큰 항목은 투자자산과 기타비유동자산(760억 엔)으로 그중 대부분은 투자유가증권(650억 엔)입니다. 이것도 유가증권보고서를 보면 '주로 거래처 기업과의 업무 또는 자본 제휴 등에 관련된 주식'이라고 나와 있는데, 이는 '상호보유주식'에 해당합니다.

닛테츠솔루션즈의 자산에서 나타나는 또 하나의 특징은 **총자산에서 유형자산(200억 엔)이 차지하는 비율이 7%로 낮다**는 점입니다. 주요 유형자산은 데이터센터와 본사 건물, 공구기기비품, 토지 같은 것으로, 공장을 소유한 제조업체와 비교하면 유형자산의 규모는 작은 편입니다.

즉 시스템 통합 업체의 주된 필요 자산은 매출채권 또는 재고 같은 영업성자산이라서, 원래대로라면 손익계산서 규모와 비교했을 때 재무상태표 규모는 상대적으로 작아집니다. 그런데 닛테츠솔루션즈의 재무상태표가 손익계산서에 비해 규모가 큰 이유는 **잉여자금 운용에 들어가는 자산이 많고 상호보유주식을 가지고 있기 때문입니다.**

투자 펀드 등에서는 이렇게 현금화하기 쉬운 대량 자산과 자본금이 풍부한 회사를 향해 잉여자금을 주주에게 환원하라는 목소리를 내기도 합니다. 실제로 2021년 5월 영국의 자산운용사인 애셋밸류인베스터즈는 닛테츠솔루션즈를 상대로 배당을 늘리고 상호보유주식을 처분한 자금으로 자사주를 매입하라는 주주 제안을 발표했습니다(이 주주 제안은 같은 해 6월에 개최된 주주총회에서 부결).

재무상태표의 오른쪽(부채·자본)을 살펴보면 자본은 1,860억 엔이고, **자기자본비율은 68%로 높은 수준**입니다. 부채 중심으로 보면 소액의 리스 부채는 반영되어 있지만, 차입금 또는 사채 같은 유이자부채는 찾아볼 수 없습니다. 이것으로 보아 닛테츠솔루션즈는 실질적 무차입 경영을 시행합니다.

이어서 손익계산서로 눈을 돌려볼까요. 매출액은 2,520억 엔, 매출원가는 2,000억 엔(원가율 79%), 판관비는 270억 엔(판관비율 11%)으로 비용의 대부분이 매출원가입니다. 이 매출원가의 명세는 뒤에서 오빅크와 비교하면서 살펴보겠습니다. 영업이익은 250억 엔이고, 매출액영업이익률은 10%를 기록했습니다.

매출액영업이익률 57%를 자랑하는 오빅크의 재무제표

이제 오빅크의 재무제표를 살펴볼까요.

오빅크(2021년 3월기 결산)

단위: 십억 엔

B / S

비유동부채 8	유동부채 24
대부분이 현금 및 현금성자산 → 유동자산 163	무차입 경영
유형자산 56	자기자본비율은 89%로 매우 높다
투자자산과 기타비유동자산 79	자본 266
대부분이 잉여자금의 운용자산	무형자산 0

P / L

매출원가 23 ← 원가율은 27%	매출액 84
판관비 13	
영업이익 48 ← 매출액영업이익률은 57%	

재무상태표에는 닛테츠솔루션즈와 닮은 특징이 나타납니다. **재무상태표의 왼쪽에서 금액이 가장 큰 항목은 유동자산(1,630억 엔)으로, 그중 대부분이 현금 및 현금성자산(1,510억 엔)입니다.** 그리고 투자자산과 기타비유동자산(790억 엔)에는 투자유가증권(750억 엔)이 대부분을 차지합니다.

유가증권보고서에 따르면, 투자유가증권은 '운전자금[46]을 제외한 잉여자금의 운용'입니다. 즉 투자유가증권은 수중자금에 준하는 자산과 같습니다. **닛테츠솔루션즈와 비교하면 오빅크는 매출채권 또는 재고가 차지하는 비율이**

---

[46] 생산에 필요한 재료비, 인건비 등 기업이 영업활동을 하는 데 필수적인 경영자금.

낮기 때문에 고액의 수중자금이 더 눈에 띄는 자산 구성을 이루고 있습니다. 오빅크의 손익계산서에 비해 재무상태표의 규모가 3배 이상 커져 있는 이유는 이 고액의 수중자금이 원인입니다.

재무상태표에서 **부채 비율은 닛테츠솔루션즈와 비교해도 낮고, 자기자본비율은 89%로 극히 높은 수준**입니다. 부채 중에 유이자부채는 포함되어 있지 않아 무차입 경영이라는 것을 알 수 있습니다.

그리고 손익계산서를 보면 매출액은 840억 엔이고, **매출원가는 230억 엔(원가율 27%), 판관비는 130억 엔(판관비율 15%)이므로 영업이익은 480억 엔**입니다. **매출액영업이익률은 57%로 수익성은 매우 높게 나타납니다.**

오빅크는 2021년 3월기 결산까지 27기 연속으로 영업이익이 증가했고, 앞서 설명한 대로 과거에 벌어들인 큰 이익을 내부유보로 돌리면서 높은 자기자본비율을 기록했습니다.

그렇다면 오빅크가 높은 수익성을 실현할 수 있었던 이유는 어디에 있을까요?

서두에서 언급한 바와 같이 닛테츠솔루션즈와 비교하면 원가율에서 큰 차이를 보입니다. 이것이 수익성에서 큰 차이가 벌어지게 된 요인입니다. 닛테츠솔루션즈의 원가율이 79%인 것에 비해 오빅크는 27%로 그 차이는 52%p나 됩니다. 왜 두 회사의 원가율 사이에서 이만큼이나 차이가 발생할까요?

원가율의 차이를 만들어 내는 열쇠는 어디에 있을까?

그 원인을 찾기 위해서는 매출원가의 명세를 확인해야 합니다. 단 연결(그룹 전체)재무제표에 매출원가의 자세한 명세는 포함되지 않고, 개별(자사만 해당)재무제표에만 반영되어 있습니다.

그런데 닛테츠솔루션즈와 오빅크의 연결매출액과 개별매출액의 배율[47] (=연결매출액÷개별매출액)은 각각 1.16배, 1.12배로 낮은 것으로 보아, 개별매출원가를 사용해도 대략적인 경향은 파악할 수 있습니다. 여기서는 개별매출원가(당기 총제조비용)의 명세를 보면서 닛테츠솔루션즈와 오빅크의 비즈니스 모델의 차이를 분석해 보겠습니다.

먼저 닛테츠솔루션즈부터 살펴볼까요. **닛테츠솔루션즈의 매출원가에서 가장 큰 비율을 차지하는 항목은 외주비(당기 총제조비용의 50%)**입니다. 이러한 원가 구성이 만들어진 이유는 IT업계에서 일을 분담하는 방식 때문입니다.

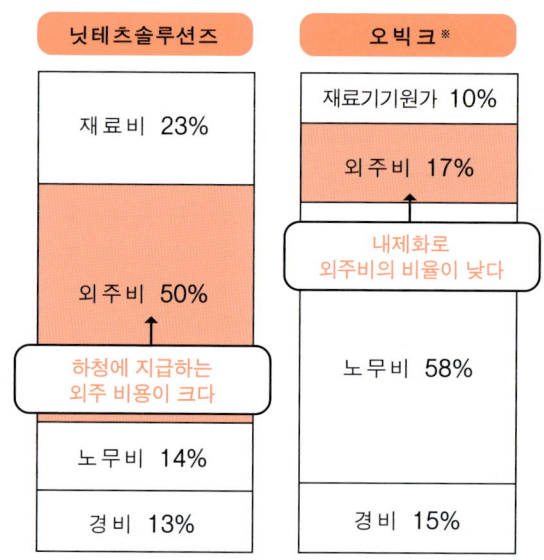

매출원가 명세(당기 총제조비용) 비교(2021년 3월기 개별결산)

※ 시스템 통합과 시스템 서포트를 단순 합계하여 시산

IT업계는 대형 시스템 통합 업체가 직접 일을 받아서 고객의 일을 수주하고

---

47 그룹 전체의 연결매출이 모회사 개별매출액의 몇 배의 규모인지를 나타내는 지표로 1배를 넘으면 자회사 및 관련회사 실적의 공헌도가 크다는 것을 의미한다.

그것을 하청과 재하청 업자에게 분담하는 구조입니다. 대형 시스템 통합 업체는 건설업에서 종합건설회사 같은 위치입니다. 그래서 대형 시스템 통합 업체에 속하는 닛테츠솔루션즈는 매출원가에서 외주비의 비율이 커지는 것입니다.

오빅크가 높은 이익률을 실현할 수 있는 이유

한편 **오빅크의 외주비 비율은 17%로 낮습니다.** 이는 자사 상품과 기술력만을 고집하여 시스템 개발을 내제화^{内製化}했기 때문입니다(오빅크 외주비의 대부분은 시스템 서포트 매출원가에 반영).

그만큼 노무비가 발생할 것 같지만, 실제로는 그렇지 않습니다. 원래 원가율이 낮아서 오빅크의 노무비율(=노무비÷매출액)은 14%로, 닛테츠솔루션즈의 노무비율(12%)과 비교해도 그다지 높은 편은 아닙니다.

이렇게 **매출원가를 억제할 수 있었던 이유는 ERP패키지의 커스터마이즈[48]를 최대한 줄였기 때문입니다**(2019년 11월 27일 자 니혼게이자이신문 조간). 커스터마이즈를 줄였더니 고객 기업에 두 가지 효과가 나타났습니다.

하나는 개발 기간이 줄어들면서 시스템 가동까지의 기간이 짧아진다는 점, 또 다른 하나는 커스터마이즈에 들어가는 비용을 낮출 수 있다는 점입니다.

특히 두 번째 효과는 오빅크의 비용 구조에도 큰 영향을 미칩니다. 커스터마이즈 비용은 IT벤더의 입장에서 매출액에 연동하는 변동비적 비용입니다. 이를 최대한 억제하면 오빅크의 비용 구조가 고정비형으로 바뀐다는 것을 의미합니다.

---

[48] 기업 환경에 맞도록 소프트웨어 기능을 수정.

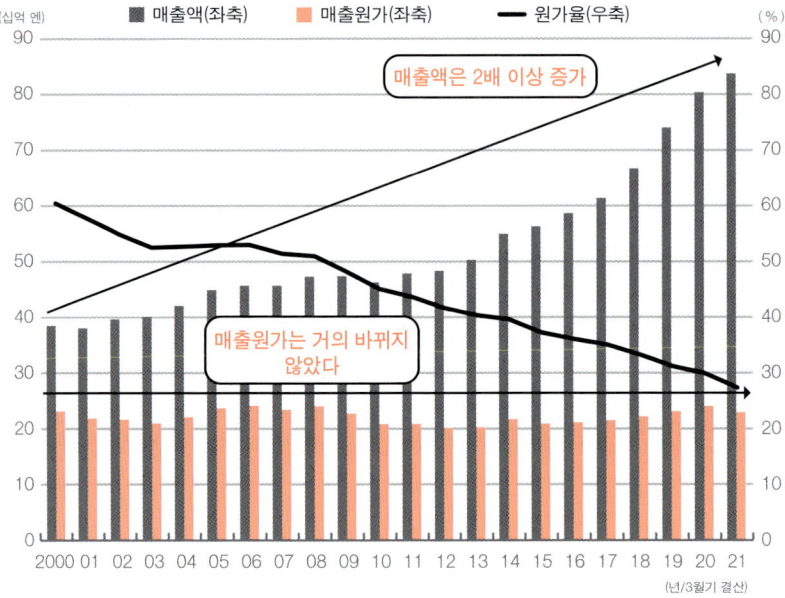

오빅크의 매출액, 매출원가, 원가율의 추이를 살펴보겠습니다. 얼마 전에 오빅크의 매출액은 2000년 3월기 결산 380억 엔에서 2021년 3월기 결산 840억 엔으로 2배 이상 성장했는데, 매출원가는 둘 다 230억 엔으로 거의 바뀌지 않았습니다. 원가율의 분모는 2배 이상이 되더라도 분자가 바뀌지 않기 때문에 원가율은 2분의 1 이하까지 떨어집니다. 이것이 오빅크의 원가율이 계속해서 낮아지는 이유입니다.

고정비형 기업의 경우 매출액이 손익분기점(손익의 균형이 잡히는 라인)을 넘기면 이익이 크게 증가합니다. 따라서 오빅크의 매출액영업이익률은 굉장히 높아집니다.

Point

이번 사례의 핵심 정리!

여기서는 IT벤더인 닛테츠솔루션즈와 오빅크의 재무제표를 비교해 봤습니다.

두 회사의 재무상태표에는 IT벤더의 공통된 특징이 엿보이는 한편 시스템 통합 업체인 닛테츠솔루션즈와 ERP패키지를 주력 제품으로 제공하는 오빅크의 손익계산서상 비용 구조에서는 큰 차이를 발견했습니다. 오빅크는 제품의 커스터마이즈를 최대한 배제하고, 비용 구조를 고정비형으로 바꾸면서 상당히 높은 이익률을 실현할 수 있었습니다.

Section 5

니토리의 수익성과 재고회전율이 높은 이유

고객만족도와 수익성·효율성
두 마리 토끼를 잡는 방법

▸ 두 회사 간 재고자산회전기간 차이가 벌어진 이유는?

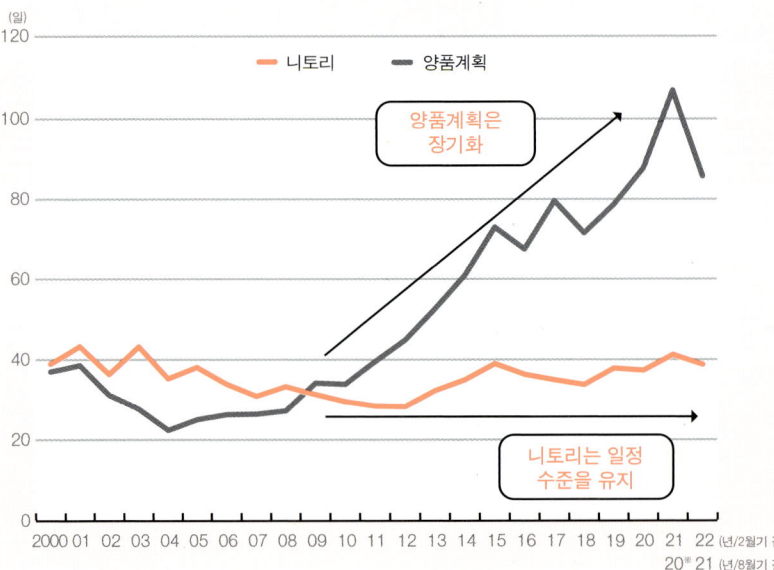

재고자산회전기간 추이

※ 양품계획은 2020년부터 8월기 결산으로 이행(2020년 8월기 결산은 결산월수 6개월의 변칙결산)

이번에는 잡화 및 가구를 취급하는 SPA(제조소매업) 기업인 양품계획良品計画[49]과 니토리홀딩스ニトリホールディングス[50](이하 니토리)의 재무제표를 살펴보겠습니다.

앞의 그래프는 두 회사의 재고자산회전기간(=재고자산÷하루 평균 매출액, 재고자산이 매출액의 며칠 분에 해당하는지를 나타내는 지표)의 추이를 나타냅니다. 이에 따르면, **2010년 2월기 결산 이후 양품계획은 재고자산회전기간이 장기화하는 한편, 니토리의 재고자산회전기간은 일정 수준을 유지하고 있습니다.** 여기서는 두 회사가 재고자산회전기간에서 차이가 벌어진 이유를 알아보겠습니다.

그리고 니토리가 2021년 1월에 생활용품 종합점포인 홈 센터와 인테리어 전문점을 운영하는 시마추島忠를 인수하면서 진행한 연결자회사화(2021년 5월에 자회사로 편입)가 실적에 어떤 영향을 끼쳤는지도 함께 살펴보겠습니다.

코로나19 사태로 비롯된 위기에서 한숨 돌린 양품계획의 재무제표

다음 그림은 양품계획의 2021년 8월기 결산 재무제표로 만든 비례축척도입니다. **재무상태표의 왼쪽(자산)에서 가장 금액이 큰 항목은 유동자산(2,690억 엔)입니다.** 여기에는 현금 및 현금성자산 1,360억 엔 외에 재고자산 1,060억 엔이 포함되어 있습니다. 이 **재고자산의 금액은 매출액의 86일분에 상당합니다.** 이 부분은 뒤에서 자세히 들여다보겠습니다.

두 번째로 금액이 큰 항목은 유형자산(670억 엔)입니다. 여기에는 일본 국내외에서 전개하는 점포와 물류센터 관련 유형자산 등이 포함되어 있는데, **토**

---

49 일본 가구·생활잡화 업계 매출 2위인 라이프 스타일 브랜드 '무인양품(MUJI)'의 상품 개발과 제조·판매를 전개하는 전문 소매기업.
50 일본의 이케아로 불리는 일본 가구·생활잡화 업계 매출 1위인 홈퍼니싱 브랜드 '니토리'를 산하에 두고 있는 지주회사.

지를 거의 보유하지 않기 때문에 총자산에서 유형자산이 차지하는 비중은 17%로 그다지 높지 않습니다.

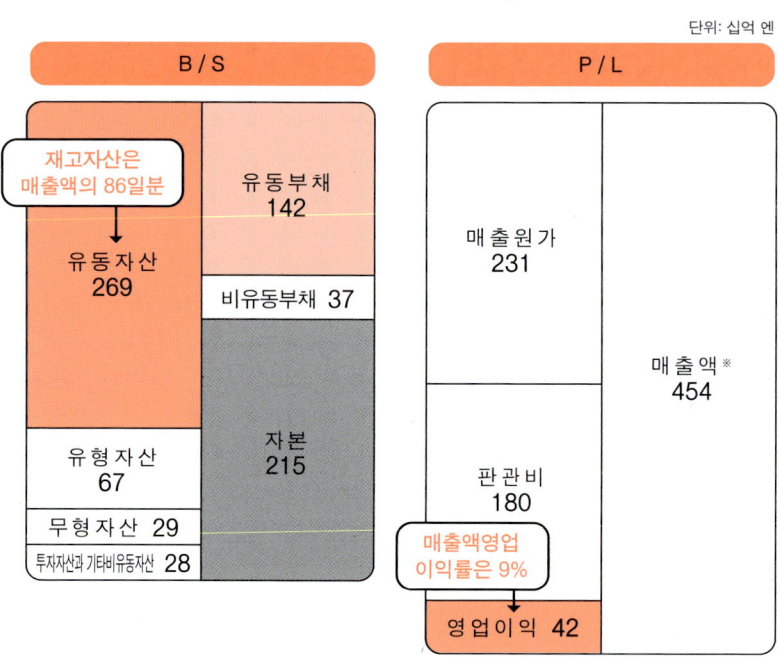

※ 매출액은 영업수익을 포함한다.

재무상태표의 오른쪽(부채·자본)에서 유동부채는 1,420억 엔, 비유동부채는 370억 엔이고, 여기에 포함된 차입금은 각각 720억 엔, 50억 엔입니다. 자본은 2,150억 엔, 자기자본비율은 55%입니다.

다음으로 손익계산서를 살펴보겠습니다. 매출액(영업수익을 포함)은 4,540억 엔, 매출원가는 2,310억 엔(원가율 51%), 판관비는 1,800억 엔(판관비율 40%)입니다. 영업이익은 420억 엔, **매출액영업이익률은 9%**입니다.

코로나19가 확산되고 처음 맞이한 결산기인 2020년 8월기 결산(2월기에서 8

월기로 결산기가 변경되어 6개월의 변칙결산)에서 영업이익은 겨우 9억 엔, 매출액영업이익률은 0.5%를 기록했습니다. 이를 감안하면 **2021년 8월기 결산에는 코로나19 여파의 힘든 상황에서 일단 벗어났다**고 볼 수 있습니다.

시마추 인수 이후에도 호조를 유지하는 니토리

이어서 니토리를 알아보겠습니다. 다음 그림은 니토리의 2022년 2월기 결산의 재무제표로 만든 비례축척도입니다.

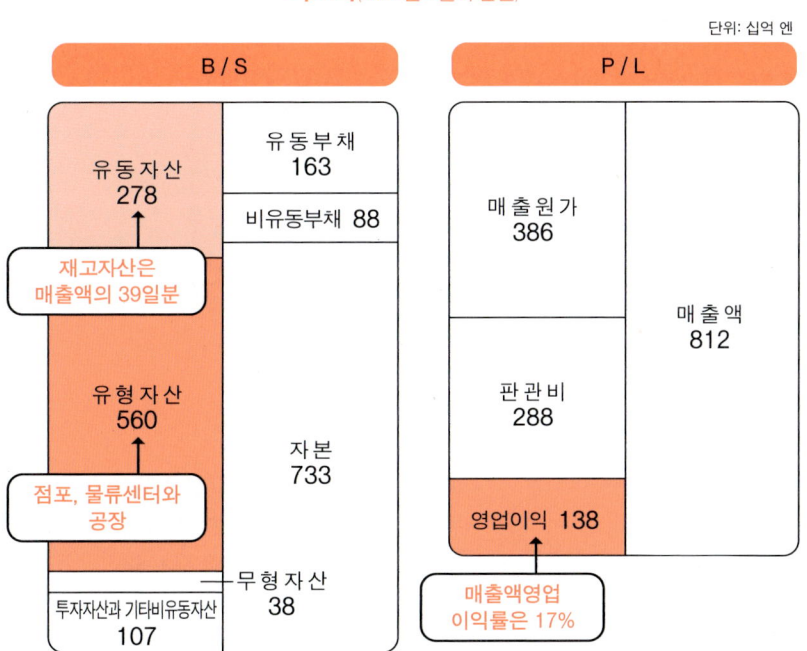

니토리의 재무상태표를 먼저 살펴보면, **왼쪽(자산)에서 금액이 가장 큰 항목은 유형자산(5,600억 엔)**입니다. 여기에는 일본 국내 점포와 물류센터를 포함하여 베트남에 보유 중인 가구 제조공장, 중국 및 대만의 점포 관련 자산이 포함되어 있습니다. **니토리는 점포 규모가 크고 양품계획과는 다르게 점포 등의 토지도 자사가 보유하는 경우가 많아서 니토리의 총자산에서 유형자산이 차지하는 비중은 57%로 큰 편입니다.

다음으로 금액이 큰 항목은 유동자산(2,780억 엔)입니다. 여기에는 현금 및 현금성자산 1,300억 엔과 재고자산 860억 엔이 포함되어 있습니다. 이 재고자산의 금액은 매출액의 39일분에 상당합니다. **양품계획의 재고자산이 매출액의 86일분이었던 것을 생각하면 두 회사의 재고 수준에는 큰 차이가 있다**고 볼 수 있습니다. 그리고 무형자산은 380억 엔인데 이것의 대부분은 시마추를 인수하며 반영된 영업권 220억 엔입니다.

재무상태표의 오른쪽(부채·자본)에서 유동부채는 1,630억 엔, 비유동부채는 880억 엔이고, 여기에 포함된 차입금은 각각 350억 엔, 500억 엔입니다. **시마추 인수와 설비 투자 등에 필요한 자금을 차입금으로 채워 넣고 있는 상황**이 엿보입니다.

이어서 손익계산서를 살펴보겠습니다. 매출액은 8,120억 엔, 매출원가는 3,860억 엔(원가율 48%), 판관비는 2,880억 엔(판관비율 35%)입니다. 영업이익은 1,380억 엔, **매출액영업이익률은 17%**입니다.

니토리의 2021년 2월기 결산(시마추의 손익계산서는 비연결) 매출액은 7,170억 엔이고, 2022년 3월기 결산에는 전년 대비 950억 엔이 증가하여 8,120억 엔을 기록했습니다. 시마추 사업의 2022년 2월기 결산 매출액이 1,370억 엔인 것으로 보아, **시마추 인수를 계기로 매출이 증가했다**는 사실을 알 수 있습니다. 니토리 사업 자체로는 매출이 420억 엔 감소했습니다.

시마추 사업의 매출액영업이익률은 2022년 3월기 결산 2%에 불과하지만, 연결결산에서는 2020년 2월기 결산이 17%, 2021년 2월기 결산이 19%를 기록했던 것으로 보아, **시마추 인수 이후에도 니토리 전체의 매출액영업이익률은 인수 이전과 비교하여 손색이 없는 높은 수준**이라고 말할 수 있습니다.

앞으로 니토리 사업의 경영 노하우를 도입함으로써 시마추 사업의 수익성을 얼마나 높여 나갈 수 있을지가 니토리의 실적을 좌우할 것입니다.

양품계획과 니토리의 수익성에서 차이가 나는 이유

여기까지 살펴본 바와 같이 **양품계획의 매출액영업이익률이 9%인 것에 비해, 니토리는 17%를 기록하여 두 회사 간 이익률 격차가 벌어졌습니다.** 그 이유를 찾기 위해 두 회사의 비용 구조를 분석해 보겠습니다.

SPA형 비즈니스 모델을 채택한 기업은 도매에서 이윤이 발생하지 않기 때문에 원가율이 낮아지는 경향이 있습니다.

소매업의 일반 원가율이 60~70% 정도라면 **양품계획의 원가율은 51%, 니토리는 48%**입니다. 둘 다 원가율은 일반적인 소매업 수준보다 낮다고 볼 수 있는데 양품계획이 약간 높은 편입니다.

매출액 규모는 양품계획에 비해 니토리가 1.8배 큽니다. 니토리는 가구를 일부 자사 공장에서 생산하지만, 양품계획은 생산 거점을 보유하지 않고 모든 상품 제조 과정을 공급자에게 위탁하는 점 등이 수익성 차이에 영향을 미친다고 추측할 수 있습니다.

판관비율은 양품계획이 40%, 니토리가 35%로 두 회사 간에 5%p 차이가 납니다. 그럼 두 회사의 판관비 명세도 비교해 볼까요.

다음 그림을 보면 **양품계획에서 토지임차료(니토리는 임차료), 배송·운반비(니토리는 발송배달비)가 판관비에서 차지하는 비율이 높다**는 사실을 알 수 있습니다. 매출액 대비 비율을 봐도 토지임차료와 배송·운반비의 합계가 차지하는 비율은 양품계획이 니토리보다 9%p 높습니다. **점포임차료와 물류비**

용이 두 회사 간 판관비 차이를 벌어지게 하는 주요 요인이라고 볼 수 있습니다.

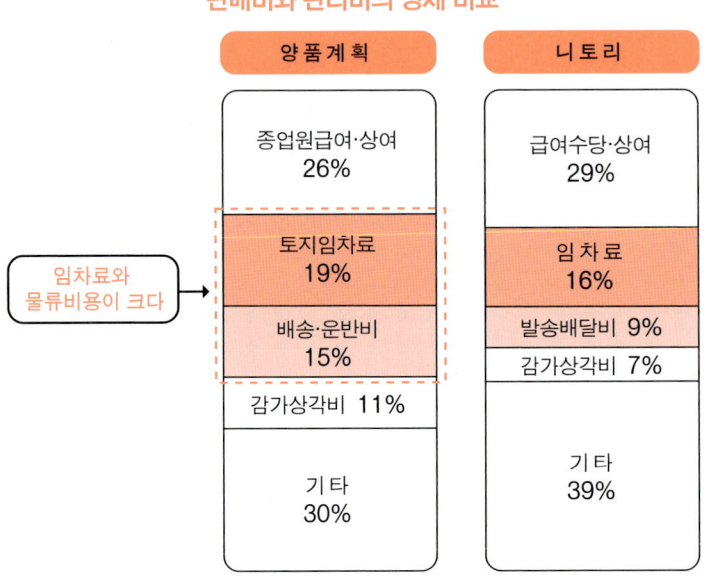

※ 양품계획은 2021년 8월기 결산, 니토리는 2022년 2월기 결산

니토리의 재고자산회전기간은 왜 짧을까?

앞에서 설명했듯이 양품계획과 니토리 사이에는 '재고 수준'에서도 차이가 발생합니다.

재고자산이 매출액의 며칠분에 상당한지를 나타내는 재고자산회전기간(= 재고자산÷하루 평균 매출액)을 살펴보면 양품계획(2021년 8월기 결산)이 86일이었던 것에 비해, 니토리(2022년 2월기 결산)는 39일이었습니다. 두 회사의 수치는 배 이상으로 차이가 벌어져 있습니다.

재고자산회전기간은 재고가 판매되기까지의 기간을 기준으로 합니다(재고자산회전기간의 분모를 하루당 매출원가로 계산하는 방법도 있지만, 여기서는 하루 평균 매출액을 사용하여 계산).

왜 이렇게까지 차이가 크게 벌어질까요? 다시 한번 서두에서 설명한 재고자산회전기간 추이를 살펴보겠습니다.

다음 그래프에 따르면, 2010년 2월기 결산까지는 두 회사 간 재고자산회전기간 수치는 크게 벌어지지 않고, 30~35일 전후 수준으로 움직입니다.

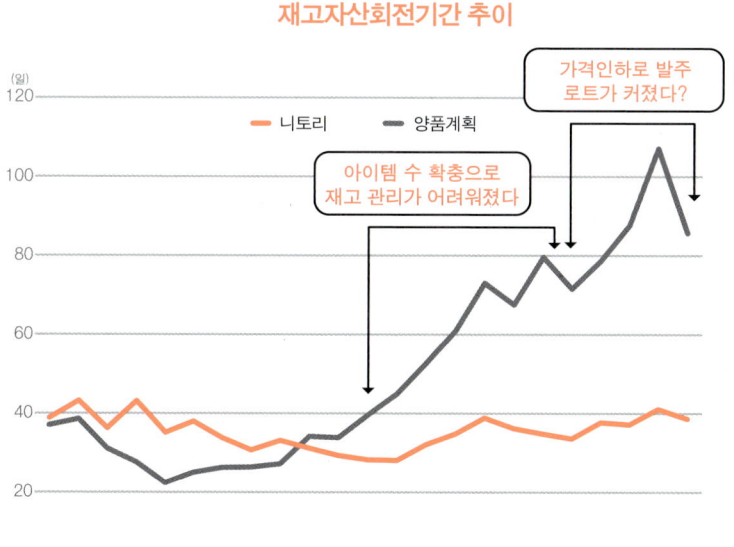

※ 양품계획은 2020년부터 8월기 결산으로 이행(2020년 8월기 결산은 결산월수 6개월의 변칙결산)

그런데 그 이후에도 **동일 수준을 유지하는 니토리에 비해, 양품계획의 재고자산회전기간은 장기화**하여 2021년 8월기 결산에는 86일을 기록했습니다.

양품계획은 2012년 2월기 결산부터 매출 규모를 확대하려고 아이템 수를 확충했지만, 그에 따라 재고 관리가 어려워졌다는 지적을 받았습니다(2020년

97

11월 20일 자 닛케이MJ). 그리고 2018년 2월기 결산부터 지속적으로 주력 상품 가격을 인하하면서 발주 로트(최소 생산 단위)가 커졌을 가능성이 있습니다. 그리고 이러한 상황들이 재고자산회전기간 장기화에 영향을 끼쳤다고 추측할 수 있습니다.

다만, 본래 SPA를 채택한 기업은 기획·생산부터 회사가 직접 관여하기 때문에 상대적으로 재고 관리가 어렵고, 재고자산회전기간이 장기화하는 경향이 있다고 합니다. 실제 SPA의 대표 격인 유니클로 등을 운영하는 패스트리테일링 ファーストリテイリング도 2021년 8월기 결산 기준으로 재고자산회전기간은 68일입니다. 이러한 관점으로 보면 오히려 니토리의 재고자산회전기간은 SPA 기준에서 매우 짧은 편입니다.

그렇다면 니토리의 재고자산회전기간은 왜 짧을까요? 그 이유 중 하나는 **생산 거점과 물류 거점을 회사가 직접 보유하여 효과적인 생산·물류 체제를 구축했다**는 점을 꼽을 수 있습니다.

앞에서 인용한 닛케이MJ 기사에 따르면, 니토리는 SPA를 더욱 발전시킨 '제조 물류 IT 소매업'을 자처하고 있습니다. 그리고 2020년 11월 20일 자 니혼게이자이신문 조간에 따르면, (2026년까지) 5년간 일본 국내의 물류시설과 시스템에 최대 2,000억 엔을 투자하고, 전국에 자체 물류센터를 신설할 예정으로 물류센터와 점포의 재고 정보를 일원화할 계획이라고 발표했습니다. 2022년 2월기 결산 유가증권보고서에도 홋카이도, 아이치현, 효고현에 물류센터를 신설하는 계획이 기재되어 있습니다. **이러한 대책이 물류비용 삭감과 재고자산회전기간 단축에 기여한다**고 볼 수 있습니다.

그리고 발주 빈도가 낮은 상품은 고객 납기를 길게 설정하여 수주 생산에 가까운 형태로 만든 것도 재고자산회전기간의 단축으로 이어졌을 가능성이 있습니다. 납기가 길어지면 고객만족도가 떨어지는 요인이 되는데도 불구하고 이러한 대책을 세울 수 있는 이유는 **니토리의 가격과 상품이 수요에 맞아떨어지고, 비교적 납기가 길더라도 소비자가 허용할 수 있기 때문이 아닐까요.

이렇게 재고를 최적화하는 데에는 두 가지 이점이 있습니다. 하나는 **팔고 남은 재고의 가격을 낮춰서 처분할 필요가 없기 때문에 원가율 상승을 억제할 수 있다**(매출총이익률을 높일 수 있음)는 점, 또 다른 하나는 **재고에 투자하는 자금이 적어도 상관없기 때문에 자금 효율이 향상된다**는 점입니다.

니토리는 점포와 물류센터, 공장을 보유하여 유형자산이 커져 있지만, 그만큼 재고자산을 압축하여 자금 효율을 관리하는 동시에 원가율 및 판관비율을 낮은 수준으로 억제하여 높은 수익성을 확보하는 비즈니스 모델을 구축하고 있습니다.

Point

이번 사례의 핵심 정리!

여기서는 양품계획과 니토리의 재무제표를 비교해 봤습니다. 두 회사 사이에는 출점 전략과 비용 구조, 그리고 물류 대책에서 차이가 나타났고, 이 차이가 재무제표로도 이어진다는 사실을 확인했습니다.

양품계획이 회사에 주어진 과제를 어떻게 해결해 나갈지, 그리고 니토리는 시마추 사업의 수익성을 어떻게 높여 나갈지가 향후 두 회사의 실적을 가르는 열쇠가 될 것입니다.

Chapter

3

글로벌 경영과 재무제표

Section 1

주가이제약의 수익성이 월등히 높은 2가지 이유

신약 제조업체의
재무제표상 특징과 국제 분업

▸ **주가이제약의 매출액영업이익률이 급상승한 이유는?**

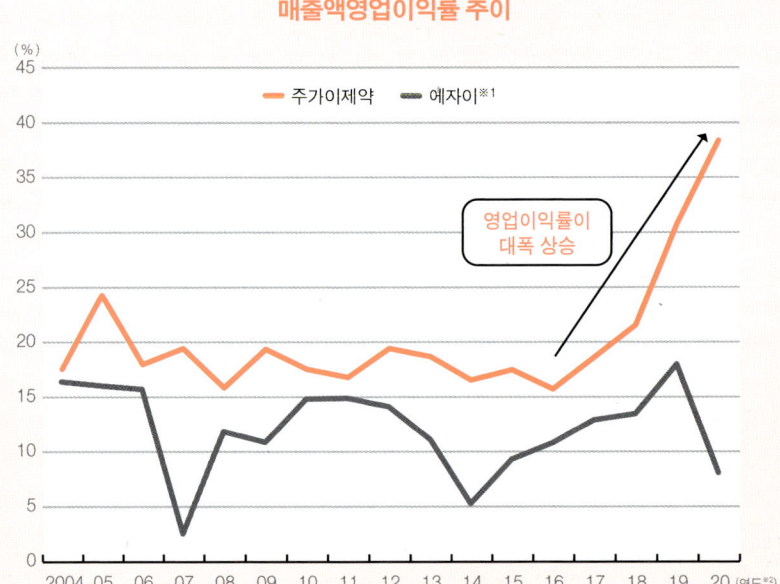

※1 에자이의 매출액영업이익률을 계산할 때 매출액에 기타수익을 더한 것을 분모로 한다.
※2 주가이제약은 같은 해 12월기 결산, 에자이는 다음 해 3월기 결산. 주가이제약은 2012년 12월기 결산부터, 에자이는 2013년 3월기 결산부터 IFRS가 적용된 데이터를 사용

Chapter 3에서는 다양한 형태로 글로벌 경영을 전개하는 회사의 비즈니스 모델과 재무제표를 알아보겠습니다. 글로벌 경영 성과가 재무제표에 어떻게 나타나는지를 살펴볼까요.

Chapter 3의 첫 사례로 신약 중심의 의약품 제조업체인 주가이제약^{中外製薬}과 에자이^{エーザイ}[51]를 소개합니다. 대형 신약 개발이 생명 줄인 의약품 제조업체에서 신약 개발력은 의약품 업계에서 경쟁력을 높이는 열쇠가 됩니다.

일본 의약품 제조업체 중에서 주식 시가총액으로는 다케다제약^{武田薬品工業}이 오래도록 정상의 자리를 지켰는데, 2020년 2월 주가이제약이 역전에 성공하며 한때 그 자리를 꿰찼습니다. 그리고 주가이제약은 2021년 7월 일본 후생노동성에서 특례 승인을 받은 신종 코로나바이러스 감염증(코로나19) 치료제인 항체 칵테일 요법 '로나프리브^{Ronapreve}'를 판매하여 주목을 모았습니다.

앞의 그래프는 주가이제약과 에자이의 매출액영업이익률 추이를 나타냅니다. 에자이는 대개 5~15% 전후로 움직이는 것에 비해, 주가이제약은 2016년 12월기 결산 이후 크게 상승하여 2020년 12월기 결산에는 38%까지 도달했습니다. 이러한 **높은 수익성이 주가이제약의 주식 시가총액을 뒷받침해 주는 요인 중 하나**라고 할 수 있겠지요.

그렇다면 주가이제약의 수익성이 급상승한 이유는 무엇일까요? 두 회사의 재무제표에서 찾아보겠습니다.

---

[51] 주가이제약과 에자이는 도쿄증권거래소에 상장해 있는 일본의 주요 제약회사 40곳 중에 매출 10위 안에 들어간다. 특히 주가이제약은 2022년 12월기 결산에 창업 이래 처음으로 매출액 1조 엔을 돌파했다.

에자이 재무제표의 특징

다음 그림은 에자이의 재무상태표와 손익계산서로 만든 비례축척도입니다.

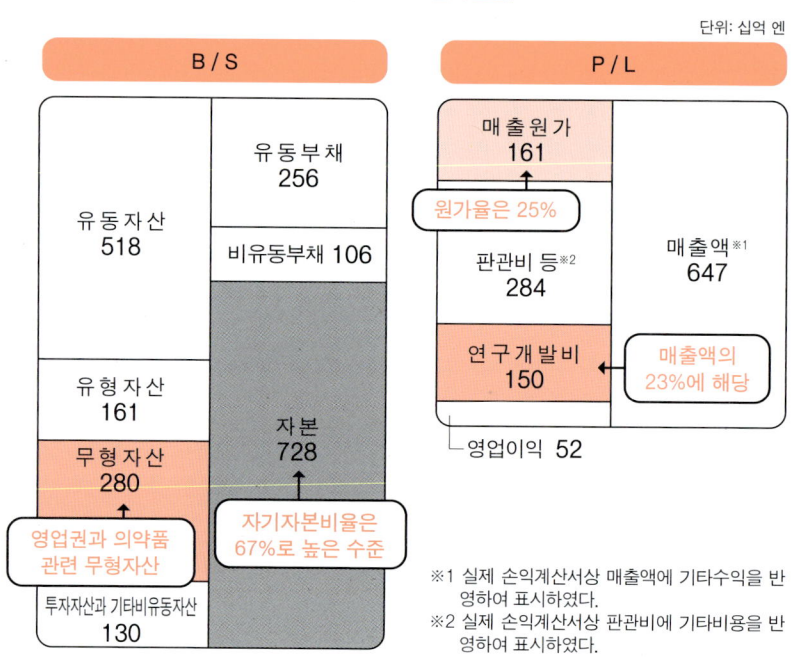

먼저 손익계산서부터 살펴보겠습니다. 에자이의 매출액(기타수익[52]을 포함)은 6,470억 엔, 매출원가는 1,610억 엔입니다. **원가율은 25%로 낮은 수준입니다.**

주로 신약을 개발하는 제약회사는 신약 특허를 취득하면 독점으로 생산할 수 있기 때문에 약값을 높게 설정합니다. 그 때문에 **신약의 원가율은 매우 낮아집니다.** 의약품 제조업체의 생명 줄이 대형 신약 개발의 성공 여부에 달

---

[52] 일본에서 적용한 IFRS에 따르면 영업이익에는 본업 이외에서 발생하는 기타수익·비용을 포함한다. K-IFRS에서는 영업이익과 기타수익·비용을 구분해서 표시한다.

린 것은 이러한 이유 때문입니다.

이러한 신약 특허의 유효기간은 출원 후 20년 정도입니다. 특허가 만료된 의약품은 약값이 저렴한 제네릭 의약품(후발 의약품)이 등장하기 때문에, **대형 신약의 특허가 만료되면 의약품 제조업체의 수익성이 크게 낮아진다**는 리스크를 안고 있습니다. 그래서 의약품 제조업체의 실적을 볼 때는 이러한 리스크에 주의가 필요합니다.

한편 신약을 만들어 내는 원동력은 바로 연구개발입니다. 에자이는 2021년 3월기 결산에 연구개발비 1,500억 엔을 반영했습니다. 이는 **매출액의 23%와 맞먹는 금액을 연구개발에 투자했다**는 의미로, 주로 신약을 개발하는 의약품 제조업체에서는 일반적인 수준입니다.

에자이의 판관비 등(기타비용을 포함)은 2,840억 엔이 처리되었습니다(판관비율 44%). 여기에는 MR(의약정보담당자)이라고 불리는 병원 전문 영업담당자의 인건비 외에 드러그스토어 등에서 판매되는 일반의약품(대중약품)의 광고선전비와 판매촉진비가 포함되어 있을 것으로 추측됩니다.

그리고 영업이익은 520억 엔, 매출액영업이익률은 8%를 기록했습니다. 2020년 3월기 결산 시점의 매출액영업이익률이 18%이었던 것에 비해 수익성은 매우 떨어졌습니다. 에자이의 유가증권보고서에 따르면, **약값 개정 등의 영향으로 매출액이 감소하고 판관비 및 연구개발비가 증가한 점을 매출 감소의 원인**으로 분석했습니다.

에자이가 여기까지 끌어올린 이익은 내부유보로 이익잉여금에 쌓여 재무상태표의 오른쪽(부채·자본)에서 자본의 금액이 커졌습니다. 그 결과 **에자이의 자기자본비율은 67%로 높은 수준**입니다.

재무상태표의 왼쪽(자산)을 보면 유형자산은 1,610억 엔, 무형자산(영업권과 영업권 이외의 무형자산의 합계)은 2,800억 엔입니다.

의약품 제조업체는 대체로 큰 규모의 생산설비가 필요하지 않기 때문에, 유형자산의 금액은 그렇게 커지지 않는 것이 일반적입니다.

무형자산의 대부분은 미국 바이오벤처회사 몰포텍과 MGI파마를 인수할 때 발생한 영업권이고, 그 밖에 의약품 연구개발 및 판매권과 관련된 무형자산이 포함되어 있습니다(인수로 발생한 영업권을 처리하는 방법은 Chapter 1의 13~14쪽을 참고). 일본회계기준에서는 회사가 자체 개발한 의약품의 연구개발비를 자산으로 처리하는 것은 인정하지 않지만, 에자이가 채택한 IFRS는 일정 기준을 만족하면 자산으로 처리하는 것을 인정하고 있습니다.

주가이제약의 재무제표에서 보이는 차이

계속해서 주가이제약의 재무상태표와 손익계산서를 살펴볼까요.

주가이제약의 재무제표에서 가장 큰 특징은 바로 높은 수익성입니다.

매출액은 7,870억 엔, 매출원가는 2,730억 엔, **원가율은 35%로 에자이의 25%와 비교하여 10%p 정도 높습니다.** 그런데 판관비는 940억 엔, 판관비율은 12%(에자이는 44%)이고, 매출액에서 연구개발비가 차지하는 비율은 15%(에자이는 23%)로 **판관비와 연구개발비를 낮추는 데 성공**했습니다.

그 결과 **에자이의 매출액영업이익률이 8%인 것에 비해, 주가이제약의 매출액영업이익률은 38%로 상당히 높은 수준을 기록했습니다.** 자기자본비율이 79%로 상당히 높은 이유는 이렇게 만들어 낸 이익을 내부유보로 돌렸기 때문입니다.

주가이제약이 이렇게 높은 수익성을 실현할 수 있는 이유는 무엇일까요?

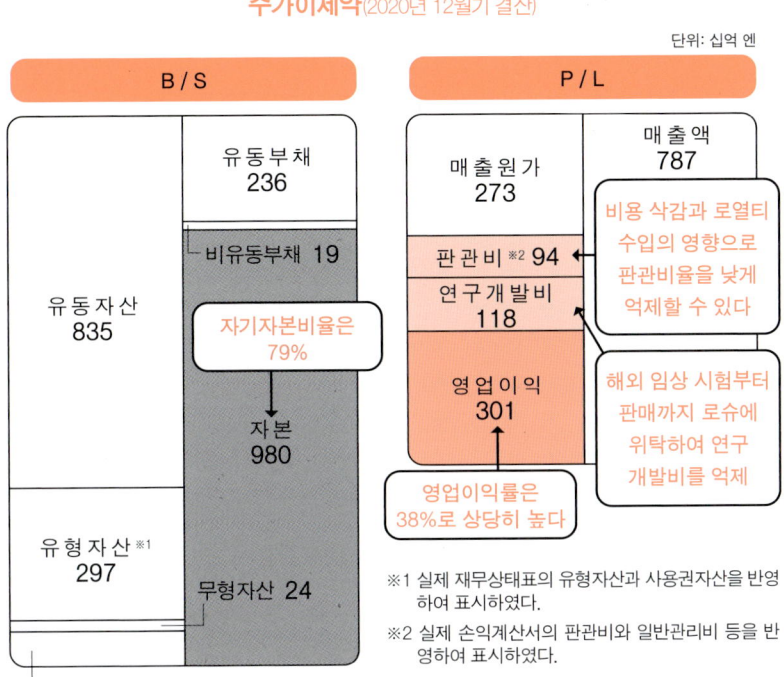

주가이제약이 높은 수익성을 실현한 두 가지 이유

주가이제약이 높은 수익성을 실현할 수 있었던 특징은 해외 제약 제조업체와의 자본 제휴와 그에 따른 신약 개발 사업 집중에 있습니다. 이를 차례대로 설명하겠습니다.

2002년 주가이제약은 스위스 제약회사 로슈와 자본 제휴를 맺었습니다. 로슈는 세계 1위 매출액을 자랑하는 제약회사로, 2020년 12월 말 시점에 주가이제약 주식의 약 61%를 보유하는 모회사이기도 합니다.

주가이제약은 로슈가 개발한 신약을 일본 시장에서 우선으로 개발 및 판매할 수 있는 권리(제1 선택권)를 가지고 있습니다. 이에 따라 **주가이제약은 로슈가 개발한 신약을 일본에서 독점 판매하는 것으로 안정적인 수익 기반을 마련**했습니다.

서두에서 언급한 '항체 칵테일 요법'도 미국 생명공학회사 리제네론이 만든 신약인데, 로슈가 공동으로 제조, 개발, 판매를 실시하기 때문에 주가이제약이 일본 국내에서 개발과 판매를 독점할 수 있습니다.

주가이제약은 이렇게 해서 얻은 자금을 연구개발, 특히 유효성 물질 탐색 등 기본적인 연구 등에 집중하고 있습니다. 신약을 개발할 때 기본적인 연구 외에 대규모의 임상 시험이나 당국의 승인, 개발 후 조사 등의 단계가 필요한데, 이러한 단계에 들어가는 비용이 연구개발비의 60~80%를 차지합니다. 주가이제약은 자체 개발 의약품을 해외에 전개할 때 임상 시험부터 판매까지 로슈에 위탁하여 연구개발비를 억제합니다(2021년 5월 26일 자 니혼게이자이신문 조간).

주가이제약은 로슈와 제휴를 맺고 신약 개발에 집중하기 시작하면서 획기적인 신약 만들기에 성공하고 있습니다.

대표적인 신약으로는 폐암 치료제 '알레센자', 혈우병A 치료제 '헴리브라', 그리고 관절 류머티즘 치료제 '악템라'가 있습니다. 악템라는 2021년 1월 당시 영국 보리스 존슨 수상이 코로나19 치료에 효과가 있다고 발표하여 주목을 모았습니다.

주가이제약은 자체 개발 의약품과 로슈의 도입품처럼 경쟁력이 있는 의약품을 전개하는 방식으로 매출액과 이익을 늘려 왔습니다.

판관비율을 낮추는 해외 매출액 비율의 상승

높은 수익성을 갖게 된 또 다른 특징은 판관비율이 낮다는 점입니다. 여기에는 철저한 비용 절감이 뒷받침하고 있습니다.

거기에 주가이제약의 해외 매출액 비율이 상승한 영향도 크게 작용한다고 볼 수 있습니다.

앞서 언급한 자체 개발 의약품인 '알레센자', '헴리브라', '악템라'는 전 세계에 팔리고 있습니다. 이에 따라 **주가이제약의 해외 매출액 비율은 2015년 12월기 결산 22%에서 2020년 12월기 결산 47%로 증가했습니다.**

로슈를 통해 자사 제품을 해외에서 판매하며 얻은 로열티 수입에는 기본적으로 판관비가 발생하지 않기 때문에, **로열티 수입이 증가하면 결과적으로 판관비율은 낮아집니다.** 이것이 주가이제약이 판관비율을 낮게 억제할 수 있었던 이유입니다.

로슈의 도입품이 증가하면서 주가이제약의 원가율은 일반적인 신약 개발 의약품 제조업체와 비교하여 높은 편이지만, 그 이상으로 연구개발비율 또는 판관비율을 낮출 수 있기 때문에, 주가이제약의 매출액영업이익률은 매우 높은 수준을 유지하고 있습니다.

이렇게 확보한 높은 수익성과 성장성이 일본 국내 제약회사 중에서 주가이제약이 주식 시가총액의 선두 자리에 서게 된 이유라고 말할 수 있습니다.

Point

이번 사례의 핵심 정리!

지금까지 신약을 주력 제품으로 다루는 의약품 제조업체 에자이와 주가이제약의 재무제표를 살펴봤습니다.

에자이의 재무제표는 고액의 연구개발비를 투입하여 약값이 비싼 신약을 개발한 후 원가율을 낮게 억제하고, MR의 인건비를 비롯한 판관비를 쓰면서도 이익을 확보하는 신약 중심의 의약품 제조업체가 가지는 특징이 두드러집니다.

한편 로슈와 제휴한 주가이제약은 연구개발을 신약 개발 부문에 집중하여 연구개발비와 판관비를 낮추고 높은 이익을 실현했습니다.

주가이제약의 오쿠다 오사무奥田修 사장은 2030년 신성장 전략 'TOP I 2030'에서 '2030년에는 R&D의 아웃풋을 배가하여 매년 하나씩 자사 글로벌 제품을 시장에 내놓겠다'는 목표를 내걸었습니다. 이러한 목표 달성 여부가 주가이제약이 앞으로도 높은 수익성과 성장성을 실현하기 위한 열쇠가 될 것입니다.

Section 2

아사히·기린·삿포로 맥주 회사 3사의 전략적 차이

무형자산으로 보는
글로벌화 전략

▸ 왜 무형자산 금액에서 차이가 생겨날까?

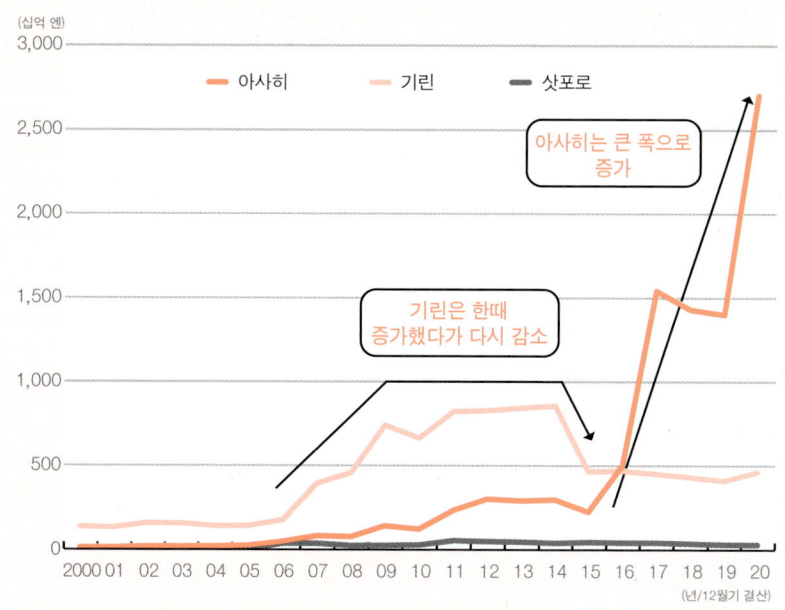

※ 아사히는 2015년 12월기 결산, 기린은 2016년 12월기 결산, 삿포로는 2017년 12월기 결산부터 IFRS를 적용한 데이터를 사용

여기서는 맥주 업계 3사인 아사히그룹홀딩스 アサヒグループホールディングス(이하 아사히), 기린홀딩스 キリンホールディングス(이하 기린), 삿포로홀딩스 サッポロホールディングス(이하 삿포로)의 재무제표와 전략을 함께 살펴보겠습니다.

맥주 업계는 코로나19 확산으로 술집 등 요식업에서 맥주 소비량이 많이 감소하여 고전을 면치 못했는데, 사실 이 3사의 전략은 전혀 달랐습니다. 이러한 **전략 차이는 무형자산 금액의 추이를 보면 가장 잘 드러납니다.**

2015년 12월기 결산을 기준으로 무형자산을 대폭 늘리며 2020년 12월기 결산에 2조 7,020억 엔까지 무형자산을 늘린 아사히에 비해, 기린은 2000년대 중반부터 무형자산을 한 번 늘린 이후에는 감소 형태로 바뀌었습니다. 그리고 삿포로는 일관되게 무형자산이 낮은 수준에 머물러 있습니다.

여기서부터는 각 회사의 전략 차이가 재무제표에 어떻게 반영되었는지를 주목하면서 자세히 비교해 보겠습니다.

아사히의 재무상태표가 크게 부풀려진 이유

먼저 아사히의 재무제표부터 살펴볼까요.

아사히의 재무상태표 왼쪽(자산)에서 가장 큰 특징은 **무형자산이 무려 2조 7,020억 엔**으로 총자산의 60%를 차지한다는 점입니다.

재무상태표와 손익계산서의 상대적인 규모를 비교하면 뒤에서 다룰 기린과 삿포로는 재무상태표가 손익계산서의 1.3~1.4배 정도인 것에 비해, 아사히는 재무상태표가 손익계산서의 2배를 웃도는 규모입니다. 이것도 아사히의 자산에 고액의 무형자산이 포함되어 있기 때문입니다.

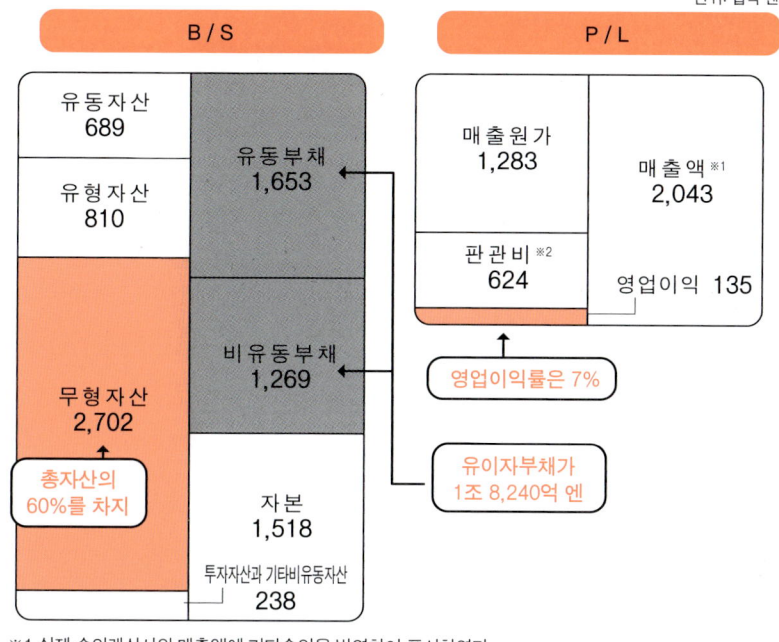

※1 실제 손익계산서의 매출액에 기타수익을 반영하여 표시하였다.
※2 실제 손익계산서의 판관비에 기타비용을 반영하여 표시하였다.

왜 아사히는 무형자산의 금액이 커졌을까요? 그 배경에는 아사히가 추진해 온 해외 M&A의 영향이 자리 잡고 있습니다.

아사히는 2016년에 영국의 대형 맥주회사 SAB밀러의 이탈리아, 네덜란드, 영국 사업을 인수하고, 2017년에 SAB밀러의 중동 및 유럽 사업을 인수했습니다. 그리고 2020년에는 세계 최대 맥주회사 AB인베브의 호주 자회사인 칼튼앤드유나이티드브루어리를 인수하는 등 M&A를 시행하며 해외 사업을 강화해 왔습니다. **이러한 인수 결과로 아사히의 재무상태표에는 고액의 무형자산(영업권 및 영업권 이외의 무형자산)이 반영되었습니다.**

아사히는 이러한 해외 M&A에 필요한 자금의 대부분을 유이자부채로 조달했습니다. 그 결과 아사히의 유동부채와 비유동부채에 포함된 유이자부채를

113

합하면 1조 8,240억 엔까지 불어납니다. 이에 따라 자기자본비율은 34%까지 낮아졌습니다.

앞으로 아사히는 **M&A로 획득한 해외 사업의 현금흐름을 포함하여 유이자 부채를 상환하는 방향으로 현금을 운영**할 필요가 있습니다.

아사히의 2020년 12월기 결산 매출액은 2조 430억 엔, 영업이익은 1,350억 엔, **매출액영업이익률은 7%**입니다. 코로나19가 발생하기 전인 2019년 12월기 결산 매출액영업이익률이 10%였던 것으로 보아, 역시나 **팬데믹 사태로 수익성이 떨어졌지만, 일정 수준의 이익률은 확보하고 있습니다.**

해외 인수 사업을 정리하고 의약품으로 다각화를 시도하는 기린

계속해서 기린의 재무제표를 살펴볼까요.

기린의 재무상태표상 특징은 **6,160억 엔에 이르는 투자자산과 기타비유동자산**입니다. 그중 대부분을 차지하는 3,870억 엔은 '지분법 적용투자'[53]에 해당합니다. 이는 기린의 관계회사(지분법피투자회사)에 관한 투자입니다. 유가증권보고서에 따르면, 기린의 관계회사에는 일본 건강식품회사 판클과 필리핀 맥주 회사 산미구엘 등이 있습니다.

그리고 기린의 연결자회사에는 의약품 사업을 진행하는 교와발효기린 등도 있어, **기린이 의약품 사업을 비롯하여 경영 다각화를 시도**한 상황이 엿보입니다.

기린도 2007년 12월기 결산부터 2012년 12월기 결산에 걸쳐서 호주 내셔널 푸드와 라이온네이션, 브라질 스킨칼리올 같은 해외 음료·식품 회사와 적극

---

53 보통 다른 회사에 지분 20% 이상을 보유한 경우, 또는 20% 미만이라도 중대한 영향력을 행사할 수 있는 경우를 지분법 적용투자로 분류한다.

적인 M&A를 진행했습니다. 그런데 이러한 인수 사업이 실적 부진으로 이어져 2017년 6월 스킨칼리올을 네덜란드 하이네켄그룹에 매각하고, 내셔널푸드 관련 사업도 2021년 1월까지 매각을 완료했습니다.

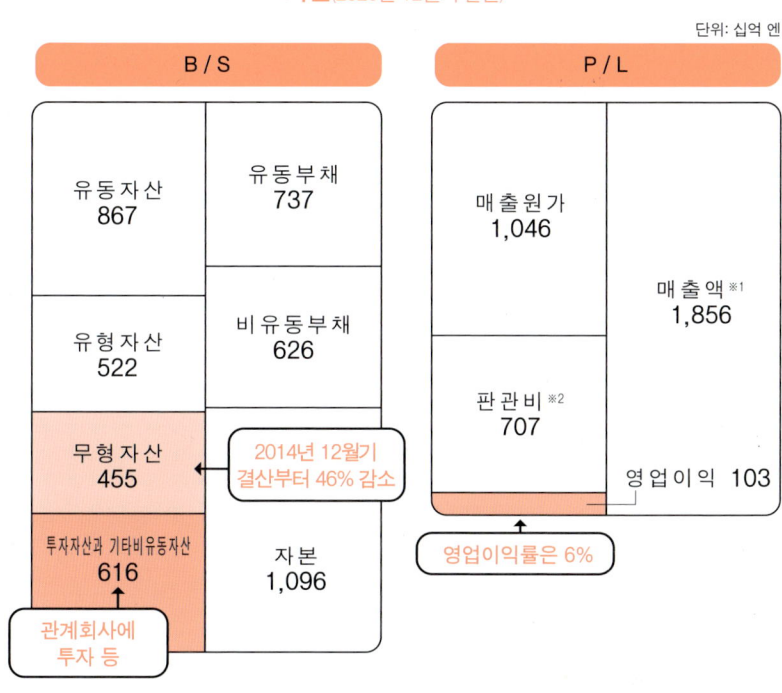

※1 실제 손익계산서상 매출액에 기타수익을 포함하여 표시하였다.
※2 실제 손익계산서상 판관비에 기타비용을 포함하여 표시하였다.

이렇게 인수 사업을 정리하면서 2014년 12월기 결산 8,490억 엔이었던 기린의 무형자산은 2020년 12월기 결산 4,550억 엔으로 46% 감소했습니다.

손익계산서로 눈을 돌려보면 기린의 매출액은 1조 8,560억 엔, 영업이익은 1,030억 엔으로 **매출액영업이익률은 6%**입니다. 전기 영업이익이 880억 엔, 매출액영업이익률이 5%였던 것과 비교하면 **팬데믹 사태에도 기린은 이익이 증가하고 수익성도 소폭 상승한 것**을 알 수 있습니다. 그 요인이 무엇이었는지는 뒤에서 확인해 보겠습니다.

부동산 사업에서 특징을 보이는 삿포로는 영업적자로 전락

삿포로의 재무제표를 살펴볼까요.

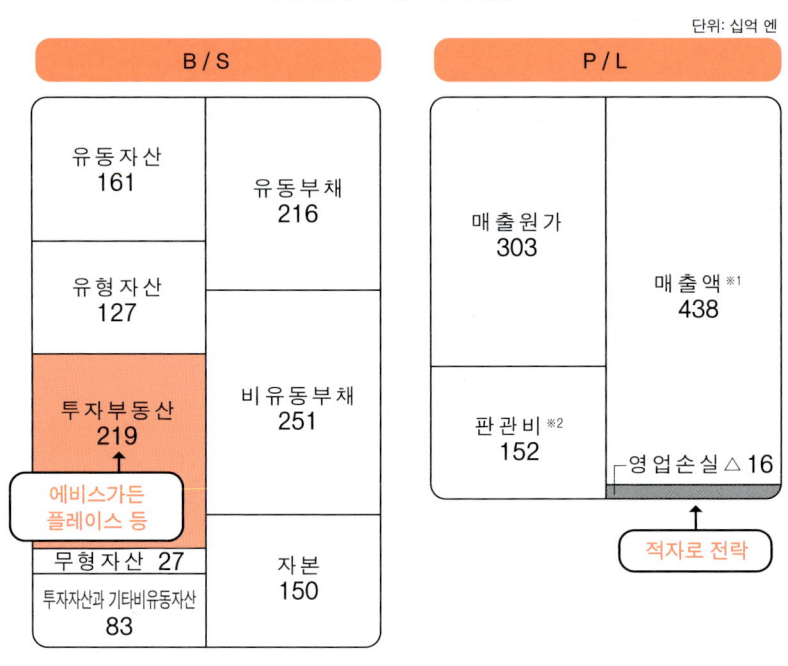

※1 실제 손익계산서상 매출액에 기타수익을 포함하여 표시하였다.
※2 실제 손익계산서상 판관비에 기타비용을 포함하여 표시하였다.

삿포로의 재무상태표상 특징은 **비유동자산에서 2,190억 엔에 이르는 투자부동산**입니다. 그중 대부분은 일본 도쿄 에비스에 위치한 복합상업시설인 에비스가든플레이스(1,310억 엔)가 차지하고 있습니다. 그리고 여기에는 삿포로시에 있는 삿포로팩토리와 기타투자부동산도 포함되어 있습니다.

에비스가든플레이스는 원래 주력 공장이었던 에비스공장의 철거 부지를 재개발하여 1994년에 개장한 복합 시설입니다. 이렇게 **가장 큰 비중을 차지하는 부동산 사업이 삿포로의 비즈니스 모델 특징**이라고 말할 수 있습니다.

반면에 눈에 띌 만한 M&A가 없었던 삿포로는 무형자산이 270억 엔에 불과합니다.

삿포로의 손익계산서에서 매출액은 4,380억 엔, 영업손실은 160억 엔입니다. **매출액영업이익률은 마이너스 4%**를 기록했습니다. 전기 영업이익이 120억 엔, 매출액영업이익률이 2%였던 것과 비교하면, **팬데믹 사태를 겪으며 삿포로는 영업적자로 전락**했습니다. 다음 데이터에서 그 원인을 확인해 볼까요.

영업이익으로 알아보는 3사의 '수익 구조' 특징

마지막으로 맥주 업계 3사의 2020년 12월기 결산에서 사업별 영업이익(기린은 기타수익 및 기타비용을 포함하지 않음)을 보겠습니다.

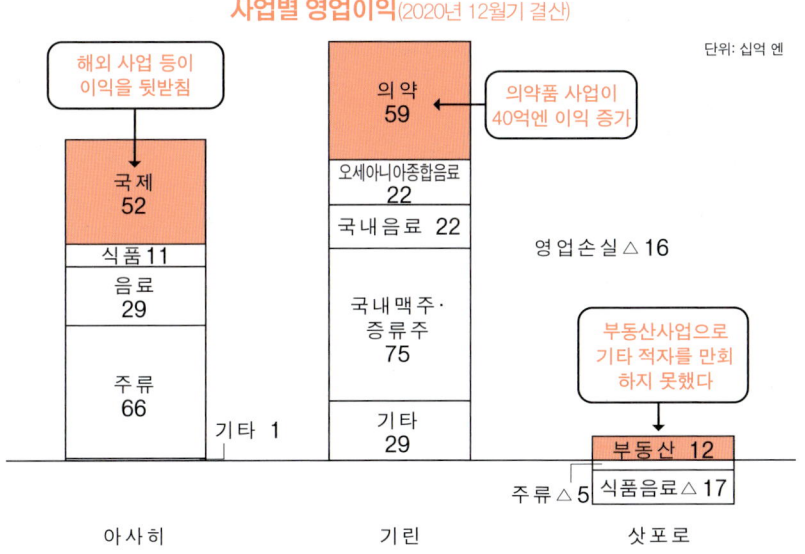

※ '조정액'은 포함하지 않았다. 기린은 사업별이익에 '기타수익', '기타비용'은 포함하지 않았다

아사히의 사업별 영업이익은 주류 사업이 660억 엔, 음료 사업이 290억 엔,

식품 사업이 110억 엔, 그리고 국제 사업이 520억 엔입니다. 업무용 비중이 높은 주류 사업은 코로나19 여파로 2019년 12월기 결산 1,030억 엔에서 영업이익이 많이 떨어졌지만, 이익 감소 폭이 작았던 음료 사업과 식품 사업, 그리고 이익은 감소했어도 **주류 사업에 버금가는 이익을 낸 국제 사업이 전체 이익을 뒷받침해 주었습니다.**

기린의 영업이익은 일본 국내 맥주·증류주 사업이 750억 엔, 국내 음료 사업이 220억 엔, 오세아니아종합음료 사업이 220억 엔, 의약품 사업이 590억 엔으로 나뉩니다. 일본 국내 맥주·증류주 사업은 이익이 100억 엔 감소했지만, **의약품 사업에서 이익이 40억 엔 증가하고 기타비용에 포함되는 감손손실이 줄어든 점**(그림에는 반영되지 않음) 등이 영업이익의 증가로 이어졌습니다.

삿포로는 주류 사업에서 영업적자 50억 엔, 식음료 사업에서도 영업적자 170억 엔을 기록했습니다. 팬데믹 사태에 업무용 주류와 삿포로라이온 등이 운영하는 외식 점포의 매출액이 저하되고 이와 더불어 자판기 음료의 매출 수량이 줄어들며 주류 사업 및 음료 사업의 수익성은 낮아졌습니다.

한편 부동산 사업은 120억 엔의 영업흑자를 달성했습니다. 2019년 12월기 결산 부동산 사업에서 영업이익은 130억 엔으로 2020년 12월기 결산에도 그에 가까운 이익을 올렸습니다. 단지 **부동산 사업의 흑자로는 주류 사업과 식음료 사업의 적자를 메꾸지 못하고 전체 영업손실은 적자로 전락**했습니다.

Point

이번 사례의 핵심 정리!

여기서는 맥주 업계 3사인 아사히, 기린, 삿포로를 살펴보며 회사별 전략과 재무제표를 비교했습니다. 해외 M&A를 진행한 아사히, 사업 다각화를 시도한 기린, 부동산 사업을 추진한 삿포로의 전략적 특징이 재무상태표에 그대로 드러났습니다.

그리고 사업 부문별 영업이익에서 아사히의 국제 사업, 기린의 의약품 사업, 삿포로의 부동산 사업 같은 특징적인 사업이 코로나19 위기 속에 회사 실적을 뒷받침해 주는 상황을 엿볼 수 있었습니다.

해외 M&A로 방향을 돌린 아사히, 해외 M&A를 잠시 정리한 기린, 그리고 부동산 사업 이외에 재정비가 필요한 삿포로가 향후 어떤 사업 포트폴리오를 구축하여 안정적인 수익 기반을 마련해 나갈지 궁금해지는 상황입니다.

Section 3

후발 의약품 회사 2곳을 해외 M&A로 이끈 '구조적 문제'

약값 개정이 불러온
경영 효과

▶ 왜 매출액은 늘어나는데 이익률은 떨어질까?

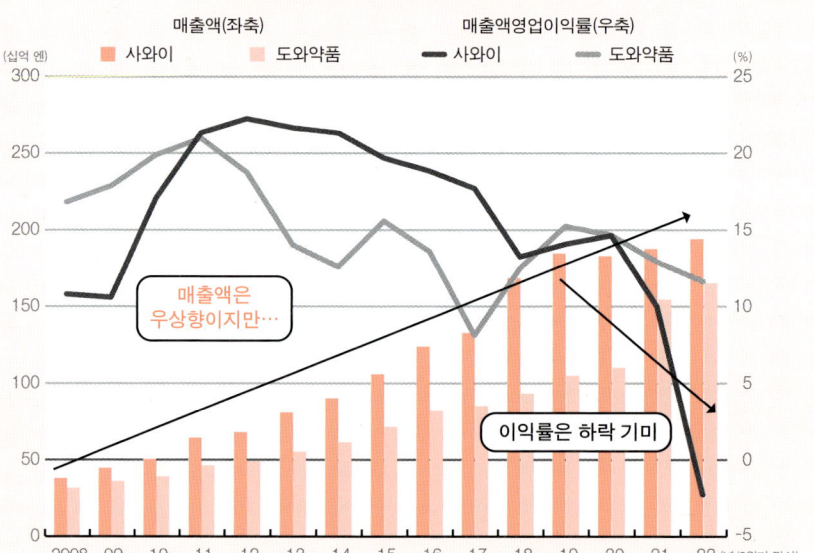

※ 사와이는 2021년 3월기 결산까지 사와이제약의 데이터를 사용. 사와이제약은 2017년 3월기 결산부터 IFRS를 적용한 데이터를 사용하여 영업이익 계산에 기타수익, 기타비용은 포함하지 않았다.

여기서는 제네릭(후발) 의약품 제조업체인 사와이그룹홀딩스^{サワイグループホール} ^{ディングス}(이하 사와이)와 도와약품^{東和薬品}의 재무제표를 살펴보겠습니다. 최근에 제네릭 의약품 제조업체를 둘러싸고 품질 부정 문제가 연이어 발생하고 있습니다. 일본의 대형 제네릭 업체인 니치이코^{日医工}는 후지산 제1공장에서 승인서에 기재하지 않은 순서로 생산한 것이 발각되어, 2021년 3월에 약 1개월간 업무정지명령을 받고 실적이 악화했습니다. 그리고 2022년 5월 13일에 일본의 기업구조조정 제도인 사업재생ADR[54]을 신청했습니다.

여기서 다루는 사와이와 도와약품은 2022년 3월기 결산 기준 매출액으로 각각 세계 1위와 3위를 달성했습니다. 앞의 그래프를 보면 **두 회사의 매출액은 2008년 3월기 결산에 비해 2022년 3월기 결산이 5배 이상 증가했는데, 매출액영업이익률은 각각 정상을 찍었던 20%대와 비교하여 장기 침체의 경향이 보입니다.** 그리고 사와이의 2022년 3월기 결산 매출액영업이익률은 마이너스를 기록하여 영업적자로 전락했습니다.

그 이유는 무엇일까요? 두 회사의 재무제표를 보면서 확인해 보겠습니다.

계속되는 품질 부정으로 야기된 공급 부족과 그 대체수요를 흡수한 도와약품

도와약품의 재무제표부터 살펴보겠습니다. 다음 그림은 도와약품의 2022년 3월기 결산 재무상태표와 손익계산서로 만든 비례축척도입니다.

재무상태표의 왼쪽(자산)에서 금액이 가장 큰 항목은 **유동자산(1,670억 엔)입니다.** 여기에는 재고자산(상품 및 제품, 재공품, 원재료 및 저장품) 730억 엔, 매출채권(받을어음 및 외상매출금, 전자채권) 510억 엔, 그리고 현금 및 현금성자산 330억 엔이 포함되어 있습니다. 이는 모두 영업활동을 위해 필

---

[54] 일본 경제산업대신의 인정을 받은 제3자가 채무조정을 주도하는 제도. 과도한 채무로 금융권의 지원을 받기 힘든 기업을 위해 도입되었다.

요한 자산입니다.

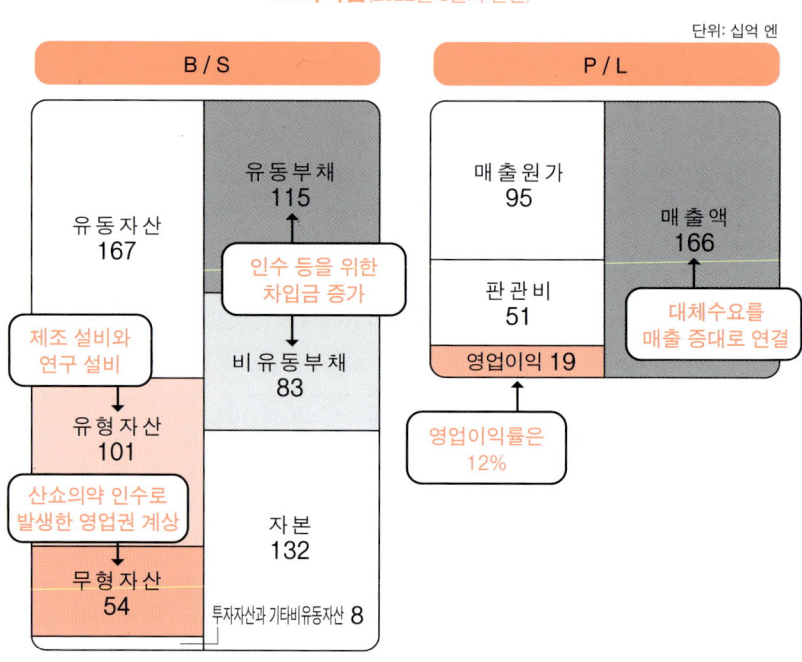

이어서 유형자산은 1,010억 엔으로, 의약품 제조에 필요한 제조 설비와 연구 설비를 포함합니다. 전기 대비 유형자산은 860억 엔에서 150억 엔이 증가하여 1,010억 엔이 계상되었습니다. 이는 도와약품이 **야마가타공장 등에 생산량을 늘리기 위한 투자를 단행하고, 2022년 3월 건강식품을 위탁제조하는 산쇼의약**三生医薬**을 477억 엔에 인수(완전자회사로 편입)**했기 때문입니다.

그리고 산쇼의약을 인수하여 **무형자산은 전기 대비 150억 엔에서 540억 엔으로 많이 증가했습니다.** 인수로 발생한 영업권이 전기 대비 70억 엔에서 450억 엔으로 증가했기 때문입니다.

재무상태표의 오른쪽(부채·자본)으로 넘어가면 유동부채는 1,150억 엔, 비유동부채는 830억 엔이고, 여기에 포함된 차입금과 사채(유이자부채)는 각각 620억 엔, 790억 엔입니다.

유이자부채를 2021년 3월기 결산과 비교하면 유동부채는 530억 엔이, 비유동부채는 50억 엔이 증가했는데, 이는 **산쇼의약을 인수하기 위해 필요 자금 등을 차입금으로 조달했기 때문**입니다. 자본은 1,320억 엔, 자기자본비율은 40%입니다.

이제 손익계산서를 살펴보겠습니다. 매출액은 1,660억 엔, 매출원가는 950억 엔(원가율 58%), 판관비는 510억 엔(판관비율 31%)이므로 **매출액영업이익률은 12%**입니다.

대형 제약 회사 중 하나인 니치이코 등 품질 부정을 일으킨 제조업체가 생산 중지 또는 제약을 받게 된 상황에서 도와약품은 그 대체수요를 흡수했습니다. 그 결과 2022년 3월기 결산 매출액은 전기 매출액 1,550억 엔에서 110억 엔이 증가하여 1,660억 엔을 기록했습니다.

판관비가 늘어나면서 영업이익은 다소 줄어들었지만, 2021년 3월기 결산 200억 엔과 거의 비슷한 수준을 유지했습니다.

영업적자에 빠진 사와이

사와이의 재무제표도 살펴볼까요. 다음 그림은 사와이의 2022년 3월기 결산 재무상태표와 손익계산서로 만든 비례축척도입니다. 사와이는 2021년 4월에 사와이제약이 지주회사 체제로 이행하기 위해 단독주식 이전에 따라 설립한 사와이제약의 완전자회사이자, 같은 기간에 도쿄증권거래소 1부에 테크니컬상장 テクニカル上場 (상장회사가 주식 이전 등으로 비상장회사의 완전자회사가 되는 경우에 빠르게 상장을 인정하는 제도)한 회사입니다. 사와이(사

와이제약)는 2018년 3월기 결산부터 IFRS를 채택했습니다.

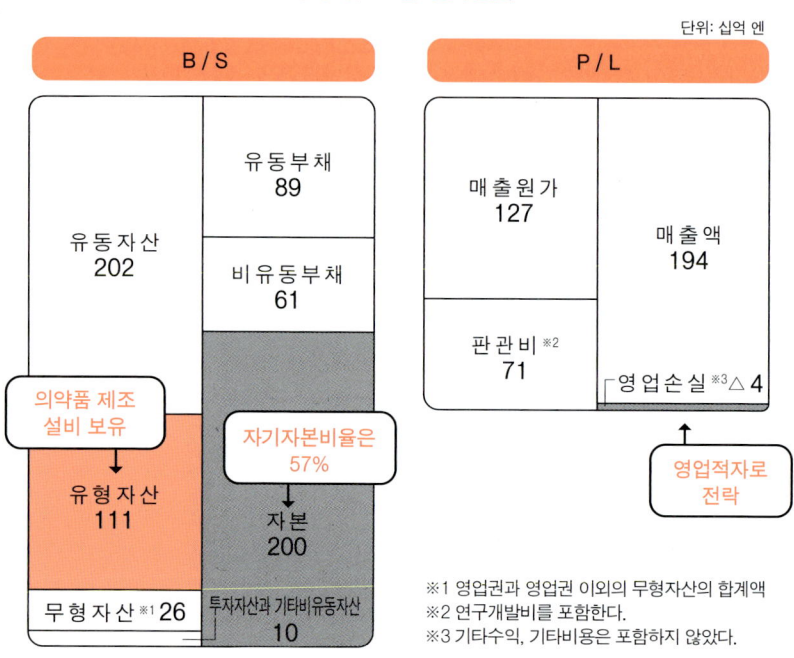

재무상태표의 왼쪽(자산)에서 유동자산은 2,020억 엔입니다. 여기에는 재고자산 860억 엔, 매출채권 및 기타채권 650억 엔, 현금 및 현금성자산 480억 엔이 포함되어 있습니다. 그리고 **유형자산은 1,110억 엔으로 도와약품과 동일하게 의약품의 제조 설비와 연구 설비를 보유하고 있습니다.**

재무상태표의 오른쪽(부채·자본)에서 유동부채는 890억 엔, 비유동부채는 610억 엔이고, 여기에 포함된 사채 및 차입금은 각각 130억 엔, 540억 엔입니다. 자본은 2,000억 엔, **자기자본비율은 57%** 수준입니다.

이어서 손익계산서도 살펴볼까요. 사와이의 매출액은 1,940억 엔, 매출원가는 1,270억 엔(원가율 66%), 판관비(연구개발비 포함)는 710억 엔(판관비율

37%)이므로 **영업손실(기타수익·비용을 포함하지 않음)은 40억 엔을 기록**했습니다. 매출액영업이익률은 마이너스 2%입니다. 기타수익·비용까지 반영하는 IFRS를 적용한 영업손실은 360억 엔이 됩니다.

니치이코 등에서 생산이 중단되어 일본 국내에 대체수요가 발생했는데도 불구하고 사와이는 왜 적자로 전락했을까요?

사와이의 영업적자와 IFRS의 관계

사와이가 적자로 전락하게 된 경위를 알아보기 위해 사와이의 2021년과 2022년 3월기 결산 재무상태표를 비교해 보겠습니다. (2021년 3월기 결산 시점은 사와이 설립 이전으로 사와이제약의 연결재무상태표를 사용).

사와이의 재무상태표 비교

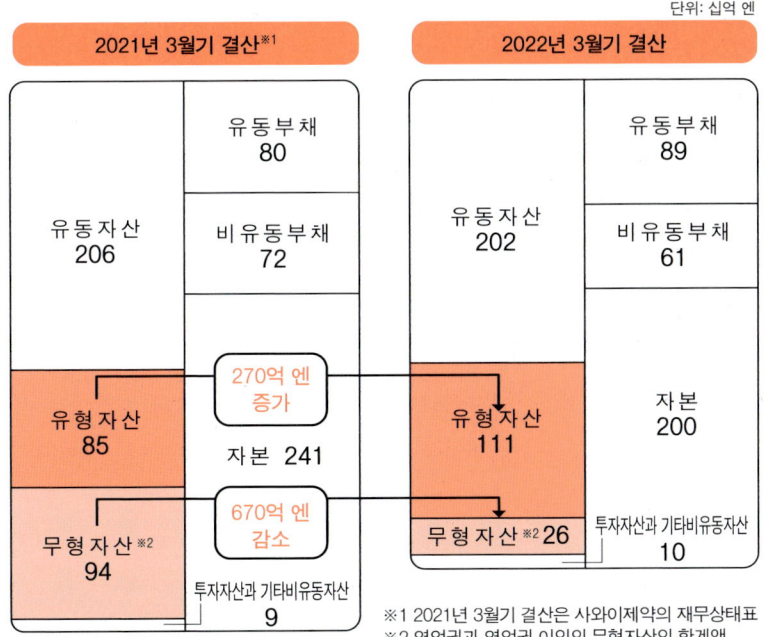

※1 2021년 3월기 결산은 사와이제약의 재무상태표
※2 영업권과 영업권 이외의 무형자산의 합계액

125

좌우의 비례축척도를 비교하면 유형자산은 2021년 3월기 결산 850억 엔에서 2022년 3월기 결산 1,110억 엔으로 270억 엔이 증가했습니다(반올림으로 단수 오차가 있음). 이는 규슈공장과 미국신공장 등에 설비 투자를 진행하고, 품질 부정 문제를 일으킨 동종 업계의 고바야시화공 小林化工 의 생산 거점을 2022년 3월에 취득했기 때문입니다. **업계 전체적으로 공급 부족이 지속되는 상황에서 적극적으로 생산 증대를 위한 투자를 단행한 결과, 유형자산이 증가했습니다.**

한편 **무형자산(영업권과 영업권 이외의 무형자산의 합계액)은 2021년 3월기 결산 940억 엔에서 2022년 3월기 결산 260억 엔으로 670억 엔이 감소**했습니다(유형자산의 경우와 동일하게 단수 오차가 있음).

그리고 2017년 미국 진출을 목적으로 인수한 미국의 업셔스미스래보래토리즈(USL)의 실적이 악화하여 영업권을 비롯한 무형자산과 유형자산의 감손손실(690억 엔)을 처리했습니다. 이 **감손손실이 반영되며 사와이의 결산은 적자로 전락**했습니다.

그런데 **일본회계기준을 채택한 회사라면 사와이가 처리한 것처럼 감손손실은 원칙적으로 손익계산서상 특별손실로 처리하기 때문에, 영업이익에 직접적인 영향은 미치지 못합니다.**

반면에 사와이가 채택한 **IFRS는 일본회계기준처럼 일시적인 손실을 특별손실로 분리하여 표시하는 것을 인정하지 않습니다.** 그래서 사와이는 미국에서 발생한 감손손실을 매출원가, 판관비(연구개발비 포함) 등에 배분했습니다. 이것이 사와이가 감손손실을 처리하면서 '영업적자'로 전락한 이유입니다.

사와이는 감손손실을 '기타비용'에 가장 많이 배분했기 때문에 기타수익·비용을 반영하기 전인 영업손실이 40억 엔인 것에 비해, 기타수익·비용을 반영한 IFRS의 영업손실은 360억 엔으로 적자가 대폭 늘어났습니다.

제네릭 의약품 제조업체가 떠안고 있는 구조적 문제

여기까지 설명한 대로 사와이가 적자로 전락한 원인은 2017년에 인수한 미국 USL의 실적 부진에 따른 감손손실 처리였습니다. 도와약품에서도 이미 언급한 건강식품 위탁사업을 영위하는 산쇼의약뿐만 아니라 본격적인 해외 진출을 목적으로 2020년에 스페인 제네릭 제조업체 펜사인베스트먼트를 395억 엔(동 회사 공표 기준)에 인수했습니다.

제네릭 의약품의 공급 부족에 대응하여 생산 증대를 위한 투자를 진행하면서도 제네릭 의약품 제조업체가 적극적으로 해외 시장과 신제품 시장 진출에 힘을 쏟는 이유는 무엇일까요? 거기에는 제네릭 의약품 업계가 떠안고 있는 구조적인 문제가 있습니다.

원래 정부가 제네릭 의약품 사용을 촉진했던 이유는 의료비를 억제하려는 목적이었습니다. 그래서 **의약품의 공정가격인 약값은 매년 낮아지고, 채산성은 하락했습니다.** 그렇지만 채산성이 낮은 의약품이라도 '의료기관 또는 환자의 수요가 있는 이상 누군가는 계속 생산할 필요가 있다(중견 제네릭 의약품 제조업체 다카다제약^{高田製薬})'는 이유로 철수하지 않은 사례가 많습니다(2022년 4월 20일 자 니혼게이자이신문 조간). 그리고 **수익성을 확보하려면 비교적 비싼 약값이 예상되는 신제품을 투입할 필요가 있어서 품종이 다양해지고 생산 비용이 불어나는 문제**도 있습니다.

이러한 이유로 서두에서 소개한 바와 같이 **제네릭 의약품 제조업체는 시장 확대에 따라 매출액은 계속 늘어가지만, 그 수익성은 장기 침체의 경향이 나타나고 있습니다.** 사와이제약과 도와약품의 매출액영업이익률은 2010년 3월기 결산 기준 각각 17%, 20%인 것에 비해, 2021년 3월기 결산에는 각각 10%, 13%까지 하락했습니다(2021년 3월기 결산 사와이제약의 영업이익에는 기타수익·기타비용을 포함하지 않음).

사와이와 도와약품이 해외시장 및 건강식품 등의 신사업에 적극적으로 참여하는 이유는 일본 국내의 제네릭 의약품 시장이 앞에서 설명한 대로 구조적인 문제를 가지고 있기 때문입니다. 그리고 두 회사는 신약 개발에도 도전하고 있습니다(2021년 7월 14일 자 니혼게이자이신문 지방경제면 간사이경제).

Point
이번 사례의 핵심 정리!

여기서는 대형 제네릭 의약품 제조업체인 사와이와 도와약품을 다뤘습니다.

두 회사가 해외 진출과 사업 다각화를 목적으로 적극적인 M&A를 추진한 배경에는 제네릭 의약품과 관련된 지속적인 약값 인하와 그에 따른 수익성 하락이 있었습니다. 의료비를 억제하기 위한 목적 때문에 제네릭 의약품 보급을 정책적으로 추진한다면 수익성 하락은 구조적으로 불가피한 문제라고 말할 수 있습니다.

이러한 구조적인 문제를 뛰어넘어 실적을 끌어올릴 수 있을지가 제네릭 의약품 제조업체의 향후 과제로 남아 있습니다.

Section 4

해외 M&A로 글로벌화를 추진한 JT가 우크라이나에서 끌어안고 있는 리스크

지정학적 리스크는
어떻게 표면화됐는가?

▸ 해외 영업이익이 크게 성장한 JT가 끌어안고 있는 리스크는?

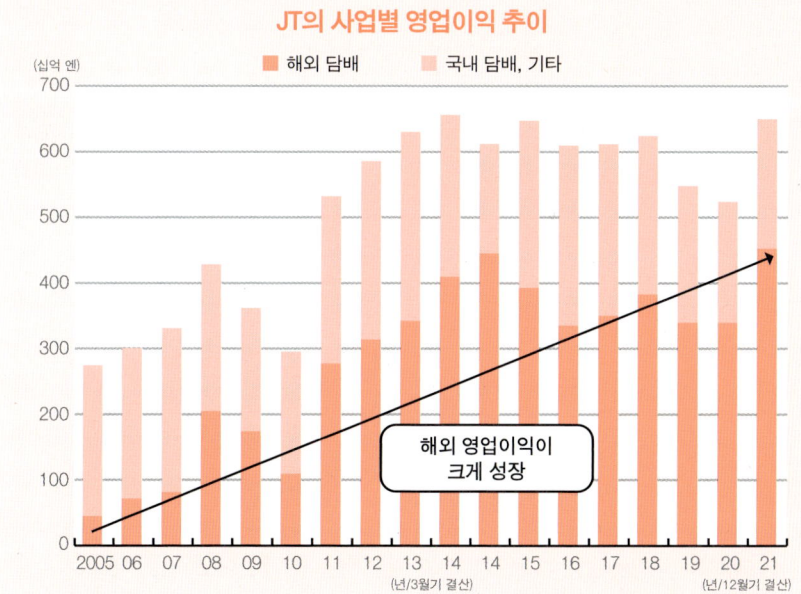

JT의 사업별 영업이익 추이

해외 영업이익이 크게 성장

※ 2011년 3월기 결산 이후 IFRS를 적용한 데이터를 사용. 2011년 3월기 결산 이후는 조정 후 EBITDA(영업이익에서 감가상각비 등을 공제한 이익), 2014년 3월기 결산 이후는 조정 후 영업이익(영업이익에서 인수에 따른 무형자산의 감가상각비 등을 공제한 이익). 2014년 12월기 결산은 9개월의 변칙결산. '기타'는 의약, 가공식품, 음료 등(전사 비용은 포함하지 않음).

이번 Section에서는 재팬토바코 日本たばこ産業55(이하 JT)의 사례를 살펴보겠습니다. 2022년 2월부터 시작된 러시아의 우크라이나 침공으로 글로벌 사업을 전개하는 일본 기업에도 많은 영향이 나타나고 있습니다.

앞의 그래프에서 보이듯이 **JT는 해외 기업과의 M&A를 거듭하며 IFRS를 채택하고, 사업별 영업이익에서 약 70%를 해외 담배 사업으로 벌어들이는 글로벌 기업으로 변모해 왔습니다.**

그랬던 JT가 2022년 3월 10일 러시아 사업과 관련하여 '신규 투자 및 마케팅 활동을 일시적으로 중지'한다고 발표했습니다. 당시 러시아에 보유 중인 공장 4개의 가동 및 종업원 약 4,000명의 고용을 유지한다는 방침을 밝혔지만, 향후 사업 환경이 대폭 개선되지 않는 한, 러시아 생산을 일시적으로 중단할 가능성도 있습니다. 이미 JT는 우크라이나에서 종업원 약 1,000명을 고용하고 있어 제조를 포함한 운영이 멈춰 있는 상황이었습니다.

실적 우려로 JT의 주가(종가)는 전쟁 발발 이전인 2022년 2월 18일 2,344엔에서 침공 이후 2022년 3월 11일 2,012엔까지 하락했습니다.

여기서는 JT의 재무제표를 보며 러시아-우크라이나 전쟁이 JT의 실적에 어떤 영향을 가져왔는지 알아보겠습니다.

JT 재무제표의 특징

다음 그림은 JT의 2021년 12월기 결산 재무제표로 만든 비례축척도입니다.

---

55 담배를 시작으로 의약품, 가공식품 등을 제조하는 식료품 제조업체. 일본의 특별법에 근거하여 전체 주식의 3분의 1 이상의 주식을 일본 재무성이 소유해야만 하는 규정을 따르고, 담배사업법에 따라 일본 국내에서 유일하게 담배를 제조한다.

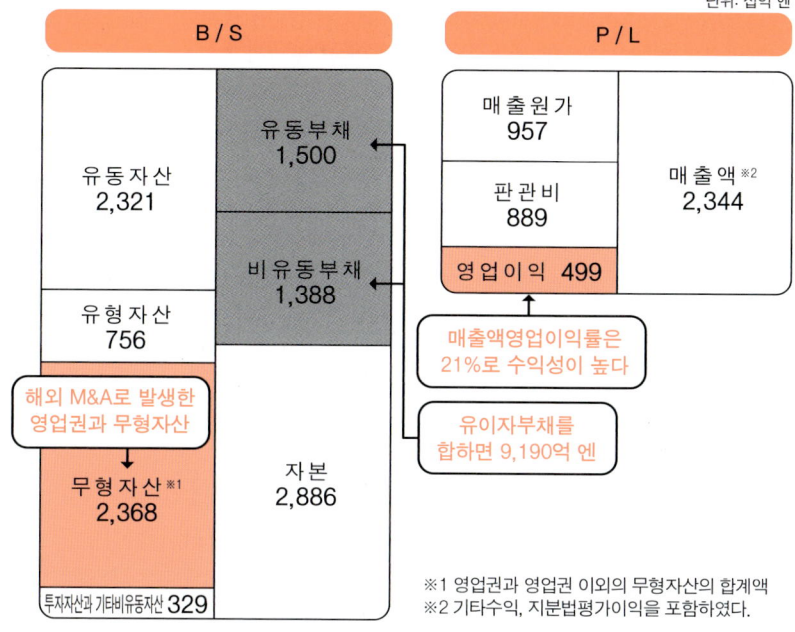

먼저 오른쪽 손익계산서부터 살펴볼까요. 매출액은 2조 3,440억 엔, 매출원가는 9,570억 엔(원가율 41%), 판관비는 8,890억 엔(판관비율 38%)입니다. 그 결과, 영업이익(기타수익과 지분법평가이익을 포함)은 4,990억 엔, **매출액영업이익률은 21%라는 높은 수익성을 자랑합니다.**

다음은 재무상태표를 살펴보겠습니다. **재무상태표의 왼쪽(자산)에서 금액이 가장 큰 항목은 무형자산(2조 3,680억 엔)**입니다. 이는 해외에서 담배 사업 등을 인수할 당시에 반영된 '영업권'(2조 610억 엔)과 '영업권 이외의 무형자산'(3,070억 엔)입니다. 해외 담배 사업의 인수 내용은 뒤에서 자세히 다루겠습니다.

두 번째로 금액이 큰 항목은 유동자산(2조 3,210억 엔)입니다. 여기에는 현금 및 현금성자산(7,220억 엔) 외에 재고자산(5,630억 엔)과 영업채권 및 기타채권(4,570억 엔) 등이 포함되어 있습니다.

재무상태표의 오른쪽(부채·자본)에서 유동부채는 1조 5,000억 엔, 비유동부채는 1조 3,880억 엔입니다. 여기에 유이자부채인 사채 및 차입금은 각각 1,430억 엔, 7,760억 엔이 포함되어 있습니다. 자본은 2조 8,860억 엔, 자기자본비율은 50%입니다.

대규모 해외 M&A에서 견인 역할을 하는 해외 담배 사업

앞에서 설명한 대로 JT의 재무상태표 왼쪽에는 고액의 무형자산이 반영되어 있습니다. 이는 **1999년에 미국의 식품·담배 기업인 RJR나비스코의 미국 담배 사업을 인수하고, 2007년에 영국의 대형 담배 기업 갤러허를 인수한 것이 주된 요인**입니다.

인수 금액은 RJR나비스코의 미국 담배 사업이 78억 달러(JT 공표 기준 9,440억 엔), 갤러허가 75억 파운드(동일 기준 1조 7,200억 엔)로 갤러허의 인수는 당시 일본 기업에서 진행한 과거 최대 규모의 해외 M&A였습니다. 그리고 JT는 2016년 미국 레이놀즈아메리칸 산하의 담배 브랜드 '내추럴 아메리칸 스피릿'의 미국 담배 사업을 50억 달러(동일 기준 5,914억 엔)로 인수하는 등 M&A를 진행하며 적극적인 해외 전개를 도모했습니다.

JT의 '통합보고서 2020'에 따르면, JT 최초의 대형 인수였던, 1999년 RJR나비스코의 미국 담배 사업 인수를 계기로 JT는 세계적인 담배 브랜드인 '윈스턴'과 '카멜'을 취득했습니다. **그리고 해외 담배 사업의 판매 수량은 전년 대비 9배를 넘어서 JT의 해외 사업을 급성장시키는 발판을 마련했습니다.** 또한 JT는 2007년에 갤러허를 인수하고, 'LD', '벤슨&헤지스' 등의 브랜드를 취득했습니다. 이에 따라 해외 담배 사업의 판매 수량은 전년 대비 50% 이상 증가하여 JT그룹 전체의 이익 성장을 견인하는 역할을 했습니다.

해외 담배 사업의 4분의 1을 차지하는 러시아 사업의 영향

서두에서 설명했듯이 JT는 M&A를 적극적으로 추진하여 해외 담배 사업은 비약적인 성장을 이뤘습니다. 다음 그림은 JT의 사업별 조정 후 영업이익(손익계산서의 영업이익에서 무형자산상각비 등을 조정한 이익)과 해외 담배 사업에서의 지역별 조정 후 영업이익의 비율을 나타냅니다.

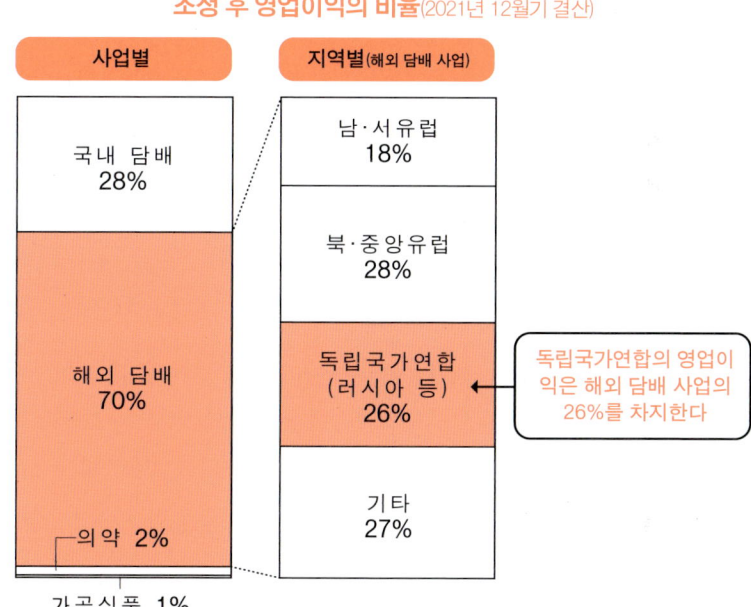

조정 후 영업이익의 비율(2021년 12월기 결산)

※ 사업별은 엔화 기준, 지역별은 미국 달러 기준. 영업이익의 계산에 전사 비용은 포함하지 않았다.

이에 따르면, **해외 담배 사업은 사업별 조정 후 영업이익 합계액의 70%를 차지하여 가장 큰 이익을 내는 사업이 되었습니다.** 그리고 해외 담배 사업에서 조정 후 영업이익을 지역별로 나누면 러시아와 구소련·동유럽 등을 포함하는 '독립국가연합'은 해외 담배 사업 전체의 26%를 차지합니다. 이는 **사업별 조정 후 영업이익 합계액의 18%**에 해당합니다. 러시아의 담배 시장에서 JT의 시장점유율은 37%입니다.

매출액과 조정 후 영업이익은 러시아 시장 단독으로 공개되지 않았지만, '독립국가연합'에서 발생하는 매출 및 이익의 대부분은 러시아 시장에서 나오는 것으로 추정됩니다. 따라서 JT에서 러시아 시장의 중요성은 매우 높다고 말할 수 있습니다. 2022년 3월 10일 시점으로 JT의 우크라이나 제조 등의 활동은 중단된 상황인데, 거기다 **러시아에서마저 사업 활동이 중단되면 JT의 실적에 엄청난 영향을 미칠 것으로 보입니다.**

러시아의 우크라이나 침공으로 새롭게 생겨난 두 가지 리스크

러시아의 우크라이나 침공으로 JT가 떠안게 된 리스크는 사업 활동 중단만으로 끝나지 않습니다. JT의 2020년 12월기 결산 유가증권보고서에 실린 '사업 등의 리스크'에 따르면, 더 나아가 두 가지의 리스크가 수면 위로 올라왔습니다.

그중 하나가 환율 변동 리스크입니다. 러시아의 통화 루블은 러시아를 상대로 한 경제제재로 급락했습니다. 우크라이나 침공 전에 1루블 = 1.5엔 정도였던 환율은 침공 이후 한때 0.8엔 전후까지 하락했습니다. 단순 계산이지만 **러시아 루블 기준으로 매출액과 이익은 엔화 기준으로 절반 가까이 떨어졌다고 볼 수 있습니다.**

또 다른 리스크는 영업권 감손 등 자산 감소 리스크입니다. 앞에서도 설명했듯이 JT는 해외 담배 사업을 중심으로 2조 엔이 넘는 영업권을 계상했습니다. 2021년 12월기 결산 유가증권보고서에 따르면, 해외 담배 사업에서 영업권의 사용 가치는 장부가격을 '충분히 웃돌고' 있습니다. 하지만 **러시아 사업 등에서 앞으로 얻을 수 있는 현금흐름 전망이 계획을 크게 밑돌 경우에는 영업권 감손이 발생할 가능성도 부정할 수 없습니다.**

게다가 2022년 3월 12일 자 니혼게이자이신문 조간에 따르면, 러시아 정부가 러시아 사업 중지 및 철퇴를 결정한 외자계기업의 자산을 압류하겠다는 의사를 밝혔습니다. 만약 이런 일이 벌어진다면 러시아 국내에서 JT가 보유하는 공장 4개의 자산도 손실로 처리할 가능성이 있습니다.

JT는 M&A를 추진하여 해외 사업을 크게 확대했고, 성공 가도를 달렸습니다. 그러나 러시아와 우크라이나를 둘러싼 전망이 점점 더 불투명해지는 가운데 JT는 러시아 사업 활동의 지속과 중단 사이에서 어려운 선택의 기로에 놓여 있습니다.

Point

이번 사례의 핵심 정리!

여기서는 해외 기업에 대한 대규모 M&A의 경영 글로벌화를 이뤄낸 JT의 재무제표를 살펴봤습니다.

글로벌화를 추진한 결과, JT의 해외 담배 사업은 사업별 영업이익에서 약 70%를 차지하기에 이르렀지만, 결과적으로 회사는 여러 정치학적 리스크를 떠안게 되었습니다. 그리고 이러한 리스크는 러시아-우크라이나 전쟁을 계기로 수면 위로 드러났습니다.

이후 2022년 4월 JT는 러시아에서 담배 사업을 그룹에서 분리하는 선택지를 포함하여 검토한다고 발표했습니다. 이는 다양한 리스크가 예상되는 러시아 사업을 떼어 놓기 위한 움직임이라고 볼 수 있습니다.

(주) 이 Section의 내용은 2022년 4월 시점의 상황을 기준으로 작성했습니다.

Section 5

사카타종묘가 높은 수익성과 안전성을 유지하는 이유

종자업계가 껴안고 있는 커다란 리스크와
창업 시절의 '아찔한 경험'

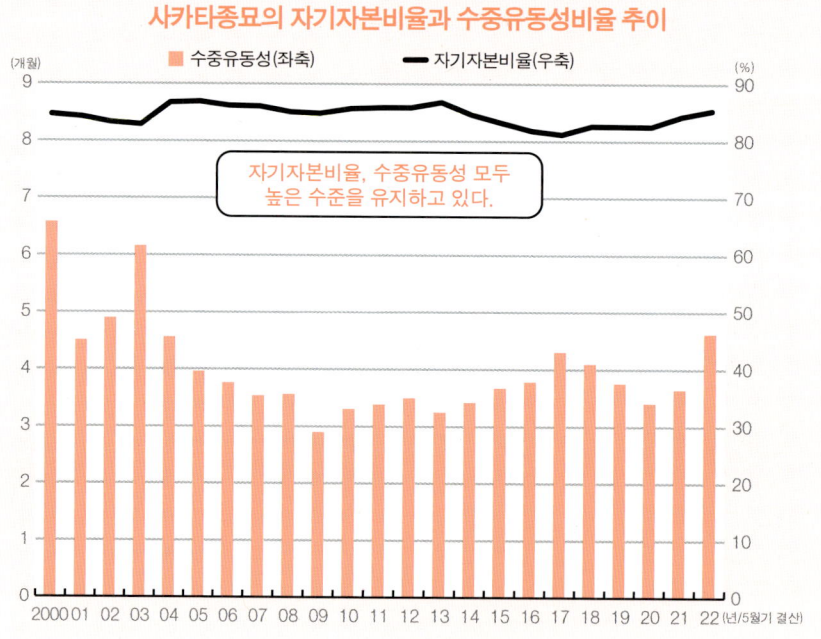

▸ 사카타종묘는 어떻게 높은 안전성을 유지할 수 있을까?

사카타종묘의 자기자본비율과 수중유동성비율 추이

자기자본비율, 수중유동성 모두 높은 수준을 유지하고 있다.

Chapter 3의 마지막 사례로 채소 및 꽃 종자 도매사업 등을 운영하는 사카타종묘 サカタのタネ의 재무제표를 살펴보겠습니다.

사카타종묘는 2022년 5월 시점에 브로콜리 종자의 세계시장 점유율 65%, 꽃도라지의 세계시장 점유율 70%를 차지한 종자회사입니다. 그리고 2022년 5월기 결산 연결매출액에서 해외 매출액 비율이 71%에 이르는 글로벌 기업이기도 합니다.

사카타종묘의 재무적 특징 중 하나는 높은 안전성을 유지한다는 점입니다. 앞의 그래프에 나타난 바와 같이 **2022년 5월기 결산에서 매출액의 입금이 0이라고 가정했을 때 얼마의 기간을 버틸 수 있는지를 나타내는 수중유동성비율[= 수중자금(현금 및 예금과 유가증권)÷월평균 매출]은 4.6개월이고, 자본 구성의 안정성을 나타내는 자기자본비율은 85%로 상당히 높은 수준**입니다. 그리고 뒤에서 자세히 설명하겠지만, 수익성이 높다는 점도 하나의 특징입니다.

사카타종묘가 높은 수익성을 실현할 수 있었던 배경에는 어떤 경영상 특징이 있을까요? 그리고 높은 안전성을 유지하기 위해 경영 방침의 기준이 된 창업 시절의 '아찔한 경험'도 함께 설명하겠습니다.

높은 수익성을 자랑하는 사카타종묘의 재무제표

다음 그림은 사카타종묘의 재무재표로 만든 비례축척도입니다.

먼저 재무상태표부터 살펴보겠습니다. **재무상태표의 왼쪽(자산)에서 유동자산(890억 엔)의 금액이 가장** 큽니다. 여기에는 재고자산 380억 엔, 현금 및 현금성자산 280억 엔, 매출채권(받을어음, 외상매출금 및 계약자산) 180억 엔이 포함되어 있습니다.

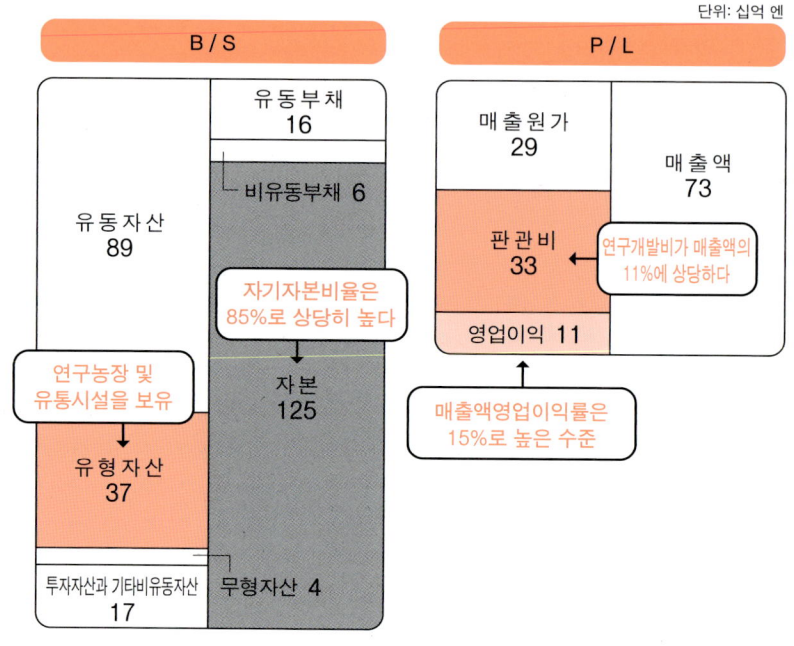

그다음으로 금액이 큰 항목은 유형자산(370억 엔)입니다. 여기에는 일본 국내에서 종자 관련 연구개발을 진행하는 연구농장과 유통시설, 해외 판매 점포, 연구농장의 건물이나 기계장치, 토지 등이 포함되어 있습니다. 해외 연구농장은 미국, 프랑스, 덴마크, 브라질, 인도, 한국 등 세계 각지에 전개되어 있습니다.

투자자산과 기타비유동자산(170억 엔)의 대부분은 투자유가증권(140억 엔)이 차지하고 있는데 상당수는 거래처 주식 등으로 상호보유주식에 해당합니다.

재무상태표의 오른쪽(부채·자본)에서 유동부채는 160억 엔, 비유동부채는 60억 엔이고, 두 부채에 포함된 차입금의 합계는 15억 엔입니다. 그리고 사카타종묘가 보유 중인 현금 및 현금성자산이 280억 엔인 것으로 보아 실질적 무차입 경영이라고 볼 수 있습니다.

자본 금액은 1,250억 엔이고, **자기자본비율은 85%로 상당히 높습니다.** 사카타종묘가 어떻게 높은 재무적 안전성을 확보할 수 있었는지는 뒤에서 설명하겠습니다.

이어서 손익계산서도 살펴볼까요. 매출액은 730억 엔, 매출원가는 290억 엔(원가율 40%), 판관비는 330억 엔(판관비율 45%)입니다. 영업이익은 110억 엔이고, **매출액영업이익률은 15%로 높은 수준**을 확보했습니다.

사카타종묘가 높은 수익성을 실현할 수 있는 이유 중 하나는 **고품질과 독자성을 가진 종자를 고객에게 제공한다는 점**입니다. 그리고 이러한 고품질은 충실한 연구개발 체제가 뒷받침하기 때문에 가능합니다.

사카타종묘의 홈페이지에 따르면, 연구농장·시설은 일본을 시작으로 12개국 19곳에 전개되어 전 세계 종업원의 20%가 연구 직원으로 이루어져 있습니다. 매출원가 및 판관비에 포함된 연구개발비 총액은 80억 엔으로 매출액에서 차지하는 비율은 11%에 이릅니다.

이러한 **연구개발로 탄생한 뛰어난 상품이 사카타종묘의 높은 수익성으로 이어지는 것**입니다.

새로운 '수익인식기준'과 엔화 약세는 실적에 어떤 영향을 미칠까?

Chapter 1에 나온 유키지루시메그밀크와 야쿠르트혼샤의 사례(28~30쪽)에서도 살펴본 바와 같이 2022년 3월기 이후 결산(일본회계기준)은 새로운 '수익인식기준'이 적용되었습니다. 그리고 2021년부터 진행된 엔화 약세도 매출액이나 이익에 다양한 영향을 미치고 있습니다.

그래서 여기서는 수익인식기준과 엔저의 지속이 사카타종묘의 실적에 어떤 영향을 불러왔는지를 알아보겠습니다.

다음 그림은 사카타종묘의 매출액 변동 요인을 지역별로 나타낸 차트입니다. 이에 따르면, 일본에서 2022년 5월기 결산 매출액은 전기 대비 44억 엔이 감소했습니다. 주요 요인은 새로운 수익인식기준을 적용했기 때문입니다.

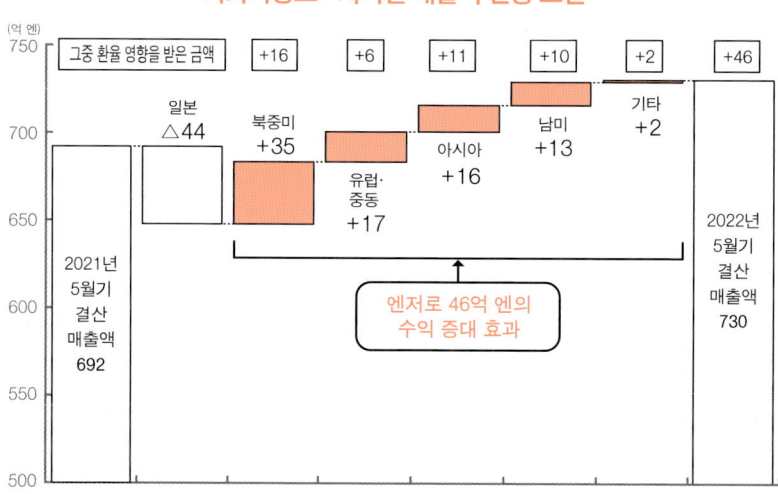

(출처) '사카타종묘 결산설명자료 - 2022년 5월기 결산'에서 발췌하여 저자가 작성

구체적으로 농원에 자재의 일부 판매는 **이제까지 거래총액을 매출액으로 처리했는데, 새로운 수익인식기준을 적용하면서 거래총액에서 매입처 지급액을 차감한 순액으로 반영하게 된 점** 등이 달라졌습니다.

2022년 5월기 결산 단신에 따르면, 새로운 수익인식기준을 적용하여 매출액 및 매출원가는 각각 34억 엔이 감소했지만, 영업이익 등에 영향은 거의 없었습니다.

해외 매출액은 83억 엔으로 증가했는데, 해외에서 채소·꽃 종자의 판매가 늘고, 엔저에 따른 매출 증대 효과가 나타났기 때문입니다. 사카타종묘의 본결산 설명자료에 따르면, **환율 변동의 영향으로 46억 엔의 매출 증대 효과가 나타났습니다.**

엔저가 지속되며 이익 증가에 어느 정도 영향을 끼쳤는지는 명시하지 않았습니다. 하지만 2022년 5월기 결산 단신에 따르면, 엔/달러 환율이 1엔 떨어지면 연간 영업이익은 약 8,000만 엔의 이익 증가 효과가, 엔/유로 환율이 1엔 떨어지면 연간 영업이익은 약 1,200만 엔의 이익 증가 효과가 나타난다고 합니다.

사카타종묘는 해외 매출액 비율이 70%가 넘기 때문에, **엔저에 따른 매출 및 이익 증대 효과를 톡톡히 맛보고 있다**고 볼 수 있습니다.

사카타종묘가 높은 재무적 안전성을 확보하는 이유

이미 설명한 바와 같이 사카타종묘의 재무적 안전성은 매우 높은 수준입니다. 다시 한번 서두에 나왔던 수중유동성비율과 자기자본비율 추이를 살펴보겠습니다.

이 그래프를 보면 **자기자본비율은 모든 회계기수에서 85% 전후의 수준으로 움직입니다.** 그리고 수중유동성비율은 2009년 5월기 결산에 잠시 3개월 정도로 떨어졌지만, 그 이외의 회계기수는 3개월 이상 수준을 유지하며 2022년 5월기 결산에는 4.6개월을 기록했습니다. **매출액의 입금이 멈추더라도 4개월 이상은 버틸 수 있는 수치**입니다.

이러한 배경에는 종자업계 특유의 사업 환경이 있습니다. **꽃이나 채소 품종을 새로 개발하거나 개량(육종)하려면 10년 가까운 세월이 필요하다는 것**입니다.

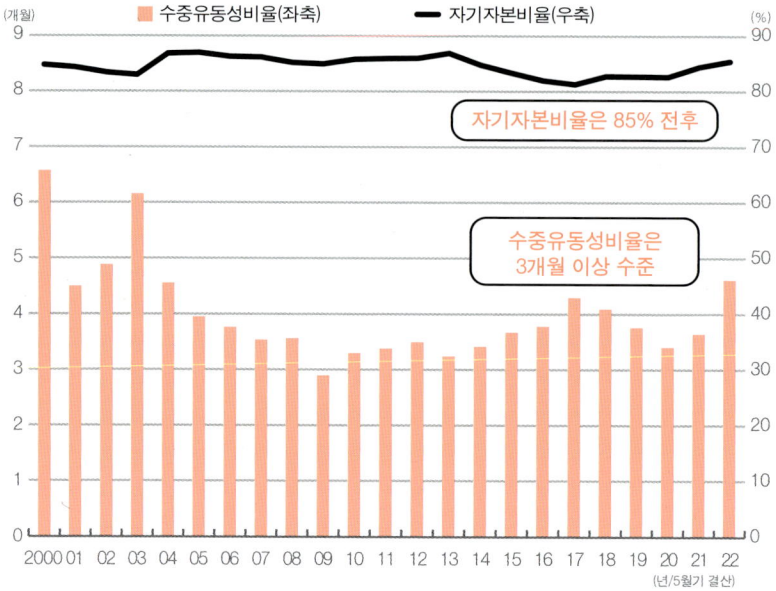

사카타종묘에 따르면, '육종 10년'이라는 말이 있다고 합니다. 육종 기간에 기후 변동을 비롯한 다양한 환경 변화 탓에 종자 개발이 성공하지 못하는 경우가 있기 때문에 육종은 자연환경의 리스크를 떼어놓고 얘기할 수 없습니다. 사카타종묘의 사카타 히로시坂田宏 사장도 종자 개발은 '헛된 일의 반복'이라고 말했습니다(닛케이비즈니스 2020년 7월 20·27일 호).

사카타종묘는 이러한 리스크에 대응하기 위해 재무적 안전성을 추구하고 있습니다.

높은 재무적 안전성을 추구하는 계기가 된 창업 시절의 '아찔한 경험'

앞에서 언급했지만, 사카타종묘가 연구농장을 세계적으로 전개하며 종자의 생산지를 세계 각지로 분산시킨 이유는 기상 재해 또는 질병 발생 등의 리스크에 대응하기 위한 목적도 있습니다.

바로 앞에 인용한 닛케이비즈니스의 기사에 따르면, 사카타종묘는 창업 시절에 경험한 아찔한 실패를 밑거름 삼아 종자 개발 리스크를 견뎌낼 수 있는 경영방침을 마련했습니다.

사카타종묘는 관동대지진으로 야기된 경제 불황 시기에 영국의 종자회사로부터 양배추를 채종해 달라는 의뢰를 받았지만, 수확에 실패하고 말았습니다. 다행히도 사카타종묘는 의뢰 당시에 받은 선수금을 쓰지 않아서 그대로 의뢰자에게 반환할 수 있었지만, 만약 선수금을 써버렸다면 회사는 사라졌을지도 모릅니다. 이러한 실패 경험을 발판 삼아 사카타 타케오 창업주는 **회사가 존속의 위기에 내몰리지 않도록 항상 여유 자금을 마련하도록 방침을 마련**했습니다.

Point

이번 사례의 핵심 정리!

여기서는 종자회사 사카타종묘의 재무제표를 살펴봤습니다. 사카타종묘의 높은 수익성은 충실한 연구개발 체제로 유지되고 있습니다. 그리고 높은 재무적 안전성의 배경에는 종자업계 특유의 하이리스크 사업 특성과 창업 시절의 아찔한 경험이 있었습니다.

사카타종묘는 해외 매출액 비율이 70%를 넘는 글로벌 기업으로, 엔저가 지속되며 매출 및 이익 증대 효과를 누렸습니다. 이렇게 거점을 전 세계에 분산하는 글로벌 사업 체제도 자연환경 변화 등의 리스크를 가능한 한 줄이려는 대처 중 하나로 인식할 수 있습니다.

Chapter

4

경영 개혁과 재무제표

Section 1

후지필름은 축소되는 시장에서 어떻게 대응했는가?

니콘의 고전과
후지필름의 '제2의 창업'

▸ **왜 이익률에서 이만큼이나 차이가 벌어졌을까?**

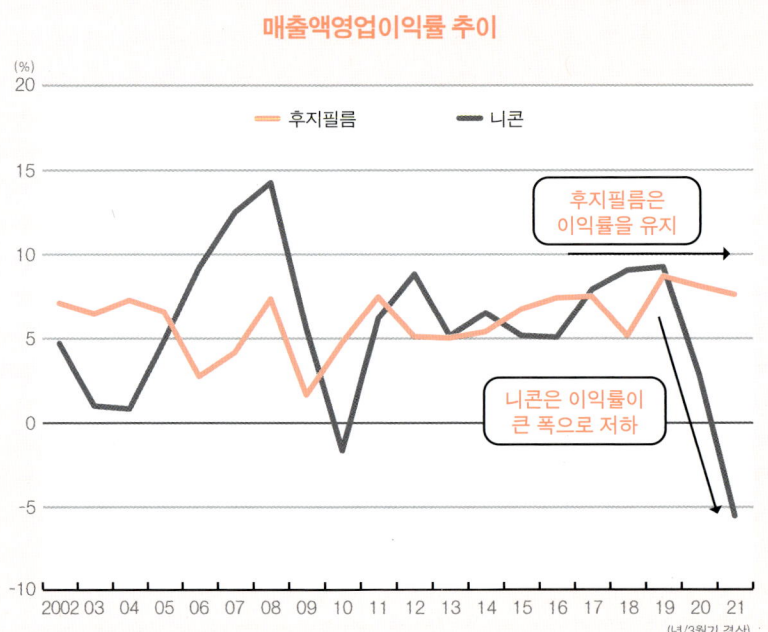

매출액영업이익률 추이

※ 니콘은 2016년 3월기 결산부터 IFRS를 적용한 데이터를 사용하여 영업손익 계산에는 기타수익, 기타비용을 포함하지 않았다. 후지필름은 미국회계기준 데이터를 사용하여 영업이익 계산에 구조 개혁 비용을 포함하지 않았다.

경영 개혁을 주제로 다룰 Chapter 4에서는 첫 사례로 대형 카메라 제조업체로 잘 알려진 니콘ニコン과 후지필름홀딩스富士フイルムホールディングス(이하 후지필름)의 재무제표를 비교하겠습니다.

앞의 그래프에서 2011년 3월기 결산 이후에 두 회사의 매출액영업이익률은 6~7% 전후로 비슷하게 변화했습니다. 그런데 **2020년 3월기 결산 이후 니콘의 실적이 떨어지기 시작하더니 2021년 3월기 결산에는 니콘이 마이너스 6%, 후지필름이 8%로 차이가 벌어지며 두 회사의 명암이 갈렸습니다.**

스마트폰이 보급되며 디지털카메라 시장이 점점 축소하는 가운데, 기업이 살아남기 위한 열쇠는 어디에 있을까요? 먼저 니콘의 재무제표를 보면서 니콘이 영업적자로 전락한 원인을 확인한 뒤에 후지필름이 어떤 방식으로 사업 구조 재편을 단행했는지 알아보겠습니다.

디지털카메라의 판매 부진으로 영업적자를 기록한 니콘

다음 그림은 니콘의 2021년 3월기 결산의 재무제표로 만든 비례축척도입니다.

재무상태표의 왼쪽(자산)에서 가장 금액이 큰 항목은 유동자산(6,760억 엔)입니다.

이 유동자산에는 현금 및 현금성자산 3,520억 엔이 포함되어 있습니다. **매출 규모로 봐도 니콘은 충분한 수중자금을 확보하고 있다**고 말할 수 있겠지요.

그리고 유동자산에는 재고자산 2,360억 엔도 포함되어 있습니다. 이는 **연간 매출액(4,510억 엔)의 191일분에 상당**하는 금액입니다. 사업 부문별 자산 상황을 보면 이 재고자산의 대부분은 액정 등의 평판 디스플레이(FPD) 노광장치나 반도체 노광장치를 만드는 정밀기계 사업에 속하는 것으로 추측됩니다.

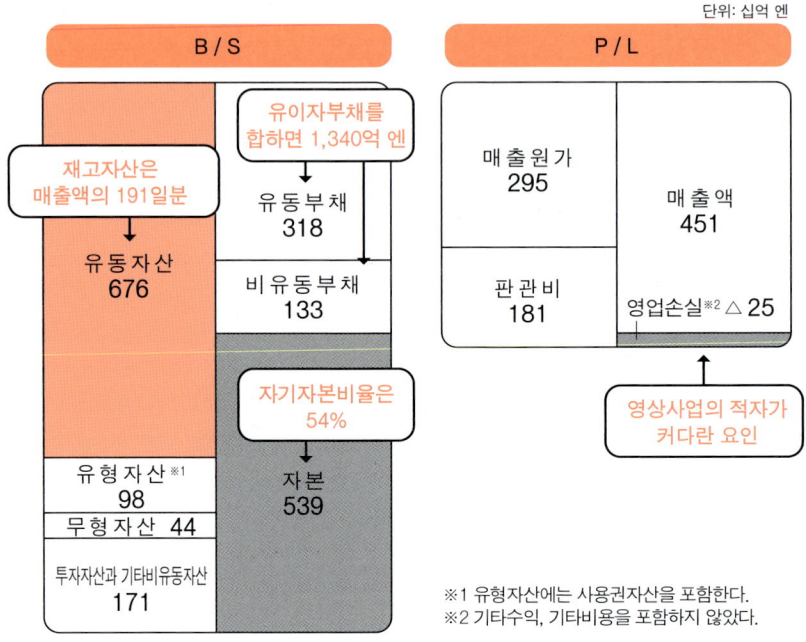

동일하게 반도체 제조 장비를 만드는 도쿄일렉트론, 스크린홀딩스, 디스코의 재고자산은 각각 매출액의 108일분, 109일분, 111일분(모두 2021년 3월기 결산)입니다. 업계 기준으로 보면 재고가 늘어나는 경향이 있다고 말할 수 있지만, 니콘의 재고 규모는 이와 비교해도 크다고 의식되는 수준입니다.

계속해서 재무상태표의 오른쪽(부채·자본)도 살펴볼까요. 사채 및 차입금은 유동부채에 300억 엔, 비유동부채에 1,040억 엔이 포함되어 있습니다. 유이자부채로 조달한 자금을 설비 투자 등에 운용한 상황으로 보입니다. 한편 자본은 5,390억 엔이고, **자기자본비율은 54%인 것으로 보아 재무적 안전성 관점에서도 결코 낮은 수준은 아닙니다.**

손익계산서로 눈을 돌려보면, 매출액은 4,510억 엔, 매출원가는 2,950억 엔(원가율 65%), 판관비는 1,810억 엔(판관비율 40%)입니다. 그 결과, **영업손**

실(기타수익·비용을 포함하지 않음)은 250억 엔으로 적자가 나고, 매출액영업이익률은 마이너스 6%를 기록했습니다.

영업적자가 난 가장 큰 요인은 디지털카메라를 다루는 영상 사업입니다.

유가증권보고서의 사업 부문별 정보에 따르면, 니콘의 영상 사업에서 발생한 영업손실은 360억 엔에 이릅니다(단, 사업 부문별 정보의 영업손실에는 기타수익·비용을 일부 포함). 니콘은 스마트폰과 경쟁하기 어려운 중·고급 기계인 디지털카메라에 주력하고 있지만, 시장 축소의 여파로 실적이 여의찮은 상황입니다.

영업흑자를 확보한 후지필름

계속해서 후지필름의 재무제표를 살펴보겠습니다. 후지필름의 **재무상태표 왼쪽(자산)에서 금액이 가장 큰 항목은 유동자산으로 1조 5,070억 엔**입니다.

이 유동자산의 40%는 영업채권이나 리스채권 등의 수취채권[56](6,060억 엔)이 차지하고 있습니다. 이 **수취채권의 금액은 매출액(2조 1,930억 엔)의 101일분에 상당**합니다.

수취채권의 회수 기간이 길어지면 그만큼 자산 효율(자본 효율)은 낮아집니다. 이런 상황은 후지필름도 경영 과제로 인식하여 2024년 3월기 결산의 중기경영계획 'VISION2023'에서 영업상 자본효과를 나타내는 지표인 CCC^{Cash Conversion Cycle}(현금전환주기[57] = 재고자산회전일수 + 영업채권회전일수)를 단축하는 것을 목표로 내세웠습니다.

---

[56] 기업의 정상적인 영업 순환 활동에서 발생하게 되는 고객 등 타인에 대한 모든 청구권으로, 외상매출금, 받을어음, 미수금 등이 해당한다.
[57] 회사가 제품 생산 및 서비스 제공을 위해 투입한 현금이 고객에게 판매되어 다시 현금으로 회수되기까지 걸리는 기간으로, 현금전환주기가 짧을수록 차입의 필요성은 감소한다.

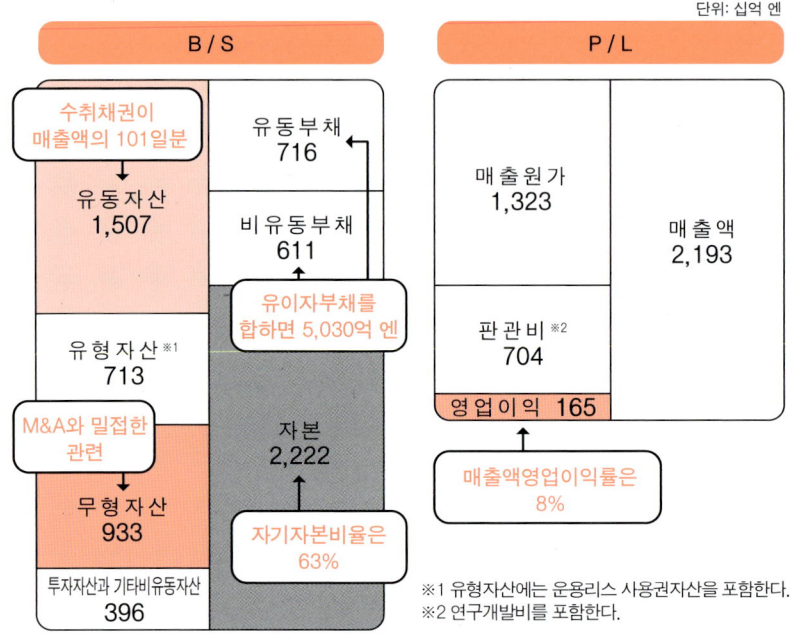

한편 **재무상태표의 왼쪽에서 눈에 띄는 특징은 거액의 무형자산(9,330억 엔)입니다.** 이는 후지필름이 이제까지 진행해 온 M&A와 밀접한 관계가 있습니다. 자세한 내용은 뒤에서 설명하겠습니다.

재무상태표의 오른쪽(부채·자본)에서 사채 및 차입금은 유동부채에 640억 엔, 비유동부채에 4,390억 엔이 포함되어 있습니다. 저금리 환경에서 니콘과 동일하게 유이자부채를 통해 자금을 조달해 온 상황으로 보입니다. 반면 자본은 2조 2,220억 엔이고, **자기자본비율은 63%**입니다.

이제 손익계산서를 살펴보겠습니다. 매출액은 2조 1,930억 엔, 매출원가는 1조 3,230억 엔(원가율 60%), 판관비(연구개발비 1,520억 엔을 포함)는 7,040억 엔(판관비율 32%)입니다. **영업이익은 1,650억 엔이고, 매출액영업이익률은 8%**를 확보했습니다.

영업흑자를 이뤄낸 큰 요인은 지난 20년간 후지필름이 추진해 온 사업 구조 재편에 있습니다. 여기서부터 그 사업 구조 재편이 무엇인지, 재무제표의 변화와 함께 설명하겠습니다.

매출액 '속'에 숨겨진 사업 구조 재편의 결과

먼저 다음 그림에서 후지필름의 손익계산서를 2002년 3월기 결산과 2021년 3월기 결산으로 비교해 보겠습니다(2002년 3월기 결산 당시 사명은 후지사진필름富士写真フイルム). 2002년 3월기 결산과 2021년 3월기 결산의 연결손익계산서 사이에 큰 차이는 보이지 않습니다. 2002년 3월기 결산 매출액은 2조 4,010억 엔, 매출원가는 1조 4,010억 엔(원가율 58%), 판관비는 8,310억 엔(판관비율 35%)입니다. 영업이익은 1,690억 엔, 매출액영업이익률은 7%입니다.

후지필름의 손익계산서 비교

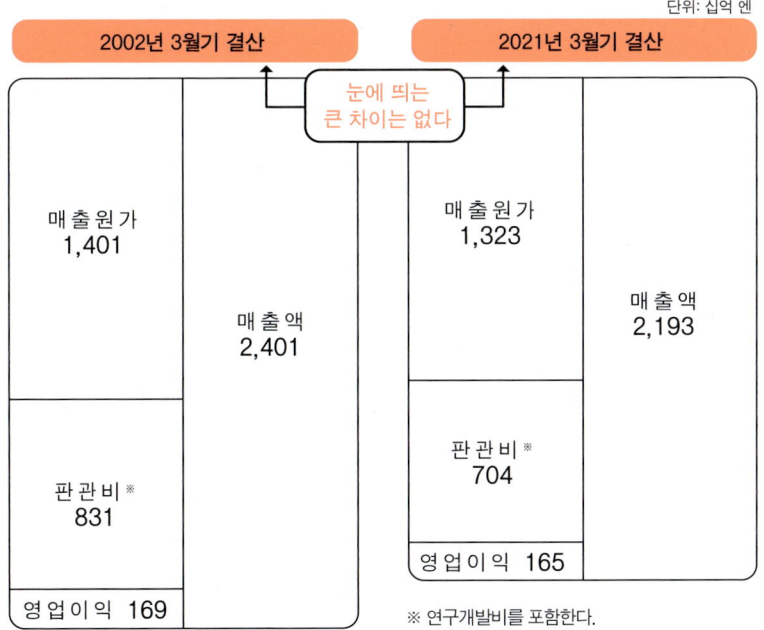

※ 연구개발비를 포함한다.

그런데 그 매출을 구성하고 있는 '사업 내용'은 크게 다릅니다. 다음 그림을 보면 후지필름의 주력 사업으로 사진 필름과 카메라 사업 등을 다루는 **이메징 솔루션 사업이 매출액에서 차지하는 비율은 2002년 3월기 결산 33%에서 2021년 3월기 결산 13%까지 떨어졌습니다.** 한편에서는 의료 관련이나 화장품, 의약품, 잉크젯 등을 다루는 **헬스케어&머티리얼스 솔루션 사업이 동기간 29%에서 48%로 확대**됐습니다.

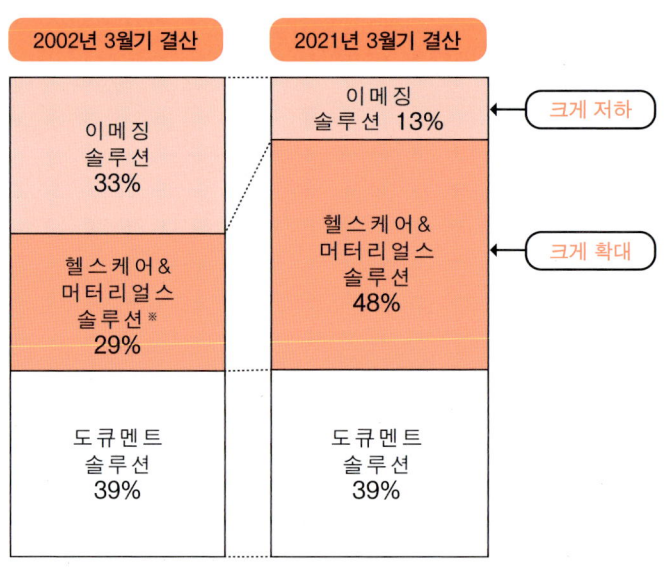

※ 당시 명칭은 인포메이션 솔루션(2018년 3월기 결산부터 헬스케어&머티리얼스 솔루션으로 명칭 변경)

후지필름은 시장이 축소된 이메징 솔루션 사업 의존도를 낮추면서 주력 사업으로 자리매김한 헬스케어&머티리얼스 솔루션 사업의 비율을 늘렸습니다. 이러한 변화가 지난 20년간 후지필름이 진행해 온 사업 구조 재편의 결과물입니다. 그리고 이제는 **헬스케어&머티리얼스 솔루션 사업은 영업이익 1,080억 엔을 벌어들이는 주력 사업으로 거듭났습니다.**

M&A로 무형자산을 크게 불리다

후지필름의 2002년 3월기 결산과 2021년 3월기 결산의 재무상태표를 나란히 비교해 볼까요. 두 재무상태표에서 **가장 큰 차이점은 무형자산이 2002년 3월기 결산 2,490억 엔에서 9,330억 엔으로 배 이상 증가했다는 점입니다.**

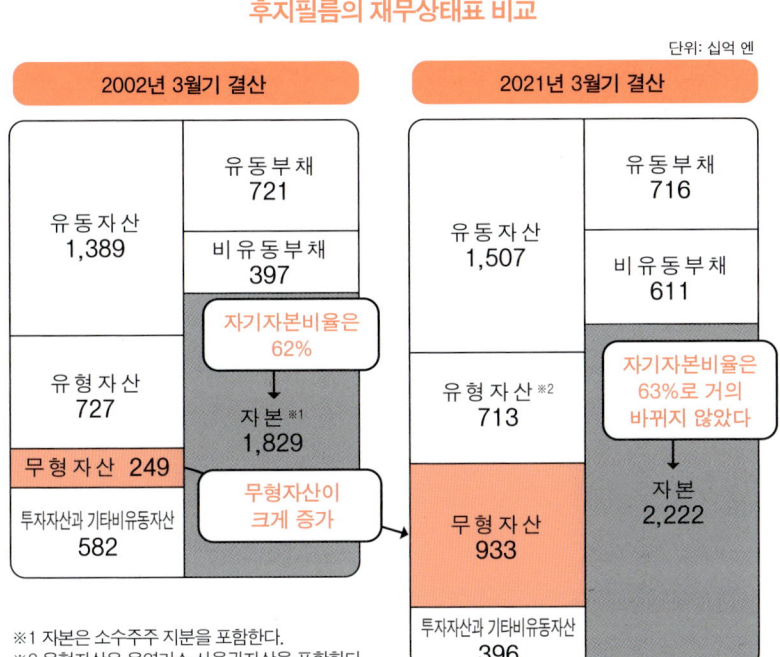

후지필름의 재무상태표 비교

※1 자본은 소수주주 지분을 포함한다.
※2 유형자산은 운영리스 사용권자산을 포함한다.

이렇게 **무형자산이 증가한 이유는 과거에 진행했던 M&A의 영향입니다.** 이 무형자산의 대부분은 '영업권'이 차지하고 있습니다. M&A로 발생한 영업권을 회계처리 하는 방법은 Chapter 1에서 13~14쪽을 참고해 주세요.

적극적인 M&A에도 자기자본비율을 유지할 수 있는 이유

다음 표는 2001년 이후에 후지필름이 진행해 온 주요 M&A를 정리한 목록입니다. 이것을 보면 잉크젯용 잉크나 헤드, 의약품, 진단장치 등 **헬스케어&머티리얼즈 솔루션 사업에 속하는 회사나 사업을 수차례 인수**한 사실을 알 수 있습니다.

후지필름이 진행해 온 주요 M&A

년	월	개 요
2001	3	후지제록스의 발행주식총수의 25%를 추가 취득하여 연결자회사화
2003	4	프로세스자재의 주식을 추가 취득하여 연결자회사화
2004	11	미국 Arch Chemicals, Inc.의 Microelectronic Materials 부문과 동 회사 소유의 후지필름아치의 주식 전체를 인수
2005	2	산업용 잉크젯용 잉크 등을 전개하는 Sericol그룹의 영국 지주회사인 Sericol Group Limited를 인수
2006	7	미국 산업용 잉크젯프린터용 헤드 제조사 Dimatix, Inc.를 인수
2008	3	도야마화학공업의 주식을 주식 공개매수로 취득하여 연결자회사화
2011	3	바이오의약품 위탁제조회사 MSD Biologics (UK) Limited 및 Diosynth RTP Inc.를 인수
2012	3	초음파진단장치 대기업 SonoSite, Inc.를 인수
2015	5	iPS세포 유래 심근 세포를 이용한 미국 개발·제조회사 Cellular Dynamics International, Inc.를 완전자회사화
2017	4	화광순약공업의 주식을 주식 공개매수로 취득하여 연결자회사화
2018	6	세포배양배지 생산기업 Irvine Scientific Sales Company, Inc.를 인수
2019	8	대형 바이오의약품 Biogen Inc.의 덴마크 제조자회사인 Biogen (Denmark) Manufacturing ApS를 연결자회사화
2021	3	히타치제작소의 화상진단 관련 사업을 인수

(출처) 후지필름 웹사이트 및 유가증권보고서에서 발췌하여 작성

후지필름의 매출액과 이익에서 헬스케어&머티리얼즈 솔루션 사업의 비율이 상승한 배경에는 이러한 적극적인 M&A가 있었습니다. 거기에 **인수 사업과 후지필름이 강점으로 내세우는 기술을 조합할 수 있었던 환경도 후지필**

름이 사업 구조 재편에 성공한 이유 중 하나입니다.

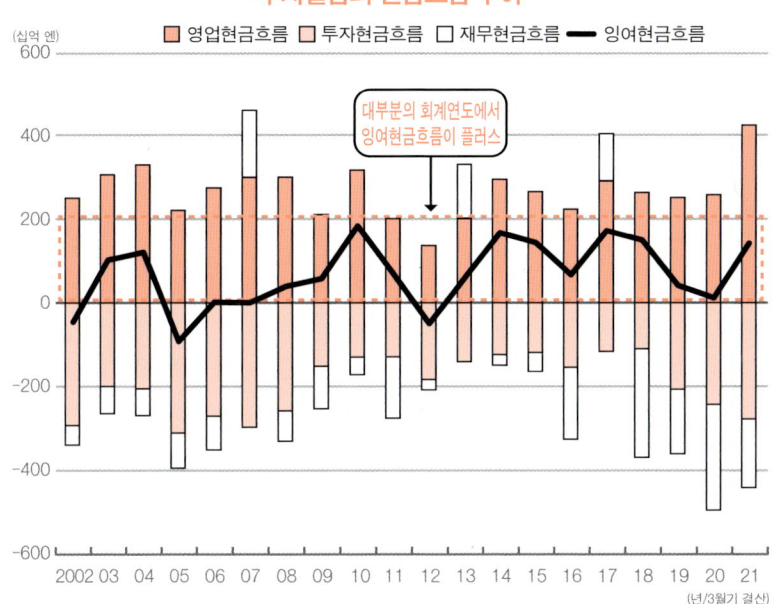

그런데 후지필름이 이제까지 적극적으로 M&A를 진행했는데도 부채 의존도는 높아지지 않았습니다. **자기자본비율도 2002년 3월기 결산 62%에서 2021년 3월기 결산 63%로 비슷하게 유지**했습니다.

그 이유는 **적극적인 M&A를 진행하면서도 투자액을 영업현금흐름의 범위 안에서 제한**했기 때문입니다. 앞의 그림에서도 여러 회계연도에서 FCF(잉여현금흐름 = 영업현금흐름 + 투자현금흐름)가 플러스가 되어 외부의 자금조달에 의존하지 않고 투자를 단행한 것을 알 수 있습니다. 그 결과, M&A를 거듭하며 사업 구조를 크게 전환하면서도 안정적인 자본 구성을 유지하는 데 성공했습니다.

이러한 사업 구조 재편은 2000년에 사장으로 취임했던 고모리 시게타카古森重隆

전 회장의 영향으로 시작되었습니다. 고모리 전 회장은 사장 취임 당시에 주력 사업이었던 필름 사진 사업에 대해 '욕조 물이 빠져나가듯 순식간에 필름 사진의 수요가 줄어들었다'(2021년 4월 1일 자 니혼게이자이신문 조간)라고 회고했습니다. 그리고 힘겨운 상황 속에서도 '제2의 창업'으로 자사 기술을 활용할 수 있는 의약품이나 화장품 등의 신규 사업에 진출했습니다. 만약 후지필름이 이러한 경영상 의사결정을 내리지 않았다면 경쟁사였던 미국 이스트먼코닥처럼 도산 위기에 내몰렸을지도 모릅니다.

Point

이번 사례의 핵심 정리!

대형 카메라 제조업체 니콘과 후지필름의 재무제표를 비교해 봤습니다. 디지털카메라 시장의 축소로 고전하는 니콘에 반해 후지필름은 고모리 전 회장이 사업 구조 재편에 힘을 쏟으며 코로나19 위기 속에서도 헬스케어 사업 등에서 이익을 내는 회사로 변모했습니다.

바로 '제2의 창업'이 기업의 생존 열쇠라는 것을 보여준 사례라고 말할 수 있습니다.

Section 2

히타치가 히타치건기 주식의 '일부 매각'을 결정한 이유

무형자산·유이자부채의 증감과
그룹 사업 구조 재편의 관계

▸ **무형자산과 유이자부채가 변동한 이유**

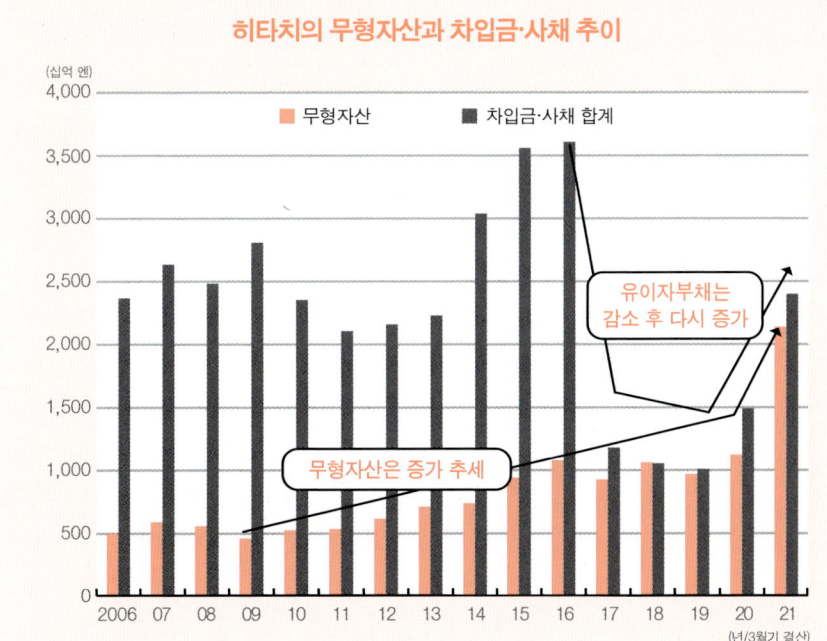

※ '영업권'과 '영업권 이외의 무형자산'의 합계를 무형자산으로 나타냈다. 2013년 3월기 결산까지는 미국회계 기준, 2014년 3월기 결산 이후는 IFRS를 따른다.

여기서는 일본 최대 전기·전자기기 제조업체 히타치제작소 日立製作所 (이하 히타치)의 그룹 사업 구조 재편을 다뤄보겠습니다.

앞의 그래프를 보면, 2009년 3월기 결산 이후 **히타치의 무형자산은 서서히 증가했는데, 2021년 3월기 결산에는 더욱 큰 폭으로 증가했습니다.** 그리고 유이자부채는 2017년 3월기 결산에 크게 감소한 후, **무형자산의 증가를 따라가듯이 2021년 3월기 결산에 큰 폭으로 증가했습니다.**

히타치는 2009년 3월기 결산에 과거 최대 최종적자(7,873억 엔)를 기록한 후 사업 구조 재편을 추진했습니다. 최근까지 2020년 4월에 히타치케미칼을 매각하고, 2021년 4월에는 히타치금속 日立金屬을 매각한다고 발표하는 등 히타치는 비핵심 사업으로 평가한 자회사를 차례차례 정리하고 있습니다. 거기다 그룹의 핵심자회사는 완전자회사로 편입하는 사업 구조 재편을 진행했습니다.

그리고 2022년 1월 히타치는 약 51.4%를 보유하는 히타치건설기계 日立建機 (이하 히타치건기)의 주식 중 약 26%를 일본산업파트너스 日本産業パートナーズ 와 이토추상사 伊藤忠商事가 공동출자 한 특별목적회사에 매각하며 연결대상에서 제외하고 지분법피투자회사(관계회사)로 만든다고 발표했습니다. 그리고 같은 해 8월에 매각을 완료했습니다.

히타치가 사업 구조 재편을 진행한 뒤 남겨진 마지막 상장자회사이자 건설기계(건기) 사업을 다루는 히타치건기를 완전자회사로 편입하여 그룹 핵심으로 거두어들일지, 아니면 매각할지 주목을 모았습니다. 그리고 히타치가 최종적으로 내린 의사결정은 **주식 매각으로 히타치건기를 연결자회사에서 제외하면서 매각 후에도 히타치건기의 주식 약 25.4%를 보유**하는 것이었습니다.

히타치의 사업 구조 재편은 앞의 그래프에 나타낸 무형자산과 유이자부채의 변동과 어떤 관계를 이루고 있을까요? 그리고 히타치가 히타치건기의 주식을 매각한 이유와 약 4분의 1의 주식만 남겨둔 이유는 무엇일까요?

히타치와 히타치건기의 재무제표, 그리고 히타치가 이끌어온 사업 구조 재편을 되돌아보며 위의 궁금증도 함께 풀어보겠습니다.

고액의 '영업권'과 유이자부채가 반영된 히타치의 재무제표

다음 그림은 히타치의 재무제표로 만든 비례축척도입니다.

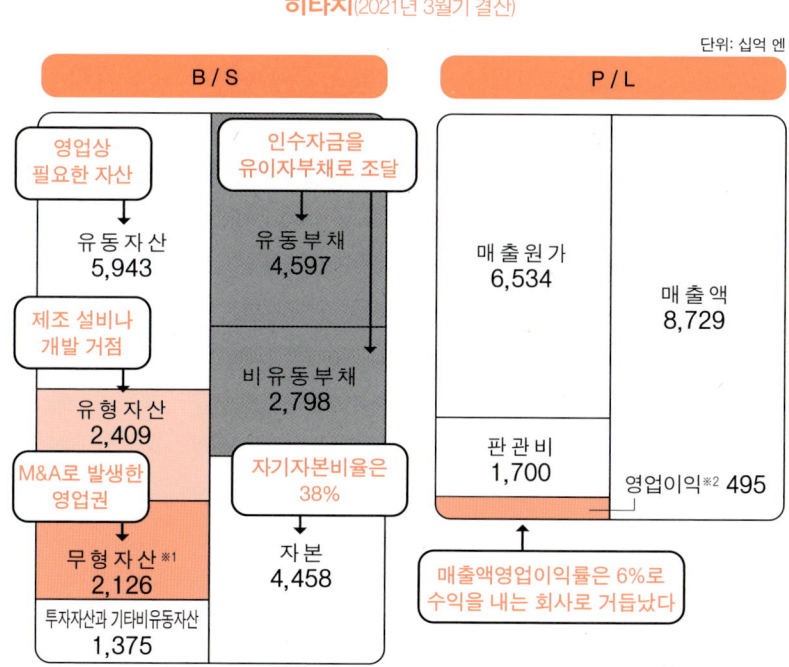

※1 영업권과 영업권 이외의 무형자산의 합계액
※2 기타수익, 기타비용은 포함하지 않았다.

오른쪽의 손익계산서부터 살펴보겠습니다. 매출액은 8조 7,290억 엔, 매출원가는 6조 5,340억 엔(원가율 75%), 판관비는 1조 7,000억 엔(판관비율 19%)입니다. 영업이익(기타수익·비용은 포함하지 않음)은 4,950억 엔, **매출액영업이익률은 6%**입니다. 히타치는 리먼 쇼크 이후인 **2021년 3월기 결산에 과거 최대의 최종적자를 기록했지만, 사업 구조 재편을 진행한 다음부터 수익을 내는 체질로 바뀌었고, 2021년 3월기 결산에서 그 결과가 나타나고 있습니다.**

재무상태표의 왼쪽(자산)에서 금액이 **가장 큰 항목은 유동자산(5조 9,430억 엔)**입니다. 여기에는 매출채권 및 계약자산 2조 7,340억 엔, 재고자산 1조 6,530억 엔이 포함되어 있는데, 이는 히타치의 영업에 필요한 자산입니다.

다음으로 금액이 큰 항목은 유형자산(2조 4,090억 엔)입니다. 히타치는 라이프(가전이나 자동차 관련 사업 등), IT, 에너지 사업을 전개하여 이와 관련된 제조 설비 또는 개발 거점을 보유하고 있습니다.

무형자산도 2조 1,260억 엔으로 금액이 큰 편입니다. 이는 최근 히타치가 추진한 M&A의 영향입니다. 서두에서 설명한 대로 히타치는 핵심 상장자회사를 완전자회사로 편입했습니다. 그리고 2020년 7월 스위스 ABB의 파워 그리드(송배전) 사업을 인수했습니다. 그래서 **무형자산에는 고액의 영업권(1조 1,610억 엔) 등이 계상**되어 있습니다. 이것이 히타치의 무형자산이 증가한 이유입니다.

재무상태표의 오른쪽(부채·자본) 구성을 보면 유동부채는 4조 5,970억 엔, 비유동부채는 2조 7,980억 엔입니다. 그중에 유이자부채(차입금·사채)는 유동부채에 6,910억 엔, 비유동부채에 1조 7,060억 엔이 포함되어 있습니다. 앞에 나온 사업 인수 등에 필요한 자금을 유이자부채로 활용하여 조달했기 때문입니다. 자본은 4조 4,580억 엔, **자기자본비율은 38%**입니다.

히타치가 추진한 그룹 사업 재편

여기서 다시 한번 히타치가 추진해 온 그룹 사업 구조 재편을 살펴보겠습니다.

히타치의 주요 그룹 사업 재편

사업 분리·재편		
2012年	3月	HDD사업을 미국 웨스턴디지털에 매각 중소형 디스플레이 사업 매각
2013年	7月	히타치금속이 히타치전선을 흡수합병
2016年	5月	히타치물류 주식 일부를 매각하고, 지분법피투자회사화
2016年	10月	히타치캐피탈 주식 일부를 매각하고, 지분법피투자회사화
2017年	3月	히타치공기(전동공구 사업)를 매각
2018年	6月	히타치국제전기의 반도체 제조 장비 사업 매각
2019年	3月	클라리온(차량용 정보시스템 사업) 매각
2020年	4月	히타치케미칼 매각
2021年	3月	화상진단 관련 사업 매각
2021年	4月	히타치금속을 매각한다고 발표
2022年	1月	히타치건설기계 주식의 약 26%를 매각하고 연결대상에서 제외한다고 발표
사업 흡수·인수		
2009年	7月	히타치커뮤니케이션테크놀로지를 흡수합병
2010年	2月	히타치정보시스템즈, 히타치소프트웨어엔지니어링, 히타치시스템앤드서비스를 완전자회사화
2010年	4月	히타치플랜트테크놀로지를 완전자회사화(2013년 4월에 흡수합병)
2014年	3月	히타치메디코를 완전자회사화
2020年	5月	히타치하이테크를 완전자회사화
2020年	7月	스위스 ABB의 파워 브리드 사업 인수
2021年	7月	미국 글로벌로직 인수

이 표를 보면 **히타치가 비핵심 사업을 분리하는 한편, 핵심사업인 그룹회사를 완전자회사로 편입하는 방식으로 적극적인 사업 인수를 진행해 온 사실**

을 알 수 있습니다.

비핵심 사업은 HDD(하드디스크드라이브) 사업을 시작으로 매각을 추진했습니다. 2017년 3월기 결산에는 이 회계연도에 매각한 히타치공기^{日立工機}가 히타치의 연결에서 빠지고, 주식을 일부 매각한 히타치물류^{日立物流}와 히타치캐피탈^{日立キャピタル}이 연결자회사에서 지분법피투자회사(관계회사)로 바뀌면서 이들 회사의 자산과 부채가 연결재무상태표에는 반영되지 않았습니다. 앞의 그림에서 유이자부채의 금액이 2016년 3월기 결산 3조 6,040억 엔에서 2017년 3월기 결산 1조 1,770억 엔으로 확 줄어든 것은 **히타치공기, 히타치물류 및 히타치캐피탈의 유이자부채가 히타치의 연결재무상태표에 반영되지 않았기 때문입니다.**

그리고 앞에서 설명한 대로 2020년 4월에는 히타치케미칼을 쇼와덴코에 매각하고, 2021년 4월에는 히타치금속을 미국 투자펀드 베인캐피탈과 일본산업파트너스 등으로 이뤄진 미일펀드연합에 매각한다고 발표했습니다.

한편 **히타치는 핵심사업으로 자리 잡은 그룹회사를 완전자회사로 편입했습니다.** 2020년 7월 스위스 ABB의 파워 그리드 사업을 7,400억에 인수하면서 필요 자금을 사업 매각으로 얻은 자금 외에 유이자부채를 통해 조달한 자금으로 충당했습니다. 이것이 최근 히타치의 재무상태표에 고액의 유이자부채가 반영된 이유입니다.

나아가 히타치는 2021년 7월 디지털 트랜스포메이션 지원 서비스를 제공하는 미국 디지털 엔지니어링 회사 글로벌로직을 인수했습니다. 유이자부채 상환을 포함한 인수금액(예상)은 96억 달러(히타치 공표 기준으로 1조 368억 엔)로 히타치 설립 이래 최대 규모의 기업인수였습니다.

그 결과, 히타치의 2022년 3월기 결산 제3사분기의 무형자산은 3조 2,470억 엔, 유동부채와 비유동부채에 포함된 유이자부채는 각각 1조 8,980억 엔, 1조

6,180억 엔이 되었습니다. 유이자부채 총액은 3조 5,170억 엔으로 **2021년 3월기 결산과 비교하여 47%나 증가**했습니다.

히타치건기 주식을 매각하기로 한 **배경에는 매각으로 얻어지는 자금 1,825억 엔을 유이자부채를 상환하는 자금으로 충당하려는 의사**가 있었을 것으로 추측됩니다. 이것이 히타치건기 주식을 매각한 첫 번째 이유입니다.

'투자 방향성이 다르다' 히타치건기의 재무제표

히타치건기 주식을 매각한 두 번째 이유를 알아보기 위해 히타치건기의 재무제표도 살펴보겠습니다.

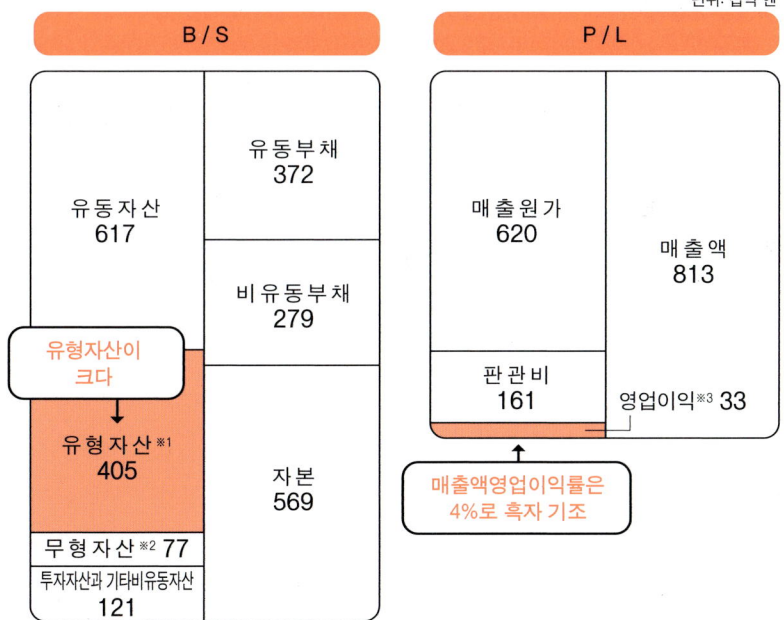

※1 사용권자산을 포함한다.
※2 영업권과 영업권 이외의 무형자산의 합계액
※3 기타수익, 기타비용은 포함하지 않았다.

손익계산서부터 보면 매출액은 8,130억 엔, 매출원가는 6,200억 엔(원가율 76%), 판관비는 1,610억 엔(판관비율 20%)입니다. 영업이익(기타수익·비용은 포함하지 않음)은 330억 엔, 매출액영업이익률은 4%입니다.

실적이 흑자 기조를 보이므로 히타치건기는 결코 이익을 내지 못하는 회사가 아닙니다. 따라서 손익계산서상 실적이 매각의 이유라고 생각하기는 어렵습니다.

오히려 매각의 이유는 재무상태표에서 보이는 히타치건기의 사업 특성에 있습니다.

재무상태표의 왼쪽(자산)에서 금액이 가장 큰 항목은 유동자산(6,170억 엔)이고, 그다음으로 큰 항목은 **유형자산(4,050억 엔, 사용권자산을 포함)**입니다. 여기에는 건설기계의 제조 설비 외에 임대용 건설기계 등이 반영되어, **유형자산은 총자산에서 3분의 1에 상당하는 큰 비중**을 차지하고 있습니다.

이는 히타치건기가 건설기계의 신차 판매부터 부품 판매 및 애프터 서비스, 임대 및 중고차 판매 등 **건설기계의 전체 밸류체인에서 수익을 얻을 수 있는 비즈니스 모델을 구축한 것**에 그 이유가 있습니다. 다음 그림과 같이 2021년 3월기 결산 유가증권보고서에서 히타치의 유형자산 보유 상황을 부문별로 정리하면, **히타치건기의 유형자산 규모가 가전 및 자동차 관련 사업을 취급하는 라이프 사업 다음으로 크다**는 것을 알 수 있습니다.

히타치는 여러 가지 사업 영역의 제품에 이어 최첨단 IT 기술을 활용한 솔루션을 제공하는 사업으로 중심을 옮기고 있습니다. 앞에서 설명했던 글로벌 로직 인수는 이러한 사업 전략을 구체화하는 방안 중 하나입니다. 히타치의 한 간부는 **유형자산 투자가 중요한 히타치건기와 소프트웨어 및 시스템 등의 디지털 기술 투자가 중요한 히타치 사이에 "투자 방향성이 다르다."고 말했습니다**(2022년 1월 14일 자 니혼게이자이신문 조간). 이것이 히타치건기 주식을 매각하는 두 번째 이유입니다.

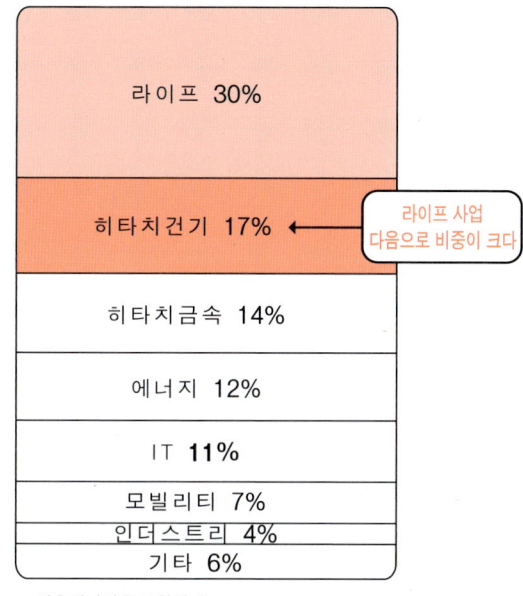

※ 사용권자산을 포함한다.

히타치건기 주식을 일부 매각에 그치게 한 '사정'

이처럼 히타치건기와 히타치는 서로 투자 방향성이 다른데, 앞에서 설명한 대로 히타치가 매각하려는 주식은 히타치건기 주식의 약 26%에 해당합니다. 히타치는 계속해서 약 25.4%의 주식을 보유하고 있습니다. 당연하게도 모든 주식을 매각하면 그만큼 얻어지는 자금이 많겠지만, 그럼에도 주식 일부를 계속 보유하면서 히타치건기를 지분법피투자회사로 만든 이유는 무엇일까요?

그 이유는 **히타치건기가 주관하는 건설기계 사업이 히타치의 핵심사업과 높은 친화성을 가지기 때문**입니다.

히타치는 전략 플랫폼 '루마다(Lumada)'의 기반이 되는 사물인터넷(IoT) 사업에 힘을 쏟고 있습니다. 루마다는 일루미네이트(illuminate, 조명 효과)와 데이터(data)를 합친 조어로, 히타치의 디지털 기술로 고객의 데이터에서 새로운 가치를 창출하여 디지털 트랜스포메이션(DX)을 가속하는 솔루션 및 서비스의 총칭입니다.

루마다 사업의 매출액 1조 370억 엔 중 1,970억 엔은 히타치건기와 연관이 있습니다(2020년 3월기 결산). **비율로 보면 20% 남짓으로 연율 10%를 넘는 성장이 예상됩니다.**

히타치가 히타치건기를 완전히 분리하지 않고 지분법피투자회사로 그룹에 남긴 배경에는 계속해서 히타치건기와 연계하여 루마다 사업을 확대해 나가려는 의도가 있습니다. 이것이 히타치가 히타치건기 주식을 '일부만 매각'한 이유입니다.

Point

이번 사례의 핵심 정리!

여기서는 히타치의 그룹의 사업 구조 재편과 재무제표의 관계성을 알아봤습니다. 핵심 자회사의 완전자회사화와 M&A를 거쳐 히타치의 무형자산은 점점 증가했습니다. 그리고 M&A 등에 필요한 자금을 유이자부채로 조달하여 최근에는 유이자부채 금액도 증가했습니다.

한편 비핵심 사업을 다루는 자회사를 매각하는 등 지분법피투자회사 및 비연결회사로 전환하면서 이러한 회사의 유이자부채를 연결재무상태표에 반영하지 않은 점이 2017년 3월기 결산에서 유이자부채가 감소한 주된 요인이었습니다.

그리고 히타치는 그룹 사업 재편의 최종 마무리 단계에서 히타치건기 주식의 일부 매각을 진행했습니다. 매각 이유로는 매각자금을 유이자부채의 상환 자금으로 운용하려 했던 점, 그리고 히타치건기의 투자 방향성이 히타치와 달랐던 점, 이렇게 2가지를 꼽을 수 있습니다.

그러나 히타치건기의 사업이 히타치가 추진하는 IoT 사업과 깊은 친화성을 가지기 때문에, 완전 매각은 득책이 아니라고 판단했을 것으로 보입니다. 이러한 이유로 '주식 일부 매각'에 그친 것입니다.

Section 3

인프로니어의 무형자산이 4년 만에 190배로 뛴 이유

종합건설회사의 '탈(脫)하청'을 위한
새로운 유럽식 전략

▸ 무형자산이 '190배'로 커진 이유는?

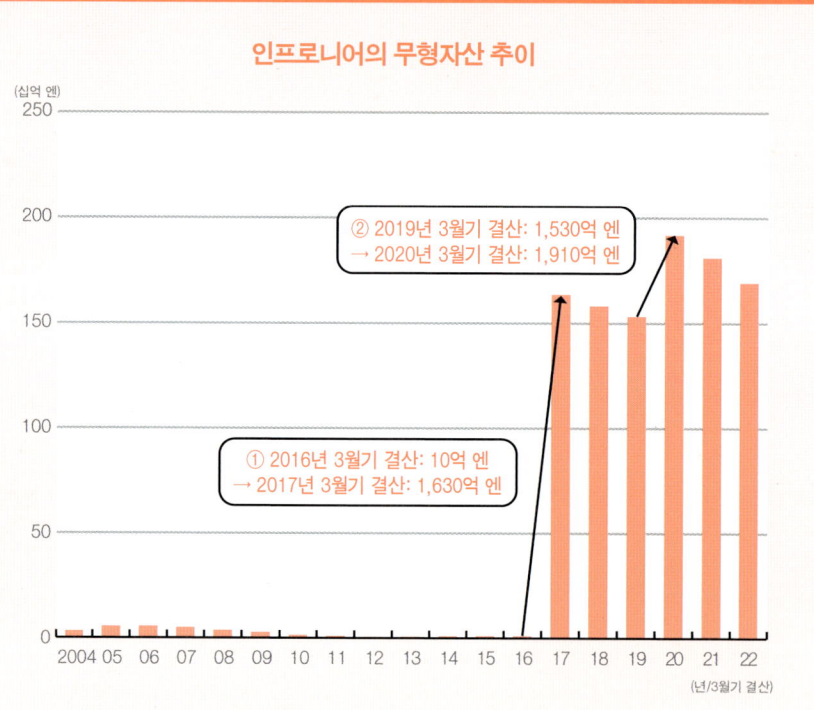

인프로니어의 무형자산 추이

② 2019년 3월기 결산: 1,530억 엔
→ 2020년 3월기 결산: 1,910억 엔

① 2016년 3월기 결산: 10억 엔
→ 2017년 3월기 결산: 1,630억 엔

※ 2021년 3월기 결산까지는 마에다건설공업의 데이터

이번에는 중대형 종합건설회사인 인프로니어홀딩스^{インフロニア・ホールディングス}**58**(이하 인프로니어)를 알아보겠습니다. 2021년 10월에 설립된 인프로니어는 마에다건설공업^{前田建設工業}, 마에다도로^{前田道路} 및 마에다제작소^{前田製作所}로 구성된 공동지주회사입니다. 인프로니어가 설립되면서 마에다건설공업, 마에다도로, 마에다제작소 3사는 완전자회사로 편입되었습니다.

앞의 그래프는 인프로니어(2021년 3월기 결산 이전은 그 전신인 마에다건설공업)의 무형자산 추이를 나타냅니다.

이에 따르면, **2016년 3월기 결산 10억 엔이었던 무형자산은 2017년 3월기 결산 1,630억 엔으로 급증(그래프상 ①)했습니다. 이후 2020년 3월기 결산에는 1,910억 엔으로 더욱 증가했습니다(그래프상 ②).**

무형자산이 두 번에 걸쳐 큰 폭으로 증가한 이유는 무엇일까요? 인프로니어의 재무제표와 전략을 대조해 보며 설명하겠습니다.

인프로니어 재무제표의 특징

다음 그림은 인프로니어의 재무제표(2022년 3월기 결산)로 만든 비례축척도입니다.

먼저 오른쪽의 손익계산서부터 살펴보겠습니다. 매출액은 6,830억 엔, 판매원가는 5,910억 엔(원가율 87%), 판관비는 540억 엔(판관비율 8%)입니다. 영업이익은 370억 엔, 매출액영업이익률은 5%입니다.

---

58 주력 사업인 건설과 토목을 바탕으로 포괄적인 인프라 서비스를 제공하는 회사.

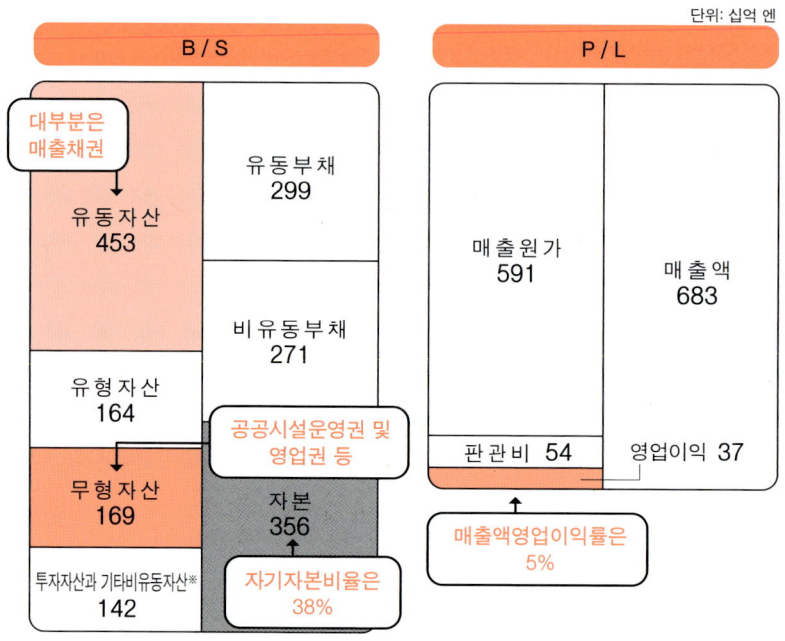

※ 투자자산과 기타비유동자산에 이연자산을 포함하고 있다.

이어서 재무상태표도 살펴보겠습니다. 재무상태표의 오른쪽(부채·자본)에서 유동부채는 2,990억 엔, 비유동부채는 2,710억 엔입니다. 그중에 유이자부채는 유동부채에 차입금으로 860억 엔, 비유동부채에 사채 및 차입금으로 1,080억 엔이 포함되어 있습니다. 자본은 3,560억 엔, **자기자본비율은 38%**입니다.

재무상태표의 왼쪽(자산)에서 유동자산(4,530억 엔)이 가장 큰 금액을 차지합니다. 유동자산의 대부분은 받을어음·완성공사미수입금 등(매출채권)입니다. 이 매출채권의 금액은 3,110억 엔으로 **매출액의 166일분에 상당**합니다. 종합건설회사에서 매출채권의 평균 수준은 대략 매출액의 120~140일분입니다. 인프로니어는 이를 약간 웃돌지만 비슷한 경향을 보인다고 말할 수 있겠지요.

유형자산은 1,640억 엔이 계상되어 있습니다. 자회사인 마에다건설공업과 마에다도로 등이 보유한 본사 및 지사, 영업소 등의 건물, 기계, 토지 같은 자산입니다.

투자자산과 기타비유동자산(이연자산[59]을 포함)은 1,420억 엔으로 대부분은 투자유가증권(1,200억 엔)이 차지하고 있습니다. 유가증권보고서에 따르면, 이 투자유가증권의 상당수는 거래처 주식인 상호보유주식입니다.

유동자산에 이어 두 번째로 금액이 큰 항목은 무형자산(1,690억 엔)입니다. 무형자산 중에서 공공시설 등 운영권(1,100억 엔)이 가장 큰 금액을 차지하고, 그다음은 공공시설 등 운영 사업의 갱신투자와 관련된 자산(240억 엔)입니다. **인프로니어가 시설 운영을 위탁하고 있는 아이치현의 유료도로운영 등 사업 운영과 연관된 권리가 자산으로 처리된 것**입니다.

뒤에서 자세히 설명하겠지만, **인프로니어는 도로나 상하수도 등의 공공시설의 운영권을 취득하고, 해당 시설을 운영하며 수익을 내는 '컨세션 사업'을 확대하고 있습니다.** 그래서 이 운영권을 반영하자 2017년 3월기 결산에 무형자산이 급증했습니다.

그리고 무형자산에 반영된 영업권도 200억 엔에 이릅니다. 2020년 3월 마에다건설공업이 당시 관계회사였던 마에다도로에 TOB[Take Over Bid, 주식공개매수]를 진행하여 인수할 때 반영된 것입니다.

이 TOB는 마에다도로가 반대를 표명하여 적대적 TOB로 주목을 모았지만, **최종적으로는 해당 TOB가 성립되어 마에다도로는 마에다건설공업의 자회사로 편입되었습니다.**

이것이 2020년 3월기 결산에 무형자산이 더욱 증가하여 1,910억 엔을 기록한

---

[59] 당기에 지출한 비용 중 다음 사업연도 이후에 속하는 비용에 대해 그 지출액을 당기 비용에서 차감하여 일시 자산으로서 이월하는 것이다. 이를 차기 이후의 비용으로 배분처리를 하는 것을 '이연자산의 상각'이라고 한다.

이유입니다. 이후 공동지주회사인 인프로니어를 설립하여 마에다도로가 마에다건설공업, 마에다제작소와 함께 인프로니어의 완전자회사로 편입된 사실은 서두에서 설명한 내용과 같습니다.

존재감을 키우는 컨세션 사업과 마에다도로의 인수 이유

인프로니어가 추진하는 컨세션 사업 안건은 아이치현의 유료도로운영 사업뿐만이 아닙니다. 다음 표는 인프로니어(마에다건설공업)의 컨세션 사업 동향을 정리한 목록입니다.

인프로니어(마에다건설공업)의 컨세션 사업 동향

년	월	개 요
2015	12	센다이공항 특정 운영 사업 등에 관한 실시계약 체결
2016	8	아이치현 유료도로운영 사업 등에 관한 실시계약 체결
2018	4	아이치현 국제전시장 컨세션에 관한 실시계약 체결
2021	5	아이치현 신체육관 정비·운영 사업 등에 관한 특정사업계약 체결
2021	10	오사카시 공업용수도 특정 운영 사업 등에 관한 실시계약 체결
2022	7	미우라시 공공하수도 운영 사업의 우선교섭권자로 선정

인프로니어(마에다건설공업)는 2015년 12월 센다이공항 특정 운영 사업 등을 시작으로 2016년 8월 아이치현 유료도로운영 사업, 2018년 4월 아이치현 국제전시장 컨세션, 2021년 5월 아이치현 신체육관 정비·운영 사업, 2021년 10월 오사카시 공업용수도 특정 운영 사업 같은 컨세션 안건과 관련된 계약을 체결해 왔습니다. 그리고 2022년 7월 여섯 번째 사업으로 미우라시 공공하수도 운영 사업의 우선교섭권자로 선정되었습니다.

그 결과 **인프로니어의 실적에서 컨세션 사업은 확실히 존재감을 드러내기 시작했습니다.**

다음 그림에서 정리한 사업별 매출액과 영업이익의 비율을 보면, **컨세션 사업에 해당하는 '인프라 운영 사업'의 매출액은 전체 매출액의 3%에 그치지만, 영업이익은 17%를 차지합니다.**

건축 사업의 매출액영업이익률은 4%, 토목 사업은 10%, 포장 사업은 1%인 것에 비해 **인프라 운영 사업의 매출액영업이익률은 32%로 상당히 높은 수준**이기 때문입니다.

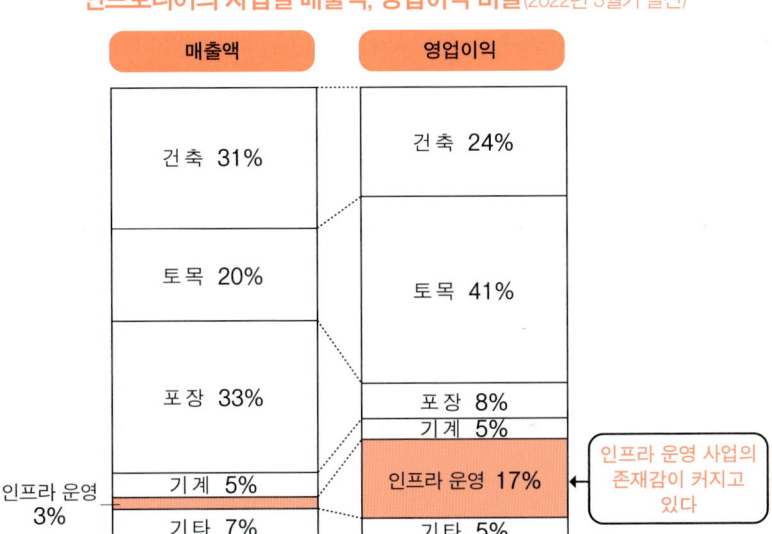

인프로니어의 사업별 매출액, 영업이익 비율 (2022년 3월기 결산)

※ 매출액, 영업이익에는 '조정액'을 포함하지 않았다(사업 부문별 거래를 상계처리 하지 않음).

컨세션 사업에서 수익은 항공 이용료나 고속도로 통행료뿐만이 아닙니다. 이러한 인프라의 부대상업시설 개발 등으로도 이익을 얻을 수 있습니다.

인프로니어가 운영하는 아이치현 유료도로(지타반도도로^{知多半島道路} 등)는 '아이치타노타네^{愛知多の種}'라는 브랜드로 주차장 신설 및 기존 주차장 리뉴얼이 진행되고 있는데, 이는 인프로니어의 자회사인 아이치현도로컨세션^{愛知道路コンセッション}이 주관하고 있습니다.

이렇게 **시설을 건설하고 운영하면서 이익을 창출하는 것이 컨세션 사업의 구조**입니다. 그리고 시설 정비와 관련된 공사를 수주한다면 인프로니어의 이익에 더욱 기여할 것으로 기대됩니다.

인프로니어의 기베 가즈나리^{岐部一誠} 사장에 따르면, 인프라 운영 사업의 이익과 관련하여 "사업 부문별 이익으로 전체의 30% 정도, 관련 공사의 수주까지 고려하면 실질적으로 50%의 공헌도를 목표로 하고 있다."고 합니다(2022년 7월 20일 자 니혼게이자이신문 전자판).

건설사업자가 시설 운영·관리 같은 사업 리스크를 가지면서 동시에 높은 이익률을 올리는 것이 컨세션 사업의 특징이라고 말할 수 있습니다.

그리고 앞에서 소개한 마에다도로에 대한 적대적 TOB의 목적 중 하나도 컨세션 사업을 전개하는 것과 밀접한 연관이 있다고 보는 편이 맞겠습니다. 기베 사장은 도로 보수에 뛰어난 마에다도로가 자회사로 편입하면서 종합 운영관리 능력이 강화될 것으로 기대했습니다(닛케이비즈니스 2021년 9월 20일 호).

왜 인프로니어는 컨세션 사업에 주력하는가?

그렇다면 왜 인프로니어는 컨세션 사업에 주력할까요?

그 열쇠는 인프로니어가 마에다건설공업 시절부터 경영전략의 핵심으로 내세운 '탈하청'이라는 개념에 있습니다.

통상적으로 건설공사는 하청 계약을 바탕으로 진행합니다. 이는 건설회사가 공사 금액의 견적을 내고, 발주자와 계약을 맺은 가격으로 건설공사를 완성하는 계약 형태입니다. 건설업자는 사업 리스크를 부담하지 않고 공사 대금을 받을 수 있습니다.

하지만 이러한 **하청 계약으로 진행하는 공사의 이익률은 결코 높지 않습니다**. 건설업자가 사업 리스크를 부담하지 않고, 발주자가 건물 등의 사양을 결정하기 때문에 공사 가격 이외에 차별화를 두기 어렵기 때문입니다.

한편 일반적으로 하청 계약에 기반한 공사는 장기간에 걸쳐 진행되어 그 사이에 발생하는 인건비나 자재 가격 변동의 리스크를 동반합니다.

다음 그래프는 인프로니어(2021년 3월기 결산까지는 마에다건설공업)의 실적 추이를 나타냅니다. 꺾은선으로 표시한 매출액영업이익률을 주목해 주세요. 2004~2016년 3월기 결산 매출액영업이익률은 평균 1%로 낮은 수준입니다. 특히 2008년 3월기 결산과 2013년 3월기 결산에서는 영업적자를 기록했습니다.

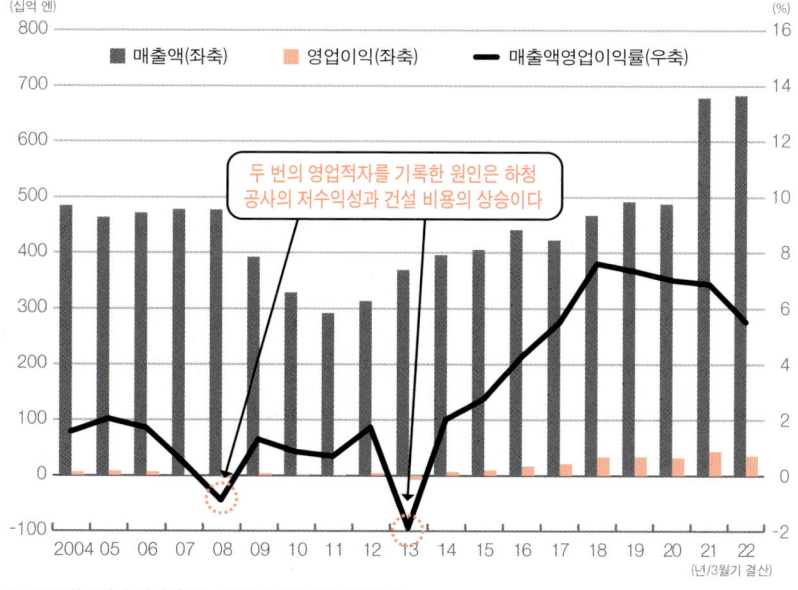

※ 2021년 3월기 결산까지는 마에다건설공업의 데이터

유가증권보고서에 따르면, 2008년 3월기 결산은 '건설 비용의 상승에 따른

채산성 악화'가, 2013년 3월기 결산은 해외 대형 공사의 '공사 채산성 악화'와 일본 국내 공사의 '건설 비용 상승' 등이 영업적자의 주요 요인이었습니다.

그리고 인프로니어의 홈페이지에 실린 칼럼에서 기베 사장이 언급했듯이, **향후 인구 감소와 사회보장비 증가를 고려하면 건설시장이 확대될 것을 기대하기 어려운 상황**입니다.

그런 가운데 인프로니어가 발견한, 기업 생존을 위한 힌트는 바로 유럽 선진국 건설회사의 전략이었습니다.

이러한 나라들의 건설회사는 저비용을 무기로 내세우는 EU신규가맹국의 건설회사에 밀려 하청 공사로는 이익을 낼 수 없게 되자, 1990년대 중반 이후 컨세션 사업으로 사업 중점을 옮겼습니다.

말하자면 **제조업에서 서비스업으로 전환한 것입니다. 건설 수요 동향에 따라 실적이 크게 좌우되는 하청 공사보다, 컨세션 사업은 장기적으로 안정된 수입이 예상**된다는 이점도 있습니다.

이처럼 인프로니어는 '탈하청'을 경영전략의 핵심으로 내세우고 컨세션 사업을 확대하고 있지만, 그에 따른 과제도 있습니다.

그중 하나는 **운영권을 취득하면 무형자산이 증가하여 재무상태표의 규모를 팽창시키기 때문에 자산효율(자본효율)이 떨어지는 것**입니다.

이러한 구조적 문제에 대해 앞에서 인용한 니혼게이자이신문 전자판 기사에서 기베 사장은 "인프라 운영 사업의 매매가 성립하는 세컨더리마켓(유통시장)이 생겨나지 않으면 컨세션 사업은 활성화될 수 없다."라고 말했습니다. 궤도에 올라선 투자 프로젝트를 시장에서 매각하여 투자비를 회수하지 못하면 자산효율 저하 문제를 해결할 수 없기 때문입니다.

여기서 인프로니어는 부동산 및 교통사업 등을 하는 도큐^{東急}와 공동출자 하여 설립한 글로벌인프라매니지먼트^{グローバルインフラ・マネジメント}를 통해 2022년 7월 두 개의 인프라 투자 펀드를 출시했습니다.

이러한 대처를 바탕으로 인프라 운영 사업의 세컨더리마켓을 확립해 갈 수 있을지, 향후 인프로니어가 컨세션 사업을 확대해 나가는 데 하나의 열쇠를 쥐고 있다고 볼 수 있겠지요.

Point

이번 사례의 핵심 정리!

장기적으로 건설시장의 확대를 기대할 수 없는 상황에서 종합건설회사를 포함한 건설회사는 이제까지 주력해 오던 '하청 공사'에서 벗어나야 하지만, 그 길은 절대 쉽지 않습니다.

그런 와중에 인프로니어는 '탈하청'을 목표로 한 발을 내디딘 사례라고 말할 수 있겠지요. 인프라 사업의 운영을 위탁하고, 사업 리스크를 감수하면서 높은 수익성을 실현하려는 시도입니다.

그리고 EU에서 하청 공사로는 이익 창출이 어려워진 유럽선진국의 건설회사에서 새로운 비즈니스 모델의 힌트를 찾았습니다.

인프로니어 기베 사장이 주도하여 준비한 컨세션 사업은 계속해서 성과를 만들어 내고 있지만, 재무상태표의 비대화라는 '부작용'도 따라옵니다. 앞으로 컨세션 사업 확대를 위해 세컨더리마켓을 확립하고, 투자 프로젝트를 매각하여 투자비 회수가 가능해지는, 이른바 출구전략의 정비가 필요합니다.

Section 4

돈 버는 구조로 탈바꿈한 르네사스의 리스크

르네사스의
경영 개혁과 과제

▸ **수익성의 회복과 무형자산이 증가한 이유는?**

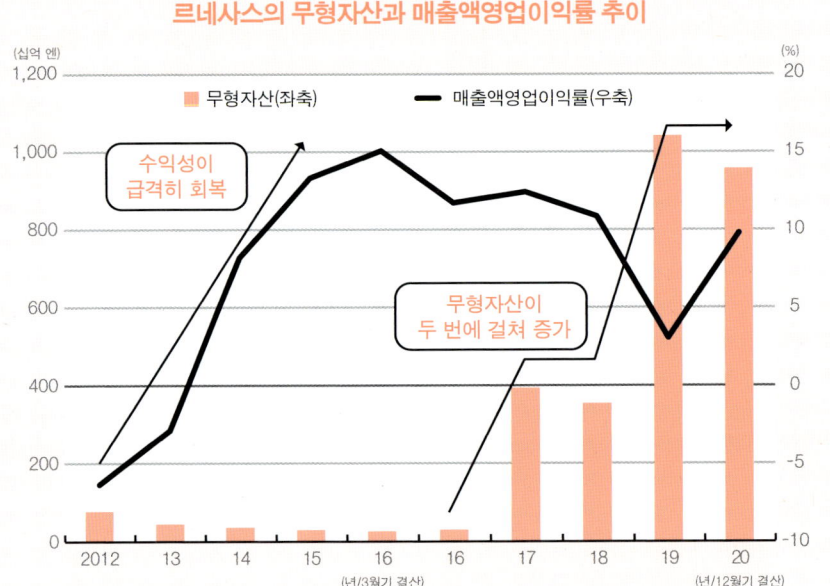

르네사스의 무형자산과 매출액영업이익률 추이

※ 2016년 12월기 결산까지는 일본회계기준, 2017년 12월기 결산 이후는 IFRS를 채택했다. 2016년 12월기 결산은 9개월의 변칙결산이다. 영업이익 계산 시 기타수익, 기타비용을 포함하지 않았다.

이 Section에서는 반도체 제조업체인 르네사스일렉트로닉스ルネサスエレクトロニクス (이하 르네사스)의 재무제표와 전략을 알아보겠습니다. 르네사스는 2003년 히타치제작소와 미쓰비시전기三菱電機의 반도체 사업을 분사화하고 통합하여 설립된 르네사스테크놀로지ルネサステクノロジ와 NEC의 반도체 부문인 NEC일렉트로닉스NECエレクトロニクス가 2010년에 합병하면서 탄생한 일본의 반도체 제조업체입니다.

일본 제조업체의 반도체 점유율이 줄어드는 가운데 탄생한 르네사스의 실적은 당초부터 순조롭지 않았습니다. 앞의 그래프를 보면, 2012년과 2013년 2기 연속으로 매출액영업이익률은 마이너스를 기록하고 영업적자에 허덕였습니다. 하지만 이후 **르네사스의 수익성은 급속히 회복하여 반도체 제조업체로서 돈을 버는 구조의 회사로 탈바꿈했습니다.**

게다가 2017년과 2019년 두 번에 걸쳐 르네사스의 무형자산은 증가했습니다. 이는 르네사스가 진행해 온 사업 구조 재편과 연관되어 있습니다.

르네사스가 진행했던 이제까지의 사업 구조 재편 과정을 되돌아보며 르네사스가 어떻게 돈을 버는 회사로 거듭났는지, 그리고 지금 르네사스가 끌어안고 있는 리스크는 무엇인지, 재무제표를 보면서 살펴보겠습니다.

돈 버는 구조로 거듭난 르네사스

다음 그림은 르네사스의 2012년 3월기 결산(일본회계기준)과 2020년 12월기 결산(IFRS)의 손익계산서를 비교한 비례축척도입니다.

이에 따르면, 매출액은 2012년 3월기 결산 8,830억 엔에서 2020년 12월기 결산 7,160억 엔으로 감소했습니다. 한편 **영업손익은 2012년 3월기 결산 적자 570억 엔에서 2020년 12월기 결산 흑자 690억 엔**을 달성했습니다. 매출액은 감소했지만, 이익을 내는 회사로 바뀐 것을 확인할 수 있습니다.

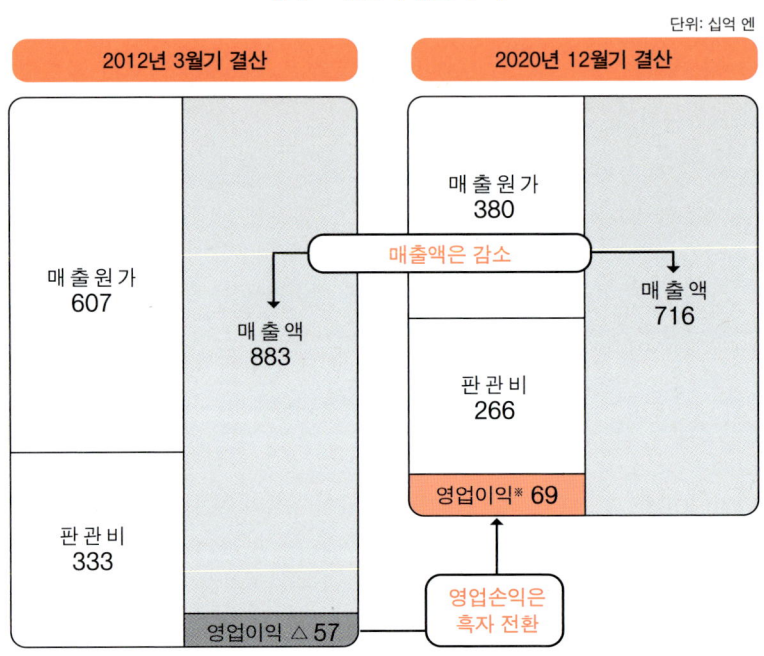

여기서부터는 르네사스의 창립 후 2기째인 2012년 3월기 결산의 적자 이유를 돌아보면서 그 이후 사업 구조 재편의 발자취를 더듬어보겠습니다.

르네사스는 왜 적자 구조였을까?

다음 그림은 르네사스의 2012년 3월기 결산 재무제표로 만든 비례축척도입니다.

재무상태표의 왼쪽(자산)에서 유동자산(4,100억 엔)이 가장 큰 금액을 차지하는데, 여기에는 현금 및 현금성자산 1,120억 엔, 받을어음 및 외상매출금 1,030억 엔이 포함되어 있습니다.

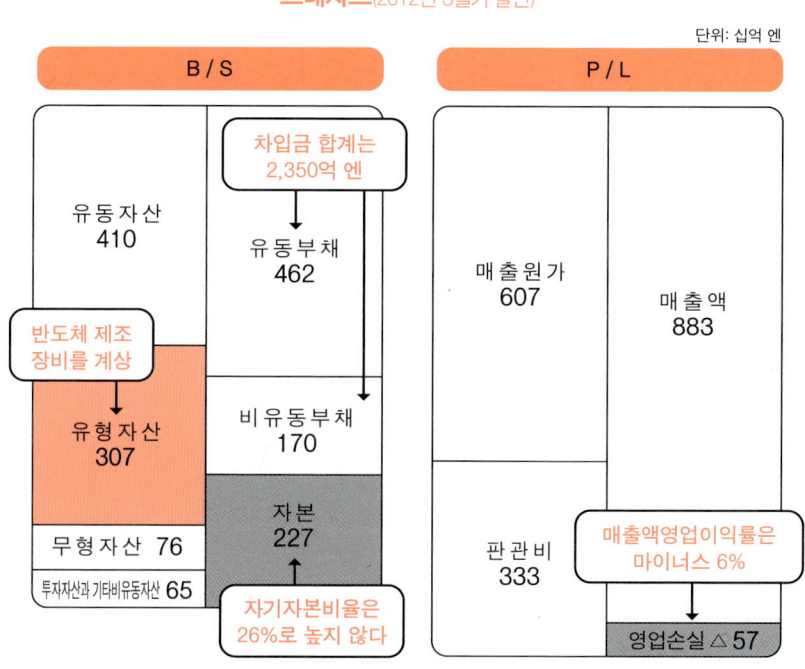

다음으로 큰 항목은 유형자산(3,070억 엔)으로 주력공장인 나카사업소 등의 반도체 생산설비가 포함되어 있습니다. 반도체 생산에는 클린룸이 필요하여 제조 설비는 대규모입니다. 이러한 특징은 르네사스의 재무상태표에도 나타납니다.

재무상태표의 오른쪽(부채·자본)을 보면, 유동부채는 4,620억 엔, 비유동부채는 1,700억 엔이고, 그 안에 포함된 차입금은 각각 2,030억 엔과 330억 엔입니다. **설비 투자 등에 필요한 자금을 조달할 때 유이자부채도 활용**한 것으로 보입니다.

반면 자본은 2,270억 엔, 자기자본비율은 26%입니다. **상장 전자부품 제조업체의 자기자본비율 평균이 60~70%인 것과 비교하면 당시 르네사스의 자기자본비율의 수준은 결코 높다고 말할 수 없습니다.**

이미 확인한 바와 같이 손익계산서에는 영업적자 570억 엔이 반영되었고, **매출액영업이익률은 마이너스 6%**입니다. 영업적자를 기록한 배경에는 리먼 쇼크에서 발단된 반도체 시황 악화와 동일본대지진 등의 외부 환경 요인을 비롯하여 르네사스의 제품 구성에도 원인이 있었습니다.

당시 르네사스의 주력 제품 중 하나로 자리 잡은 휴대전화(피처폰)용 SoC(System on a Chip, 컴퓨터의 중추가 되는 기능을 통합한 반도체칩) 시장이 스마트폰으로 급격히 옮겨가며 크게 축소했습니다. 2012년 3월기 결산 유가증권보고서에 따르면, '민생용 전자기기 및 휴대 단말용 반도체의 매출 감소'에 따라 SoC사업의 매출액은 전기 대비 35.5% 감소했습니다. **최종제품의 시장 변동에 대한 잘못된 해석이 르네사스가 영업적자에 빠진 하나의 원인**으로 작용한 것입니다.

르네사스가 단행한 사업 구조 재편과 그 결과

이러한 상황을 개선하기 위해 르네사스는 사업 구조 재편에 돌입했습니다. 다음 표는 르네사스의 2012년 3월 이후 주요 사업 구조 재편의 흐름을 정리한 목록입니다.

르네사스는 실적 악화를 겪으며 채산이 맞지 않는 사업을 매각했습니다. 2012년 3월 전자부품 제조업체인 무라타제작소에 휴대전화용 전력증폭기 사업을 매각하고, 2013년 10월에는 휴대전화용 시스템 LSI(대규모 집적 회로)를 담당하는 르네사스모바일유럽과 르네사스모바일인도를 미국 대형 반도체기업인 브로드컴에 매각했으며, 휴대전화용 시스템 LSI사업을 철수했습니다.

르네사스의 주요 사업 재편

년	월	개 요
2012	3	휴대전화용 전력 증폭기 사업 및 르네사스동일본세미컨덕터의 나가노 디바이스본부 사업을 무라타제작소에 매각
2012	7	르네사스북일본세미컨덕터의 쓰가루공장을 후지전기에 매각
2013	9	산업혁신기구, 도요타자동차 등을 배당처로 하는 제3자 배정 유상증자를 실시
2013	10	르네사스모바일유럽과 르네사스모바일인도를 브로드컴에 매각
2014	3	르네사스야마가타세미컨덕터의 쓰루오카공장을 소니세미컨덕터에 매각
2017	2	미국 인터실의 주식 전량을 매입하고 완전자회사로 편입
2019	3	미국 인테그레이티드디바이스테크놀로지(IDT)의 주식 전량을 매입하고 완전자회사로 편입

2014년 3월 게임기용 반도체 등을 주관하는 르네사스야마가타세미컨덕터의 쓰루오카공장을 소니세미컨덕터에 매각했습니다. **채산이 맞지 않았던 휴대전화 및 민생용 반도체 사업을 차례차례 매각**한 것입니다.

2013년 9월에는 사업혁신기구(2018년에 사업혁신투자기구로 변경)와 도요타자동차의 지원을 받아내어 제3자 배정 유상증자[60]를 실시하여 자금 1,500억 엔을 조달했습니다. **사업혁신기구는 르네사스의 지분 69.15%를 보유한 최대주주로 올라서며 르네사스는 사실상 국유화**되었습니다.

이후 르네사스는 대형 M&A에서 반전 공세를 펼쳤습니다. 2017년 2월 차재·산업 전압제어용 아날로그 반도체 등에 강점을 지닌 미국 인터실을 32억 1,900만 달러(르네사스 공표 기준으로 3,219억 엔)에 인수했습니다. 그리고 2019년 3월 정보처리용 아날로그 반도체를 이끄는 미국 인테그레이티드디바이스테크놀로지(IDT)를 67억 달러(동일 기준으로 7,330억 엔)에 인수했습니다. **두 회사의 합계가 1조 엔을 넘어서는 거액 인수를 진행하면서 아날로**

---

[60] 기존 주주가 아닌 특정인(제3자)을 신주의 인수자로 정해 놓고 시행하는 유상증자의 한 방법.

그 반도체 사업을 강화해 나간 것입니다.

르네사스의 제품별 매출구성비를 2012년 3월기 결산과 2019년 12월기 결산으로 비교해 봤습니다.

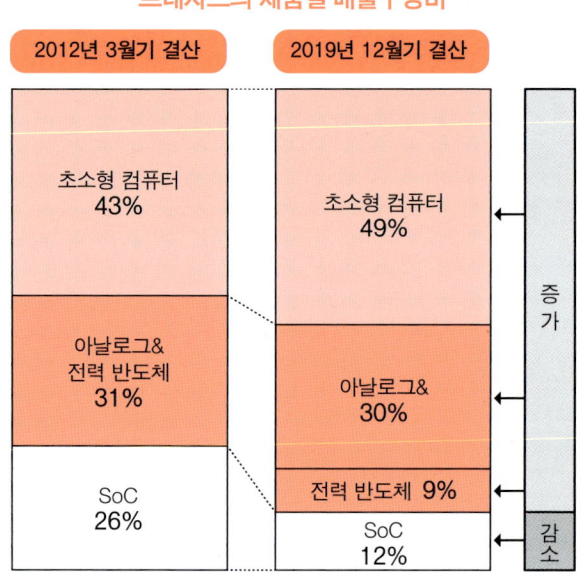

※ 2012년 12월기 결산에서 '기타반도체'와 '기타'의 매출액은 제외하고 계산
(출처) 유가증권보고서 및 Analyst Day 자료(2020년 2월 17일)를 바탕으로 저자 작성

이에 따르면, 휴대전화나 민생용에서 철퇴한 SoC의 비율이 낮아지는 한편 초소형 컴퓨터, 아날로그 반도체, 전력 반도체의 비율이 증가하고 있습니다. **사업 구조 재편의 결과, 제품 구성이 크게 변화**한 모습을 볼 수 있습니다.

'돈을 버는 회사'로 탈바꿈한 르네사스가 끌어안고 있는 리스크

사업 구조 재편을 거치며 르네사스는 새롭게 태어났습니다.

그렇다면 재무제표는 어떻게 바뀌었는지, 그리고 현재 르네사스가 안고 있는 과제는 무엇인지를 알아보겠습니다.

다음 그림은 르네사스의 2020년 12월기 결산 재무제표로 만든 비례축척도입니다.

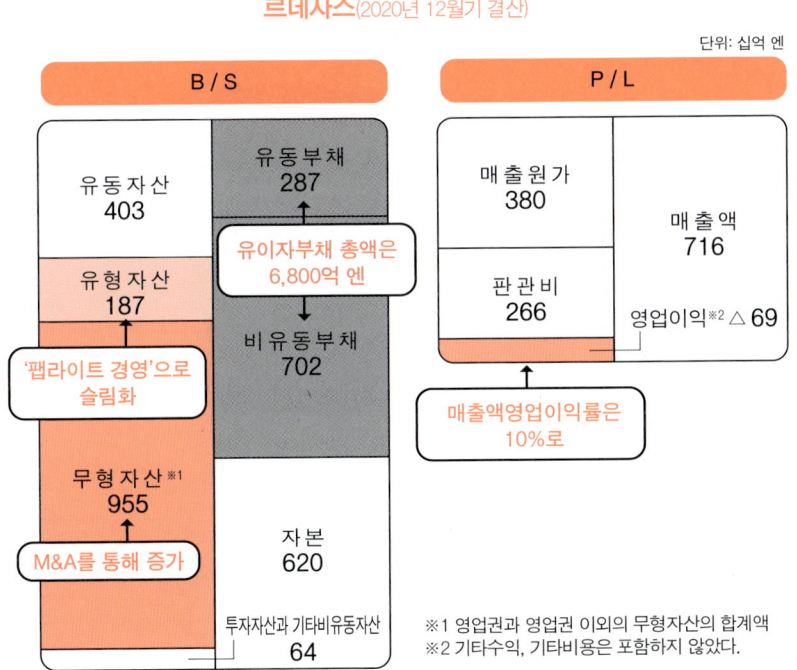

손익계산서부터 살펴보면, 매출액은 7,160억 엔, 매출원가는 3,800억 엔(원가율 53%), 판관비는 2,660억 엔(판관비율 37%)입니다. 영업이익(기타수익, 기타비용은 포함하지 않음)은 690억 엔, 매출액영업이익률은 10%입니

다. 이렇게 르네사스는 사업 구조를 재편함으로써 '돈을 버는 회사'로 변모했습니다.

재무상태표에도 큰 변화가 나타났습니다. 가장 먼저 눈에 들어오는 항목은 **무형자산(9,550억 엔)으로 재무상태표의 왼쪽(자산)에서 가장 큰 비중을 차지합니다.** 르네사스의 무형자산은 자본 금액인 6,200억 엔을 크게 웃도는 규모입니다.

무형자산의 정체는 주로 미국 인터실과 미국 IDT를 인수하면서 발생한 '영업권'과 '영업권 이외의 무형자산'입니다. 이것이 서두의 그래프에서 2017년 12월기 결산과 2019년 12월기 결산 두 번에 걸쳐 무형자산이 크게 증가한 이유입니다.

그리고 르네사스가 채택한 IFRS는 영업권의 감가상각을 반영할 필요는 없지만, 피인수기업에서 얻을 수 있는 미래 현금흐름에 대한 예상이 크게 감소하면 영업권을 감손처리 해야 하는 리스크를 안고 있습니다.

한편 유형자산은 1,870억 엔으로 2012년 3월기 결산 3,070억 엔보다 감소한 것을 알 수 있습니다. 이는 **르네사스가 자사 공장에서 최대한 생산을 제한하고 외부로 제조위탁을 활용하는 '팹라이트 경영'을 추진해 왔기 때문**입니다.

재무상태표의 오른쪽(부채·자본)을 보면 **인수에 필요한 자금을 유이자부채로 조달했습니다. 유동부채와 비유동부채에 포함된 사채 및 차입금은 각각 930억 엔과 5,870억 엔**으로, 그 총액은 6,800억 엔에 이릅니다.

2021년 12월기 결산 제3사분기 재무상태표에 따르면, 르네사스가 2021년 8월 영국 반도체 설계회사 다이얼로그세미컨덕터를 48억 유로(르네사스 공표 기준으로 6,240억 엔)에 인수하면서 무형자산은 1조 5,470억 엔으로, 유동부채와 비유동부채를 합친 사채 및 차입금의 총액은 8,800억 엔으로 각각 증가했습니다.

따라서, 르네사스는 피인수기업과 시너지효과(상승작용)를 추구하며 실적을 올리고, '영업권'의 감손 리스크를 주의하는 동시에 유이자부채를 상환하여 자기자본을 확보할 필요가 있습니다.

Point

이번 사례의 핵심 정리!

적자 구조였던 르네사스가 채산이 맞지 않는 사업을 매각하면서 수익성을 빠르게 회복시키는 데 성공했습니다. 그리고 2017년에 미국 인터실을 인수하고, 2019년에 미국 IDT를 인수하면서 아날로그 반도체 사업을 강화했습니다. 거기다 보유 중인 유형자산을 줄이는 '팹라이트 경영'도 추진했습니다. 이러한 전략을 단행한 결과, 르네사스는 이익을 내는 구조의 회사로 변모했습니다.

한편 거듭되는 대형 M&A로 르네사스의 무형자산과 유이자부채는 팽창했고 2021년 영국 다이얼로그세미컨덕터를 인수하며 이러한 경향이 더욱 두드러졌습니다.

하지만 이러한 무형자산의 증대는 인수 사업으로 얻어지는 미래 현금흐름이 감소할 것으로 판단되면 커다란 감손손실을 처리해야 하는 리스크를 동반합니다. 그리고 유이자부채 의존도가 높아진다면 르네사스의 재무 기반을 무너뜨릴 위험성이 있습니다.

향후 르네사스는 돈을 버는 구조를 더욱 강화하면서 이러한 리스크에도 대응할 필요가 있겠지요.

Chapter

5

도산&분식 회계와 재무제표

Section 1

재무제표로 도산과 분식 회계 파악하기

도산&분식 회계 기업을 판별할 때
중요한 현금흐름표

▶ **우량 기업으로 보이는 모리모토 재무제표의 문제점은**

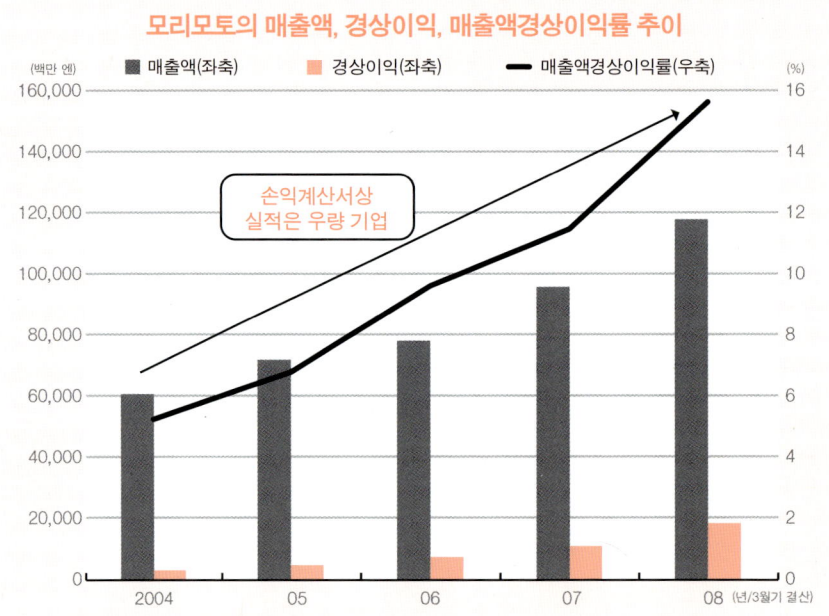

※ 2005년 3월기 결산까지는 개별결산, 2006년 3월기 결산 이후는 연결결산

이 Chapter에서는 도산하거나 분식 회계(회계 부정)를 행한 기업의 재무제표 데이터를 사용하여 '위험한 재무제표'를 살펴보겠습니다.

우선 가장 기본 데이터인 현금흐름표를 읽는 방법에 대해 설명하겠습니다.

2000년 3월기 결산(정확히는 1999년 4월 1일 이후에 개시하는 사업연도)부터 상장기업 등에서 현금흐름표 작성이 의무화되어 현금흐름표는 비교적 역사가 짧은 재무제표입니다.[61]

Chapter 1에서도 인용한 **'계산은 맞지만 현금이 모자라다(이론과 실제가 다름)'** 라는 말이 있습니다. 이는 손익계산서상으로는 흑자이지만 기업이 도산하는 '흑자도산'의 상황을 뜻합니다.

손익계산서상의 손익은 흑자일지라도 지급에 필요한 자금이 부족하면 기업은 도산하게 됩니다. 앞의 그래프에서 실적 추이를 나타낸 부동산회사 모리모토는 2008년 11월에 도산했는데, 손익계산서상의 실적은 우량 기업 그 자체였습니다. 그렇기 때문에 **현금흐름표를 보면서 회사의 현금 흐름을 파악하고, 지급에 필요한 현금이 충분히 확보되어 있는지를 아는 것이 도산의 위험성을 알아차리는 데 중요**합니다.

현금흐름표는 분식 회계를 간파할 때 매우 중요한 역할을 합니다. 분식 회계를 진행하는 기업에서는 실적이 좋게 보이도록 손익계산서를 조작하지만, 현금흐름표에는 기업의 말 못 할 속사정이 그대로 드러납니다. 왜냐하면 **현금 및 예금의 액수를 속이기는 어렵기 때문**입니다. 회계감사를 진행할 때 회계감사인은 반드시 거래가 있는 금융기관에 예금 잔액을 직접 확인합니다. 그래서 설령 기업이 현금 및 예금 잔액을 조작하는 분식 회계를 진행하더라도 바로 회계감사인이 발견할 수 있습니다.

---

61 한국은 1994년 4월 30일 기업회계기준의 개정에 따라 기업의 재무제표 중 하나로 작성되어 왔던 재무상태변동표를 현금흐름표로 대체하였다.

그래서 분식 회계를 하는 회사는 회계감사인이 모든 것을 직접 확인하기 어려운 자산(대부분은 외상매출금 등의 매출채권 또는 재고자산)을 조작합니다. 이러한 자산의 금액을 속였을 때 그 회사의 손익계산서와 재무상태표, 현금흐름표가 어떤 모습으로 바뀌는지 뒤에서 살펴보겠습니다.

도산&분식 회계 기업에서 흔히 보이는 현금흐름의 패턴

현금흐름표의 기본 구조는 Chapter 1의 41~45쪽에서 다뤘습니다. 여기서는 그 구조를 기억하면서 도산하거나 분식 회계를 행한 기업에서 자주 보이는 현금흐름표의 패턴을 설명하겠습니다.

도산&분식 회계 기업에서 자주 보이는 현금흐름의 패턴

- 본업에서 현금 유출 발생 → 영업현금흐름 −
- 가능하다면 자산 매각 → 투자현금흐름 +?
- 잉여현금흐름 (−)
- 자금조달을 위한 돈 마련에 분주 → 재무현금흐름 +?
- 기초 현금 및 현금성자산 / 기말 현금 및 현금성자산

먼저 **도산하거나 분식 회계를 행한 기업에서는 영업활동으로 인한 현금흐름(영업현금흐름)이 마이너스가 되는 경우가 많습니다.** 이러한 기업은 애초에 본업이 원활히 돌아가지 않기 때문입니다. 영업활동 현금흐름이 마이너스라는 것은 사업을 지속하면 계속 현금 유출이 발생한다는 의미입니다.

이렇게 되면 **기업 경영은 위기 상황 속에서 투자현금흐름 또는 재무현금흐름을 통하여 어떻게든 자금을 충당하려고 합니다.** 구체적으로는 자산을 매각하여 자금을 모으거나, 아니면 거래 금융기관에서 돈을 빌리는 방식으로 자금 마련에 분주해집니다.

하지만 **매각이 가능한 자산이나 금융기관의 지원이 있을 때는 그럭저럭 살아남을 수 있습니다. 그러나 더 이상 매각할 자산이 없고 금융기관의 지원이 중단되는 시점이 오면 보유한 현금 잔액이 한 번에 줄어들고 회사로서 운명이 끝나게 됩니다.**

부동산회사 모리모토의 재무제표 읽기

손익계산서상 이익은 흑자임에도 불구하고 도산하는 사례로서, 서두에서 언급한 부동산회사 모리모토를 살펴보겠습니다.

모리모토는 2008년 2월에 주식을 도쿄증권거래소 2부에 상장했지만, 이후 자금조달이 막히면서 상장한 지 고작 9개월 후인 2008년 11월 28일에 도산 위기에 처한 기업의 경영 재건을 위한 목적으로 제정된 민사재생법 적용을 신청했습니다.

민사재생법 적용을 신청한 후의 회사 측 설명에 따르면, 자금조달이 막힌 원인으로 부동산 시장의 침체로 인해 판매용 재고의 규모가 커진 점을 들 수 있습니다.

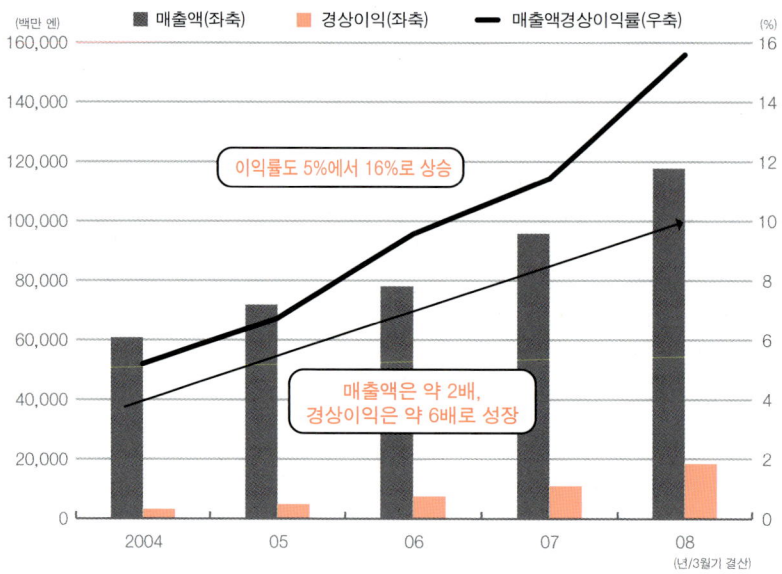

※ 2005년 3월기 결산까지는 개별결산, 2006년 3월기 결산 이후는 연결결산

앞의 그림은 이 Section의 서두에 나타낸 모리모토의 손익계산서상 실적 추이를 나타낸 그래프입니다.

이에 따르면, **매출액은 2004년 3월기 결산 606억 2,700만 엔에서 2008년 3월기 결산 1,176억 3,700만 엔으로 2배 가까이 늘어났고, 동시에 경상이익**[62] **도 31억 4,900만 엔에서 183억 3,700만 엔으로 6배 남짓 증가**했습니다. 매출액에서 차지하는 경상이익의 비율을 나타내는 **매출액경상이익률도 5%에서 16%로 증가**한 것으로 보아, 매출액도 이익도 순조롭게 늘어나고 있는 우량기업에 해당합니다.

계속해서 현금흐름 데이터를 확인해 볼까요. 앞의 그림은 모리모토의 현금흐름표(2008년 3월기 결산)로 만든 폭포 차트입니다.

---

[62] 기업에서 얼마나 이익이 발생했는지를 보는 지표 중 하나로 영업이익에 영업외수익을 가산하고 영업외비용을 공제하여 계산한다. 단, K-IFRS에서는 경상이익을 별도로 규정하고 있지 않다.

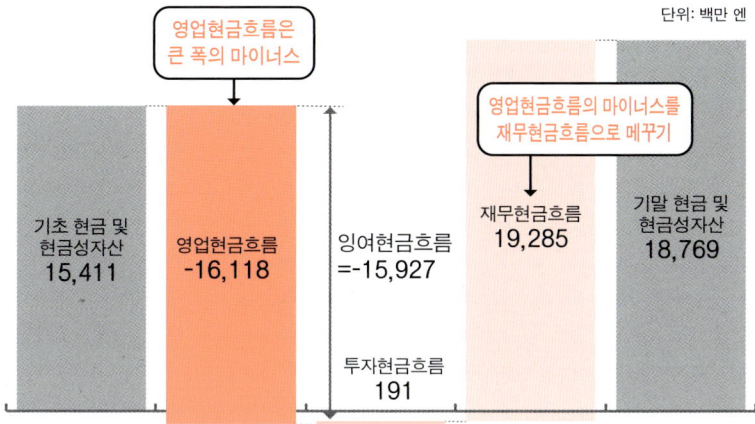

이 그림을 보면 **영업현금흐름은 마이너스 161억 1,800만 엔으로 큰 적자를 보입니다.** 사실 과거의 영업현금흐름을 보더라도 2006년 3월기 결산에 마이너스 296억 3,200만 엔, 2007년 3월기 결산에 마이너스 368억 7,500만 엔으로 모두 다 큰 적자를 기록했습니다. 그리고 영업현금흐름과 투자현금흐름의 합계인 잉여현금흐름(FCF)도 동일하게 3기 연속으로 적자가 이어졌습니다. FCF의 적자를 메꾸기 위한 재무현금흐름은 큰 폭의 플러스를 보입니다. **사업활동에 따라 부족한 자금을 차입 등으로 충당**하는 구조입니다.

모리모토의 영업현금흐름이 적자를 기록한 배경에 대해 조금 더 상세히 알아보겠습니다. 다음 그림은 모리모토의 2008년 3월기 결산 영업현금흐름의 주요 명세를 나타낸 차트입니다.

모리모토의 영업현금흐름은 간접법[63]으로 표시하는데, 손익계산서상의 세금 등 조정 전 당기순이익(세전이익)에서 감가상각비 같은 현금을 수반하지 않는 거래 등을 조정하여 계산합니다.

---

63 현금흐름표 작성 시 당기순손익에 현금유출이 없는 비용 등은 가산하고 현금유입이 없는 수익 등은 차감하여 영업현금흐름을 산출하는 방법. K-IFRS에서는 총 현금유입과 현금유출을 주요 항목별로 구분하여 표시하는 직접법을 권장한다.

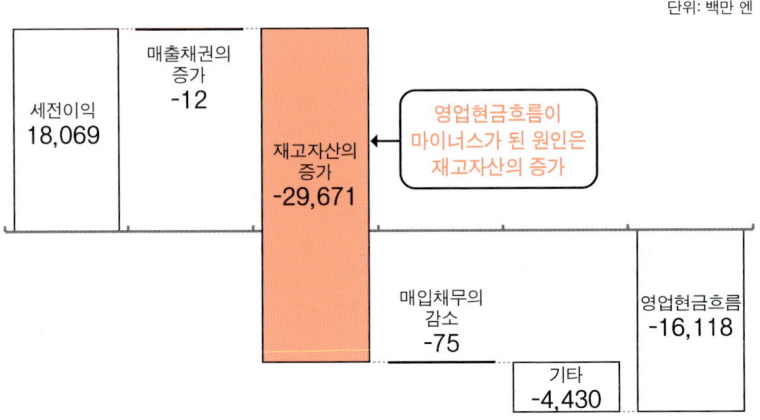

차트를 보면 **모리모토의 영업현금흐름이 적자를 기록한 주요 원인은 재고자산(판매용 부동산과 건설 중인 부동산)의 증가**라는 것을 알 수 있습니다. 재고자산을 매입하는 데 현금이 필요하기 때문에 재고자산의 증가가 현금 감소로 나타난 것입니다. 재고자산의 증가는 이익에 직접적인 영향을 미치지 않지만, 현금흐름상 마이너스로 나타나기 때문에 그만큼 영업현금흐름은 감소합니다.

재고자산의 증가가 영업현금흐름을 압박하는 상황은 **자금조달이 막히는 원인이 부동산 시장의 침체로 인해 판매용 부동산이 커졌기 때문**이라는 모리모토 측의 설명과 일치합니다.

그리고 이러한 재고자산의 증가는 재무상태표에서도 드러납니다. 다음 그림은 모리모토의 2008년 3월기 결산 재무상태표와 손익계산서로 만든 비례축척도입니다.

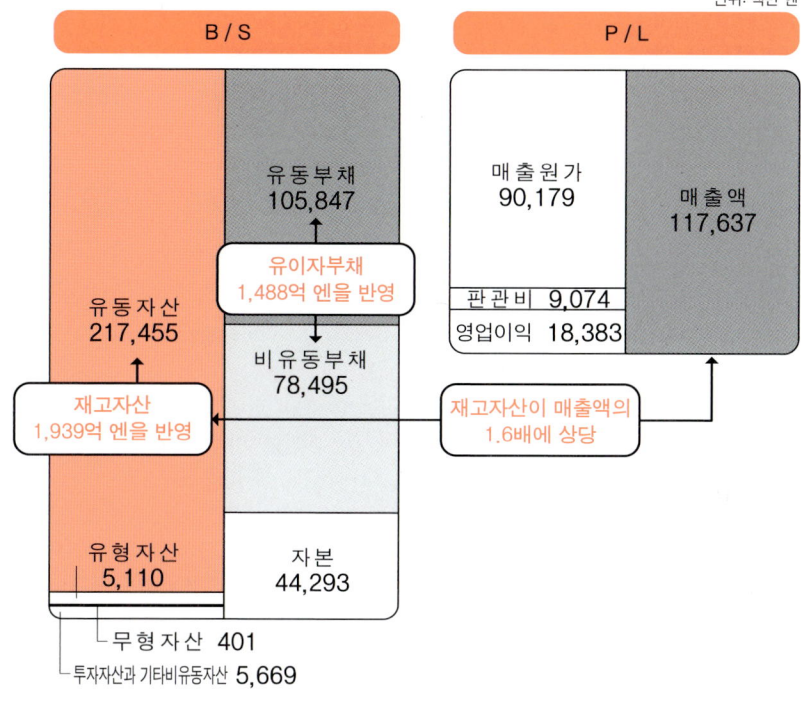

이 그림에 따르면, **재무상태표의 왼쪽(자산)에서 가장 큰 금액을 차지하는 항목은 유동자산(2,174억 5,500만 엔)입니다. 여기에는 재고자산 1,939억 800만 엔이 포함**되어 있습니다.

재무상태표의 오른쪽(부채·자본)에서 유동부채는 1,058억 4,700만 엔, 비유동부채는 784억 9,500만 엔이고, 그 안에 포함된 유이자부채(차입금과 사채)는 각각 723억 2,300만 엔과 764억 5,700만 엔입니다. **부동산 매입에 필요한 자금의 상당 부분을 유이자부채에 의존**하고 있는 것으로 보입니다.

도산 후에 진행된 기자회견에서 모리모토의 모리모토 히로요시森本浩義 사장은 "올해(2008년) 들어서 구입자의 매입 중지나 매입 감소로 재고는 증가하고 자금이 고정화되는 등 자금조달이 매우 곤란한 상황이었다."라고 말했습니다(2008년 11월 30일 자 일본경제전문지 닛케이베리타스).

모리모토는 성장을 서두른 나머지 판매용 부동산을 대량으로 매입했는데, 부동산 시장이 얼어붙으며 부동산 매각이 침체되었고 결국 자금 부족 사태에 빠졌습니다.

한편 부동산을 매입하기 위한 자금조달 수단으로 유이자부채에 의존했지만, 리먼 쇼크 이후에 금융기관이 융자 긴축을 시행하자 부족한 자금을 재무현금흐름으로도 메꾸지 못한 모리모토는 자금이 고갈되었습니다.

반도체 제조 장비 업체 FOI의 재무제표 읽기

다음으로 반도체 제조 장비 업체인 FOI의 재무제표를 살펴보겠습니다. FOI는 2009년 11월 도쿄증권거래소의 신흥기업 시장인 마더스Mothers에 상장할 때 허위매출을 계상하여 상장 후 반년 만인 2010년 5월에 증권거래등감시위원회로부터 강제 조사를 받았습니다.

최종적으로 FOI는 파산했고, 사장과 전무는 금융상품거래법 위반 혐의로 체포되어 유죄판결을 받았습니다. 그리고 상장 당시 주관 증권사였던 미즈호증권みずほ証券에 대해서는 2020년 12월 배상책임이 있다는 대법원 판결이 나왔습니다.

먼저 다음 그림에서 FOI의 손익계산서상 실적 데이터를 보면, 2005년 3월기 결산에서 2009년 3월기 결산에 걸쳐서 매출액, 경상이익, 매출액경상이익률은 우상향 그래프입니다. 손익계산서상 데이터로는 실적에 문제가 없어 보입니다.

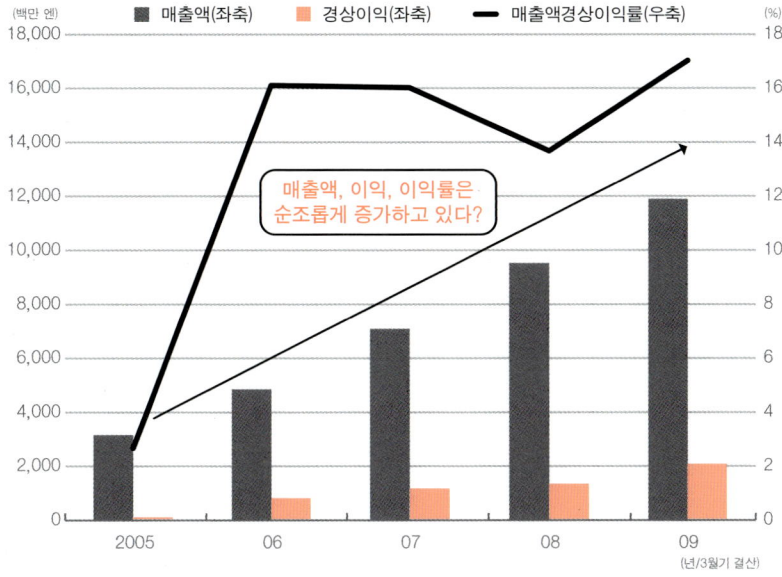

※ 2007년 3월기 결산까지는 개별결산, 2008년 3월기 결산 이후에는 연결결산

그렇다면 현금흐름은 어떨까요? 다음 그림은 FOI의 현금흐름표(2009년 3월기 결산)로 만든 차트입니다.

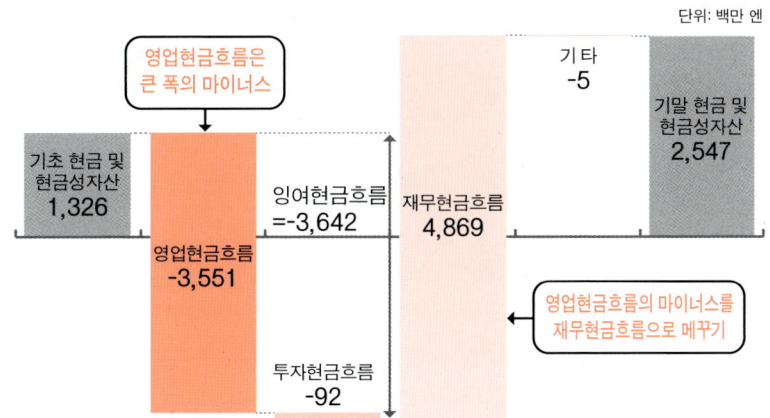

이에 따르면 **영업현금흐름은 마이너스 35억 5,100만 엔으로 큰 폭으로 적자**가 났습니다. 투자현금흐름도 마이너스라서 영업현금흐름과 투자현금흐름을 합친 잉여현금흐름(FCF)도 적자로 나타납니다.

그 결과, FOI는 현금이 부족해지며 재무현금흐름으로 그 구멍을 메꾸려고 했습니다. 구체적으로는 단기 차입이나 주식 신규 발행을 통해 자금조달을 진행하며 영업현금흐름의 적자로 부족해진 현금을 채웠습니다.

이렇게 보면 손익계산서상 FOI의 실적은 얼핏 호조인 듯한 우량 기업으로 판단할 수 있지만, 현금흐름표의 데이터를 보면 상당히 어려운 자금조달 실태가 드러나 있습니다.

이처럼 **손익계산서상의 실적과 현금흐름에서 나타나는 차이가 바로 분식 회계를 알아차릴 수 있는, '뭔가 이상하다'고 느껴야 하는 지점**입니다.

손익계산서가 분식 회계로 조작되어 손익의 숫자는 문제없어 보일지라도 현금흐름에는 FOI의 실체가 드러나 있습니다.

영업현금흐름이 적자가 난 원인에 대해서도 조금 더 자세히 알아보겠습니다.

다음 그림은 FOI의 2009년 3월기 결산 영업현금흐름의 명세를 나타낸 차트입니다. 이에 따르면, **FOI의 영업현금흐름이 적자를 기록한 주된 이유는 매출채권(외상매출금)과 재고자산의 증가**입니다.

재고자산이나 매출채권은 '현금→(매입)→재고자산→(판매)→매출채권' 같이 형태가 바뀐 현금 지출이라서 자산이 증가하면 현금이 감소한다는 의미입니다. 따라서 간접법에 따라 영업현금흐름을 계산할 때는 **현금 감소의 원인인 재고자산이나 매출채권의 증가액을 이익에서 차감합니다.**

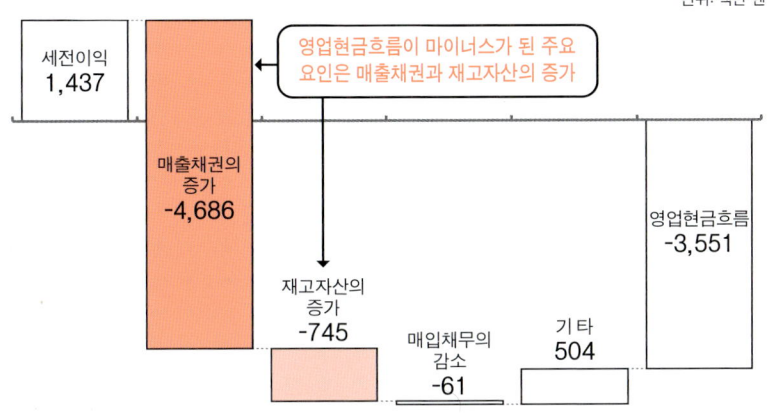

FOI의 매출채권이 크게 증가한 이유는 허위매출을 계상하는 분식 회계를 진행했기 때문입니다. 가짜 매출이기 때문에 그 매출대금은 결제되지 않고, 결과적으로 매출채권은 계속 쌓여갑니다.

매출채권의 일부를 재고자산으로 바꿔치기하거나 재고자산을 과대 계상함으로써 매출원가를 과소하게 보이도록 조작하기 때문에 분식 회계 기업은 재고자산도 과대해지는 사례가 많습니다.

그렇기 때문에 앞의 그림처럼 FOI의 재무상태표도 찌그러진 형태를 보입니다.

재무상태표의 왼쪽(자산)에서 가장 금액이 큰 항목은 유동자산(288억 3,300만 엔)입니다. 여기에 포함된 **외상매출금(매출채권) 228억 9,600만 엔은 무려 매출액(118억 5,600만 엔)의 2배에 가까운 금액입니다.**

이 숫자는 외상매출금이 회수되기까지 2년 가까이 걸린다는 것을 의미합니다. 당시 **반도체 제조 장비 업계에서 매출채권의 평균 수준은 매출액의 4개월 전후였기 때문에 FOI의 외상매출금은 정상 수준이 아니라고 판단할 수 있습니다.**

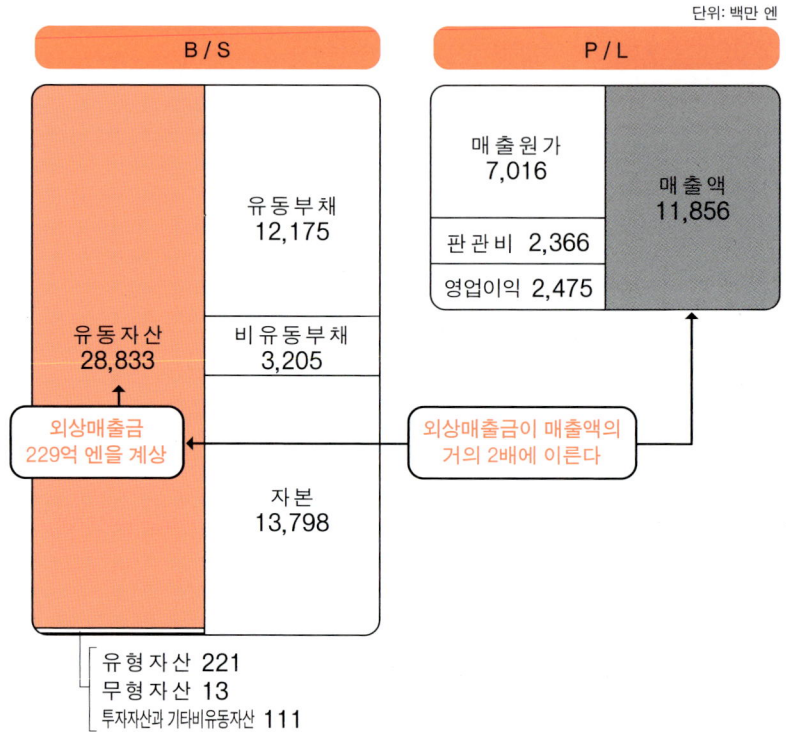

이 점에 대해서 FOI는 다음 그림에 나타난 바와 같이 신규 생산 라인용 '1호기'에 대해 '프로세스 통합 기간'이 필요하기 때문에, 외상매출금을 회수하는 데 1년 6개월~2년 6개월 정도의 기간이 소요될 것이라고 설명했습니다. 그러나 이는 '그럴듯한 거짓말'이었습니다.

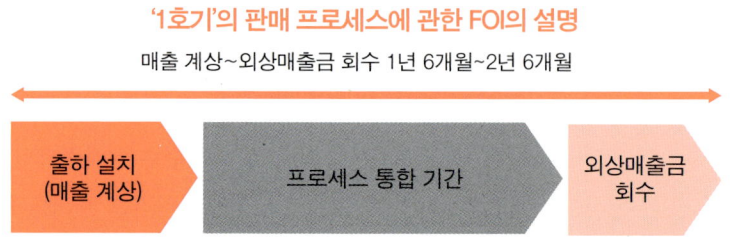

대체 FOI에서는 어떤 일이 벌어진 걸까?

그렇다면 그 사이에 FOI에서는 실제로 어떤 일이 벌어지고 있었을까요? 복수의 임원들은 "사실 2009년 3월기 결산 매출은 3억 엔밖에 나지 않았다."고 진술했습니다(2010년 6월 10일 자 니혼게이자이신문 조간).

2009년 3월기 결산 손익계산서상의 매출액은 118억 5,600만 엔이었는데, 그 진술이 사실이라면 매출을 115억 엔이나 부풀린 것입니다. 이는 **매출액 전체의 97%가 허위매출로 만들어졌다**는 것을 의미합니다.

그리고 같은 기사에서 2009년 3월기 결산에 실제로 판매한 반도체 제조 장비는 불과 몇 대뿐이고, 남은 삼십여 대(허위매출 계상분)는 도쿄 내 창고로 비밀리에 '납품'된 것으로 밝혀졌습니다.

거기다 허위매출 계상분에 해당하는 외상매출금의 거래처를 거래 확인이 어려운 해외에 실재하는 반도체 제조업체로 등록하여 발각을 피하려 한 흔적도 있었다고 합니다. FOI의 파산관재인[64]은 "벤처 캐피털[65]에 실적을 설명하기 위해 숫자를 조작하기 시작한 게 아닐까요."라고 지적했습니다.

---

[64] 기업이 경영상 어려움에 직면했을 때 해당 기업을 회생시키는 방안을 모색하고, 재무적 지원 등을 제공하는 역할을 한다.

[65] 기술력과 장래성은 있으나 일반 금융기관으로부터 융자받기 어려운 벤처기업에 무담보 주식투자 형태로 투자하는 기업이나 그러한 기업의 자본.

Point

이번 사례의 핵심 정리!

흑자도산한 모리모토는 손익계산서상으로는 흑자를 낸 우량 기업이었지만, 현금흐름표를 보면 본업에서 현금을 벌 수 없는 상황이 명백히 드러났습니다.

FOI는 분식 회계를 하여 손익계산서는 그럴듯하게 위장했지만, 그 왜곡은 현금흐름표와 재무상태표에 뚜렷하게 나타났습니다.

손익계산서상의 이익에 비해 현금흐름은 회계 방침의 영향을 잘 받지 않기 때문에 현금흐름표에는 그 회사의 상황이 그대로 드러납니다. 그리고 사업상의 이변이나 분식 회계로 매출채권과 재고자산이 쌓여가면 그 상황은 재무상태표에도 나타납니다.

따라서, 회사의 재무제표를 살펴볼 때는 손익계산서뿐만 아니라 현금흐름표와 재무상태표도 함께 활용하는 것이 중요합니다.

Section 2

명문 어패럴 기업 레나운은 왜 도산했는가?

'코로나 도산'이라고
딱 잘라 말할 수 없는 이유

▸ **2기 연속 적자는 자금조달에 어떤 영향을 미쳤을까?**

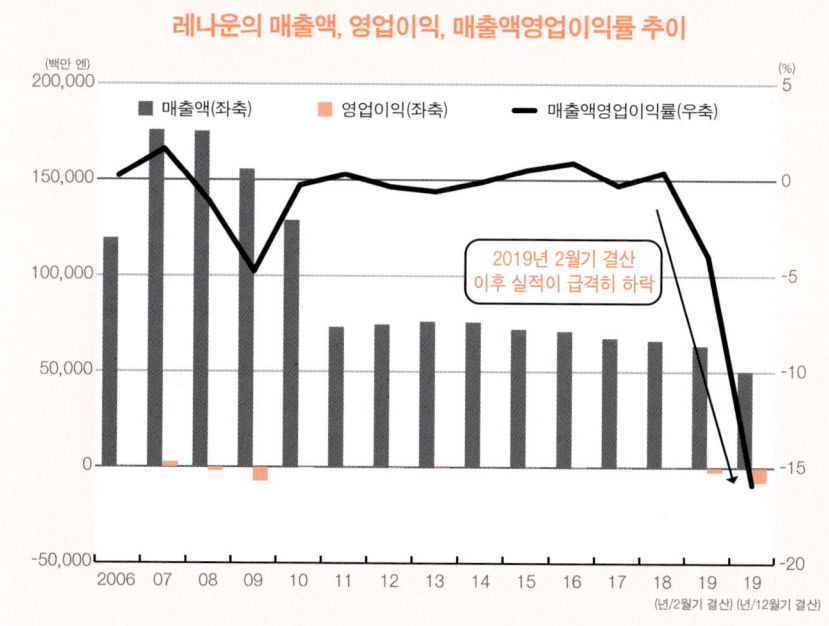

레나운의 매출액, 영업이익, 매출액영업이익률 추이

2019년 2월기 결산 이후 실적이 급격히 하락

※ 2019년 12월기 결산은 10개월의 변칙결산

코로나19 팬데믹이 시작된 이후의 대표적인 도산 사례로 의류업체 레나운
レナウン을 살펴보겠습니다.

레나운은 2004년 3월에 구 레나운과 더반ダーバン이 주식 이전을 하며 설립한 회사로, 아쿠아스큐텀, 더반, 심플라이트 등의 브랜드를 보유한 명문 의류업체였습니다.

하지만 실적 악화를 막아내지 못하고, 앞의 그래프에서 보이는 것처럼 **2019년 2월기 결산과 2019년 12월기 결산(10개월의 변칙결산)에 2기 연속으로 영업적자를 기록했습니다.**

레나운은 2020년 5월 자회사를 통하여 민사재생법 적용을 신청하고 사업재생을 위한 길을 찾았지만, 최종적으로 주요 브랜드의 대부분을 매각하고 민사재생 절차를 단념하며 **2020년 11월에 도쿄지방법원에서 파산 절차를 밟게 되었습니다.**

레나운이 도산에 이르게 된 배경은 코로나19 여파로 인한 의류 수요 감소에 있다고 하는데, 과연 실제로도 그랬을까요?

재무제표를 바탕으로 레나운이 도산한 이유를 알아보겠습니다.

도산 직전 레나운의 재무제표는 어떤 모습이었을까?

다음 그림은 레나운의 최종 결산기인 2019년 12월기 결산 재무상태표와 손익계산서로 만든 비례축척도입니다.

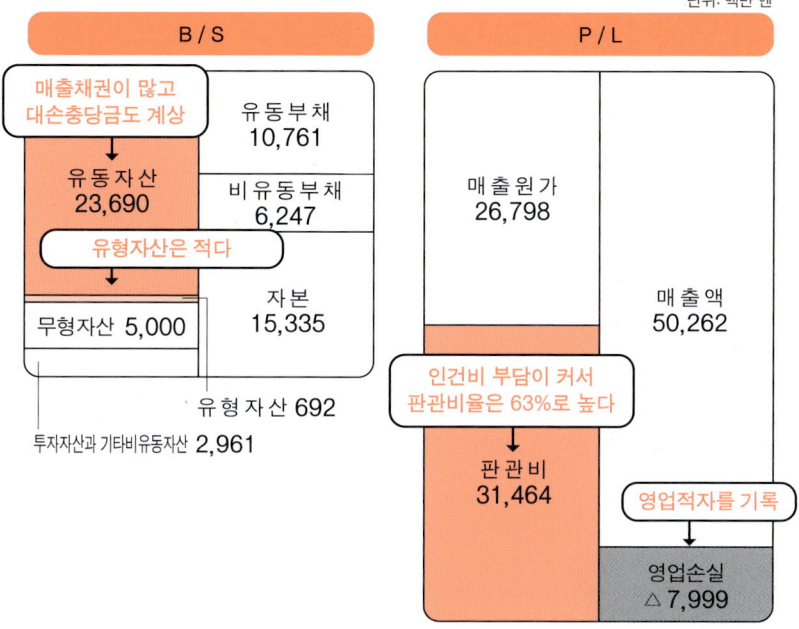

※ 2019년 12월기 결산은 10개월의 변칙결산

먼저 재무상태표의 왼쪽(자산)부터 살펴보겠습니다. 자산에서 금액이 가장 큰 항목은 유동자산(236억 9,000만 엔)입니다. 이 유동자산의 명세를 보면 **매출채권(받을어음 및 외상매출금)이 134억 2,300만 엔이나 포함되어 있습니다.**

이 매출채권에서 **회수 불능으로 평가된 대손충당금은 마이너스 58억 4,000만 엔으로, 그 마이너스 폭은 전기 대비 57억 7,000만 엔이 커졌습니다.** 이 부분에 대해서는 뒤에서 자세히 다루겠습니다.

그리고 무형자산은 50억 엔으로 그 상당수는 보유 브랜드의 상표권(49억 6,300만 엔)에 해당합니다. **유형자산은 6억 9,200만 엔으로 적은 편인데, 자회사의 소규모 영업소나 생산설비만 반영되어 있습니다.**

재무상태표의 오른쪽(부채·자본)도 살펴보겠습니다. 유동부채는 107억 6,100

만 엔, 비유동부채는 62억 4,700만 엔입니다. 유동부채와 비유동부채에 포함된 유이자부채(차입금)는 각각 21억 6,400만 엔과 4억 2,100만 엔입니다.

자본은 153억 3,500만 엔이고, **자기자본비율은 47%로 결코 낮은 수준은 아닙니다.**

이어서 손익계산서를 보면, 매출액은 502억 6,200만 엔, 매출원가는 267억 9,800만 엔(원가율 53%), 판관비는 314억 6,400만 엔(판관비율 63%)입니다.

의류업체의 평균 수준과 비교하면 판관비율이 특히 높은 편입니다. 판관비의 3분의 1을 조금 넘게 차지하는 항목은 종업원 급여(110억 4,200만 엔)로, 인건비의 부담이 크다는 것을 알 수 있습니다.

영업손익은 마이너스 79억 9,900만 엔이고, **매출액영업이익률은 마이너스 16%로 큰 폭의 영업적자**가 났습니다.

자금조달은 어려운데 왜 재무현금흐름은 마이너스일까?

레나운의 현금흐름표도 살펴보겠습니다. 다음 그림은 현금흐름표로 만든 차트입니다.

본업으로 벌어들인 현금수지를 **나타내는 영업현금흐름은 마이너스 45억 6,700만 엔으로 큰 적자**를 보입니다.

유형자산을 매각하여 투자현금흐름은 10억 9,000만 엔으로 플러스가 됐지만, FCF(잉여현금흐름 = 영업현금흐름 + 투자현금흐름)는 마이너스 34억 7,700만 엔입니다. FCF가 마이너스라는 것은 재무현금흐름으로 그 구멍을 메꾸지 않는 한 보유 중인 현금이 감소한다는 의미입니다.

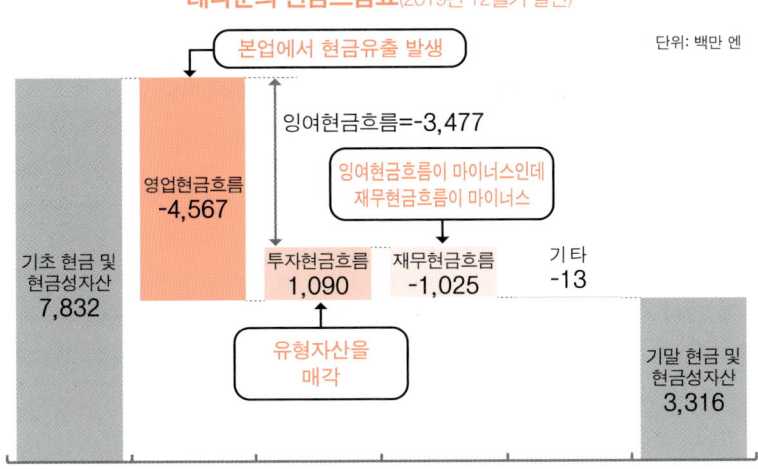

※ 2019년 12월기 결산은 10개월의 변칙결산

즉 **차입이나 사채 발행, 증자 등으로 새로운 자금조달에 나서지 않으면 현금이 부족한 상황**에 처할 수 있습니다.

하지만 **레나운의 재무현금흐름은 마이너스 10억 2,500만 엔을 기록했고, 현금 잔액은 기초 78억 3,200만 엔에서 기말 33억 1,600만 엔으로 크게 감소했습니다.**

현금 부족 상황을 겪는 레나운의 재무현금흐름이 마이너스가 된 이유는 무엇일까요? 이 질문에 대한 답은 뒤에서 설명하겠습니다.

재무 제한 조항과 연체된 외상매출금 때문에 곤란해진 자금조달

다시 한번 레나운의 매출액, 영업이익, 그리고 매출액영업이익률 추이를 살펴볼까요.

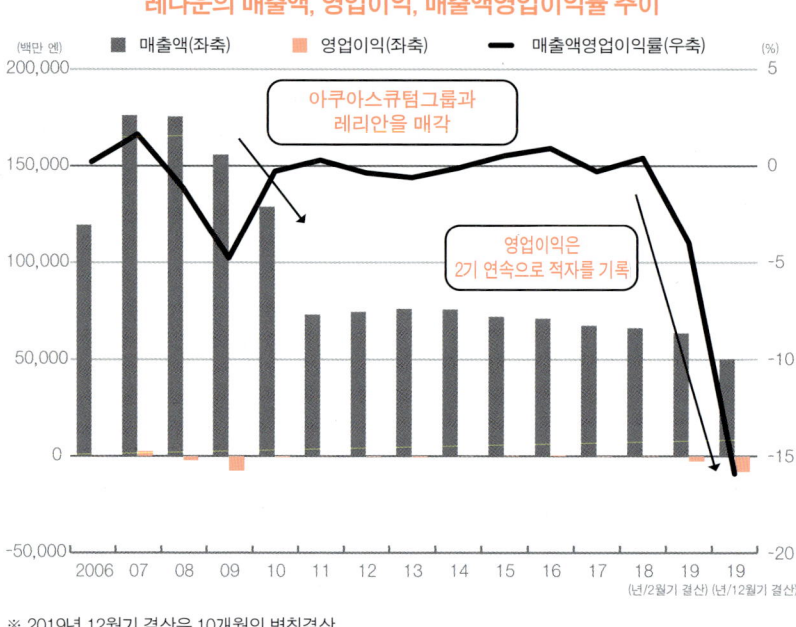

※ 2019년 12월기 결산은 10개월의 변칙결산

이에 따르면, 연결자회사였던 아쿠아스큐텀그룹과 레리안을 매각한 후 **2011년 2월기 결산부터 2018년 2월기 결산까지는 영업적자와 흑자를 왔다 갔다** 했습니다.

그런데 **2019년 2월기 결산과 2019년 12월기 결산에서는 2기 연속으로 영업적자를 기록했습니다. 특히 2019년 12월기 결산의 매출액영업이익률이 마이너스 16%로 큰 폭의 적자를 낸 것**은 앞에서도 설명한 내용입니다.

게다가 그래프에는 표시하지 않았지만, 경상손익도 2기 연속 적자를 기록했습니다. 그 결과, 일부 금융기관과 체결했던 차입계약과 관련해 재무 제한 조항에 저촉되었습니다.

재무 제한 조항이란 '차입계약 등을 체결할 때 정해진 재무적 기준을 지키지 못할 경우에는 금융기관 등에 대하여 즉시 차입금을 상환해야 한다'와 같이 정해진 조건을 말합니다.

레나운은 재무 제한 조항에 저촉되는 상황이었기 때문에 새로운 차입을 진행하지 못하고 기존의 차입금을 상환할 수밖에 없었을 것으로 추측됩니다. 이것이 현금이 부족한 상황임에도 재무현금흐름이 마이너스였던 이유입니다.

이처럼 FCF가 마이너스인데다 재무현금흐름으로도 그 구멍을 막을 수 없게 되며 레나운의 자금조달은 더욱 어려운 상황에 놓였습니다.

게다가 2010년 7월에 진행된 제3자 배정 유상증자를 통해 레나운의 모회사가 된 중국 최대 섬유기업 산둥루이의 홍콩 자회사로부터 외상매출금을 회수하지 못하는 상황이었습니다.

연체된 외상매출금의 대손충당금 이월액은 53억 2,400만 엔까지 올랐습니다. 이것이 재무상태표에서 대손충당금이 크게 증가한 이유입니다.

이러한 상황들로 레나운의 2019년 12월기 결산 유가증권보고서에는 '계속기업가정에 대한 주석'이 기재되었습니다. 계속기업으로서 존속 능력에 중대한 의문이 제기된다는 것은 **향후 사업활동을 계속하기 어려울 가능성이 높고, 한마디로 회사의 존속에 레드 카드가 주어진 상태에 가깝다**고 볼 수 있습니다.

2020년 3월 이후 팬데믹 여파로 전국의 백화점 등에서 영업축소의 움직임이 퍼지면서 레나운은 더욱 심각한 상황에 내몰리게 되었습니다. 그 결과, 2020

년 5월 자금조달이 막히며 민사재생법 적용을 신청하기에 이르렀습니다.

영업현금흐름의 적자가 눈에 띄는 레나운의 현금흐름표

레나운의 현금흐름 추이를 나타낸 그림을 살펴보겠습니다. 이에 따르면, 2006년 2월기 결산부터 2019년 12월기 결산까지 전 15기 중 8기의 영업현금흐름은 마이너스입니다. 이처럼 **코로나19 사태 이전부터 레나운의 실적 부진은 계속되어 왔습니다.**

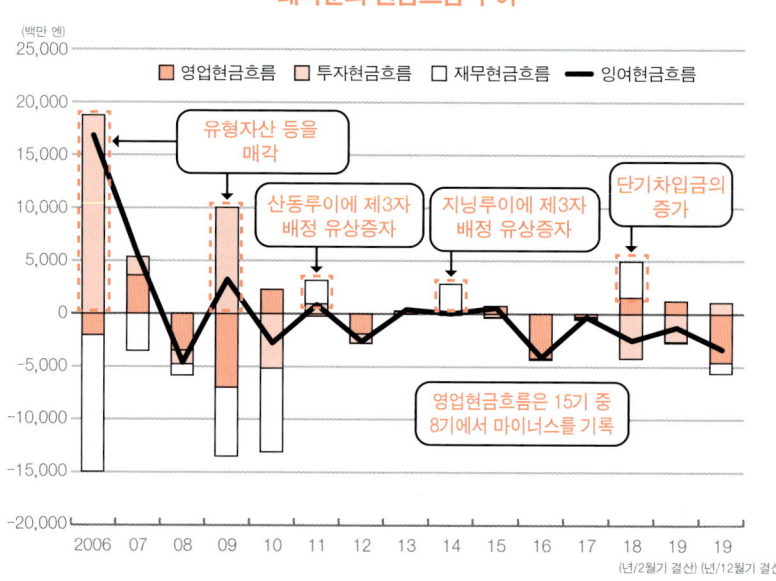

※ 2019년 12월기 결산은 10개월의 변칙결산

이러한 영업현금흐름의 마이너스를 메꾸기 위해 레나운은 유형자산과 투자유가증권을 매각하고, 단기차입금을 늘리는 방식으로 자금을 조달했습니다. **재무상태표에 상당수의 유형자산이 반영되지 않았던 이유는 매각이 가능한 자산을 이미 매각해 버렸기 때문**입니다.

그리고 2010년 5월에는 산둥루이와 자본업무 제휴계약을 맺고, 같은 해 7월에는 제3자 배정 유상증자를 진행했습니다.

2011년 2월기 결산 유가증권보고서에 따르면, 레나운은 이 제휴를 통해 산둥루이의 '고품질의 저가 의류 원료 및 제품 공급 네트워크'와 '유럽 브랜드, 자금력, 중국 판매·물류 네트워크 등의 경영자원'을 활용하여 조기에 경영 재정비에 돌입하려고 했습니다.

그리고 그 이후에도 2013년 12월 산둥루이의 모회사인 지닝루이인베스트먼트홀딩에 제3자 배정 유상증자를 실시하는 등 자금 지원을 받았지만, 레나운의 실적 악화를 막을 수는 없었습니다.

이렇게 레나운은 도산으로 내몰리고 말았습니다.

Point

이번 사례의 핵심 정리!

여기까지 살펴본 바와 같이 코로나19 여파에 따른 판매 부진이 레나운의 최종 자금조달을 압박한 것은 사실이지만, 애당초 실적 부진은 레나운과 더번이 경영 통합을 이룬 시점부터 이어져 왔다는 것을 확인했습니다.

덧붙이자면, 경영 통합 이전부터 레나운의 실적 부진은 계속되어 왔고, 그 시작으로 거슬러 올라가면 일본의 버블경제기 이후에 실적 침체를 벗어나지 못한 것이라고 볼 수 있습니다.

여기서는 자세하게 다루지 않았지만, 백화점을 중심으로 한 비즈니스 모델에서 벗어나지 못하고, 실적 부진이 장기화한 것도 레나운이 도산한 이유 중 하나입니다.

그 와중에 실적 회복을 위한 비장의 카드로 산둥루이와 자본업무제휴를 단행했지만, 이마저도 불발에 그치고 말았습니다.

그 후 실적이 더욱 악화하여 차입금의 조기 상환을 요구받는 동시에 경영 부진에 빠진 산둥루이의 자회사로부터 매출채권 회수가 막히면서 자금조달이 악화하였고, 결국 도산에 이르게 되었습니다.

Section 3

에어백 세계 점유율 2위에 빛나던 다카타가 도산한 이유

명문기업의 창업주 3세가
빠진 함정

▸ 매출액, 경상이익은 견고한데 왜 도산했을까?

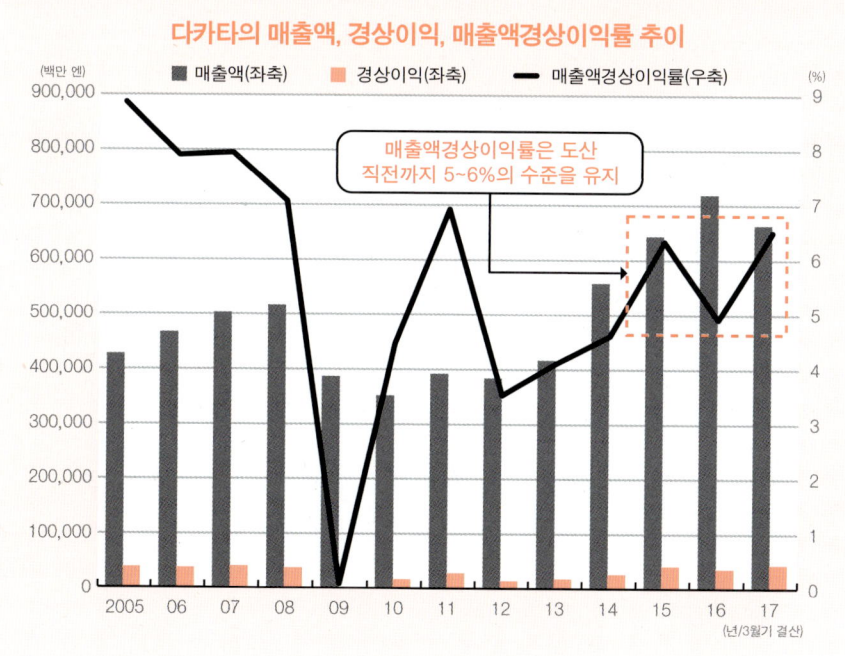

다카타의 매출액, 경상이익, 매출액경상이익률 추이

매출액경상이익률은 도산 직전까지 5~6%의 수준을 유지

여기서는 대형 자동차 부품업체인 다카타(タカタ)의 도산 사례를 다루겠습니다. 다카타는 2017년 6월 민사재생법 적용을 신청했습니다. 이는 일본 제조업체 가운데 전후에 일어난 최대 규모의 도산이었습니다.

다카타는 1956년에 다카다 다케조(高田武三) 초대 사장이 설립한 다케다공장을 시작으로 안전벨트와 에어백, 어린이 전용 시트 같은 자동차의 안전 부품을 제조하는 기업입니다. 2006년 11월 주식을 도쿄증권거래소 1부에 상장했고, 한때 에어백 시장에서 세계 2위의 점유율을 자랑했습니다.

앞의 그림은 다카타의 손익계산서상 매출액, 경상이익, 매출액경상이익률 추이를 나타낸 그래프입니다.

이에 따르면, 2005년 3월기 결산에 4,260억 4,800만 엔이었던 매출액은 정상을 찍은 2016년 3월기 결산에 7,180억 300만 엔까지 성장했습니다.

경상이익의 상황도 견고하고, 2015년 3월기 결산 이후의 매출액경상이익률은 도산 직전 결산기인 2017년 3월기 결산까지 5~6% 전후의 추이를 보였습니다.

일반적으로 자동차 부품업체에서 매출액경상이익률이 5~6% 전후라면 그렇게까지 나쁜 숫자는 아닙니다.

세계적인 에어백 제조업체이자, 매출액과 경상이익의 추이가 견고해 보이던 다카타는 왜 도산에 이르게 되었을까요? 재무제표의 데이터를 보면서 알아보겠습니다.

거듭되는 제품 사고로 자기자본비율이 10% 수준으로 하락

다카타의 경상이익은 견고했지만, **특별이익과 특별손실, 세금 등을 더한 당기순손익(최종손익, 2016년 3월기 결산 이후는 모회사 주주에 귀속되는 당기순손익)**으로 보면 꽤나 양상이 달랐습니다.

다음 그림은 다카타의 당기순손익, 자본, 그리고 자기자본비율 추이를 나타낸 그래프입니다. 이에 따르면 2009년, 2013년, 2015~2017년(모두 3월기 결산)에 오렌지색의 당기순손익은 마이너스로, 최종적자입니다. 특히 **도산 직전인 2015년 3월기 결산부터 2017년 3월기 결산에 걸쳐서 3기 연속 최종적자**를 기록했습니다.

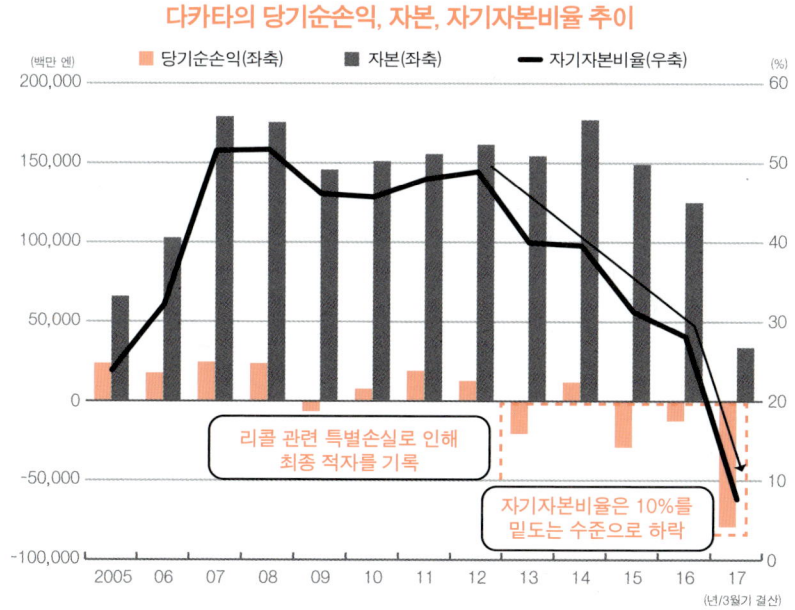

그중에서 2009년 3월기 결산 최종적자의 원인은 리먼 쇼크의 영향으로 자동차 부품 시장의 부진 및 유럽과 미국에서 발생한 구조 조정 비용의 처리입니다. 그러나 이때 다카타의 미래를 크게 뒤흔들 문제도 시작되고 있었습니다.

217

바로 2008년 11월 혼다자동차가 다카타의 에어백으로 첫 리콜을 진행한 것입니다.

이후 2013년 3월기 결산, 그리고 2015년 3월기 결산부터 2017년 3월기 결산까지 이어진 최종적자는 다카타제품의 품질 문제가 원인이었습니다. 2009년 5월 미국에서 다카타 에어백과 관련해 첫 사망 사고가 발생했고, 다카타 에어백의 이상 파열로 수십 명의 사망자가 발생했습니다.

이러한 사고를 계기로 2016년 5월 미군 운수부가 다카타 에어백의 리콜을 지시했고 전 세계에서 진행된 리콜 대상은 1억대 규모로 확대되었습니다(2017년 6월 26일 자 니혼게이자이신문 석간). 그 후 다카타는 2017년 1월 미국 법무부에 배상금 등을 포함한 합의금 10억 달러를 지급하기로 합의했습니다.

그 결과, **2013년 3월기 결산에는 제품 리콜에 따른 제품보증충당금 이월액 299억 7,500만 엔을 계상하고, 최종적자로 전락했습니다.** 2014년 3월기 결산에 최종흑자를 확보했지만, 2015년 3월기 결산과 2016년 3월기 결산에는 제품보증충당금 이월액과 리콜 관련 손실, 제재금, 합의금 등 리콜로 발생한 손실의 합계를 특별손실로서 총합계 579억 5,900 만 엔과 440억 3,400만 엔을 반영하고 최종적자를 기록했습니다.

게다가 2017년 3월기 결산에는 미국 법무부와 합의에 따른 사법거래 관련 손실 975억 4,500만 엔을 계상하고, 특별손실에서 리콜 관련 손실(사법거래 관련 손실, 리콜 관련 손실, 제품보증충당금 이월액, 제조물 책임 관련 합의금의 합계)은 총합계 1,200억 400만 엔까지 불어났습니다. 그 결과가 **2017년 3월기 결산에 처리된 795억 8,800만 엔이라는 역대 최대의 최종적자**입니다.

이러한 최종적자가 이어진 결과, 자본은 2014년 3월기 결산 1,768억 8,800만 엔에서 2017년 3월기 결산 331억 4,200만 엔까지 급감했습니다. **자기자본비율은 10% 수준까지 떨어졌습니다.**

이러한 상황을 겪은 다카타의 2017년 3월기 결산 제3사분기 보고서에는 '계속기업가정에 대한 주석'이 추가되었습니다. 레나운의 사례(203~212쪽)와 동일하게 **계속기업으로서 존속 능력에 중대한 의문이 제기된다는 것은 향후 사업활동을 계속하기 어려워질 가능성이 높고, 회사의 존재에 레드 카드가 주어진 상태에 가깝**다고 말할 수 있습니다.

리콜 관련 지불로 영업현금흐름도 급감

다카타의 현금흐름 상황은 어떻게 바뀌었을까요? 다음 그림은 다카타의 현금흐름표에서 2005년 3월기 결산부터 2017년 3월기 결산까지의 영업현금흐름, 투자현금흐름, 재무현금흐름, 그리고 현금 및 현금성자산의 기말 잔액 추이를 나타낸 그래프입니다.

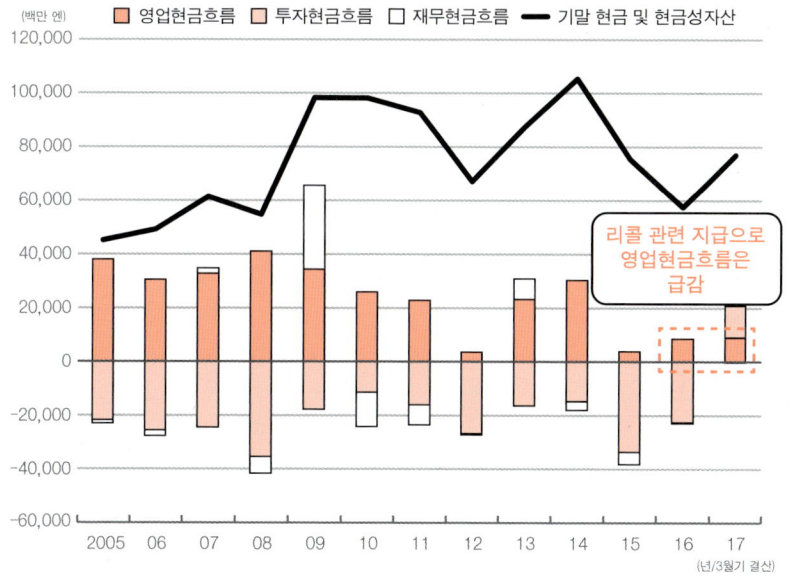

다카타의 현금흐름과 기말 현금 잔액 추이

이에 따르면, 2015년 3월기 결산 이후의 영업현금흐름은 크게 감소했습니다. 특히 2016년 3월기 결산의 제품보증충당금 지급과 2017년 3월기 결산의 사법거래 관련 손실 지급이 영업현금흐름에 크게 영향을 끼쳤습니다. **돈을 버는 힘이 떨어진 것과 더불어 이러한 리콜 관련 지급이 발생하며 영업현금흐름을 크게 떨어트리는 원인이 되었다**고 볼 수 있겠지요.

다행스럽게도 2017년 3월기 결산 시점에는 영업현금흐름이 마이너스까지 떨어지지 않았습니다. 그리고 기말 현금 잔액도 770억 8,300만 엔 수준을 확보했습니다.

그럼에도 그 후 3개월이 채 안 돼서 다카타가 도산에 내몰리게 된 이유는 무엇일까요?

자금난과 도산의 배경에 깔려 있던 기업 풍토

그것을 알아내기 위한 열쇠는 재무상태표에 있었습니다. 다음 그림은 다카타의 2017년 3월기 결산 재무상태표와 손익계산서로 만든 비례축척도입니다.

재무상태표의 오른쪽(부채·자본)에서 가장 큰 금액을 차지하는 항목은 유동부채(3,406억 9,700만 엔)입니다. 여기에는 손익계산서에서 역대 최대 적자를 남기게 된 원인이었던 미국 법무부에 미지급한 합의금 953억 6,000만 엔이 포함되어 있습니다. **그 미지급금이 유동부채에 반영된 것으로 보아, 미국 법무부의 합의금 지급 기한은 2018년 3월말까지였을 것으로 추측됩니다.**

더불어 다카타가 안고 있던 부채는 이에 그치지 않았습니다. 앞에서 언급한 주석에는 미국 법무부의 합의금 지급에다 에어백제품에 대한 리콜 소송 등과 관련된 고액의 비용을 부담할 가능성이 있다고 나와 있습니다. 해당 주석에 구체적인 금액은 명시되지 않았지만, 일본 신용조사기관인 **도쿄상공리서**

치東京商工リサーチ에 따르면, 민사재생법 적용을 신청한 시점에 다카타의 부채 총액은 1조 5,024억 엔에 이르렀습니다(2018년 6월 26일 자 니혼게이자이신문 전자판).

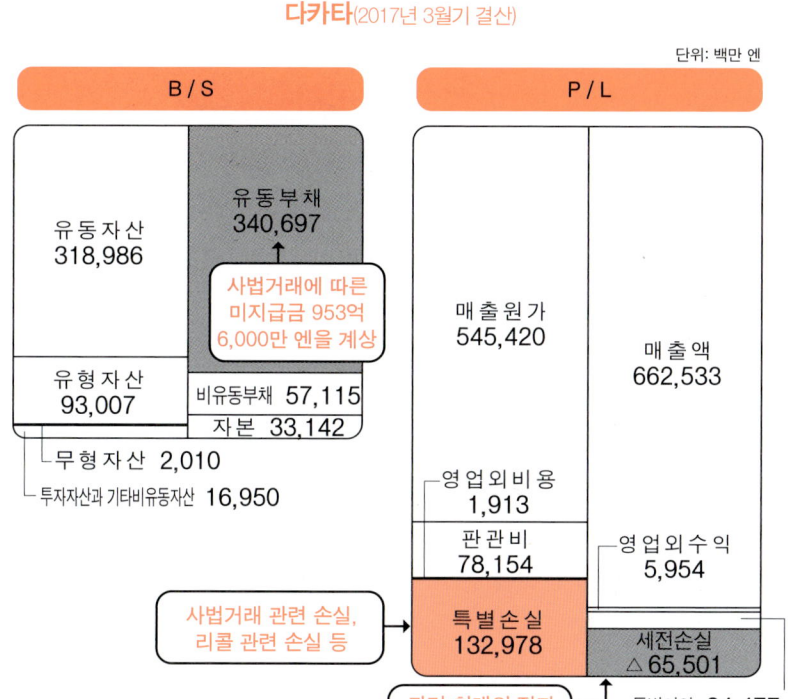

미국 법무부의 합의금과 자동차 제조업체에 지불해야 하는 고액의 리콜 관련 비용이 예상되는 가운데, 다카타는 대형 은행의 채권 회수와 소재부품 공급회사의 대금 회수에 직면하여 자금이 빠져나갔습니다(2017년 7월 14일 자 니혼게이자이신문 조간). 최종적으로 민사재생법 적용을 신청한 시점에 다카타 본체의 현금 및 예금은 불과 십수억 엔만이 남게 되었습니다(2017년 7월 11일 자 니혼게이자이신문 조간). 그리고 예상대로 **자금난이 경영 파탄의 최후의 결정타**가 되었습니다.

민사재생법 적용을 신청한 후 열린 기자회견에서 다카타 창업주 3세인 다카타 시게히사高田重久 회장 겸 사장(이하 다카타 회장)은 다음과 같이 발언했습니다.

"왜 (에어백에서) 이상 파열이 발생한 것인지 도저히 이해할 수 없다. 아직도 고심 중이다(2017년 6월 29일 자 니혼게이자이신문 조간, 괄호 내용은 저자가 추가)."

이 발언을 액면 그대로 받아들이면 다카타 회장은 자사 제품의 책임을 인정하지 않는 것으로 보입니다. 수많은 제품 사고가 벌어진 상황을 감안하면 품질관리 문제는 분명히 제품 현장에서 발생했겠지요. 왜 다카타 회장은 그 상황을 제대로 인식할 수 없었을까요? 앞에서 나온 동일 기사에서 다음 두 가지의 원인을 지적했습니다.

첫 번째는 다카타 회장의 절대적인 사내 영향력을 꼽을 수 있습니다. 유가증권보고서에 따르면, 2017년 3월기 결산 시점에 창업주 일가는 다카타 주식의 약 60%를 보유하고 있었습니다. 그런 가운데 다카타의 전 사원은 "(다카타 회장에게) 임원이라도 반론은 허락되지 않는 분위기였다(괄호 내용은 저자가 추가)."라고 말했습니다. 이러한 상황에서 현장의 부정적인 정보는 다카타 회장에게 보고되지 않았을 가능성이 있습니다. 결과적으로 다카타 회장의 인식이 현장과 동떨어져 있던 것이 원인 중 하나이지 않았을까요?

그리고 또 하나는 **급격한 글로벌화 진행으로 해외 사업의 상황이 시야에 들어오지 않은 점입니다.** 특히 2017년 3월기 결산 연결매출액의 41%를 차지하던 미주 거점의 독립성이 강하고, 미국 자회사에서 진행되는 일들을 일본 **다카타 본사가 다 파악하기 어려워진 점도** 지적했습니다.

아마도 강력한 경영자의 영향력과 '주인 없는' 해외 자회사가 에어백 부품의 품질 문제와 관련한 하나의 원인이 됐을 가능성이 높겠지요. 하지만 다카타가 품질 문제를 일으킨 원인은 그뿐만이 아닐 가능성이 높습니다.

도산 후 다카타는 문제가 된 에어백 부품 이외의 사업을 2018년 4월 미국 자동차 부품업체인 조이슨세이프티시스템스(구 KSS)가 설립한 조이슨세이프티시스템스재팬에 양도했습니다. 그런데 그 후 **2020년 10월 안전벨트의 품질 부정 문제가 다시 발각**되었습니다. 거기다 문제의 **안전벨트를 제조한 곳은 다름 아닌 시가현 히코네시에 있는 국내 공장이었습니다**(2020년 10월 16일 자 니혼게이자이신문 조간).

이러한 사례를 되짚어보면, 다카타의 부정을 일으킨 원인은 최고 경영진의 문제나 본사에 의한 해외 자회사 관리 문제뿐만 아니라 체질적으로 조직 안에 깊게 뿌리 잡고 있었을지도 모릅니다.

Point

이번 사례의 핵심 정리!

에어백 점유율 세계 2위에 빛나던 다카타는 매출액과 경상이익의 추이가 견고했지만, 반복되는 제품 사고 발생과 그에 따른 리콜 대응 비용으로 막대한 최종 적자를 기록하고, 자본이 크게 줄어들었습니다.

리콜 대응 비용을 지급하기 위해 영업현금흐름도 크게 감소하였고, 크게 불어난 합의금과 자동차 제조업체에 대한 채무 지급의 전망이 보이지 않는 상황에서 자금조달에 압박을 받은 것이 도산에 이르는 최후의 결정타가 되었습니다.

그리고 다카타 도산의 배경에는 최고 경영자와 해외 자회사의 문제와 더불어 제조 현장을 포함한 **체질적인 문제가 있었다고 볼 수 있습니다**.

Section 4

온쿄가 경영 파탄에 이른 원인과 전말

경영 개선을 노린 규모 확대가
파산의 계기로

▸ 온쿄가 경영 파탄에 이르게 된 과정은?

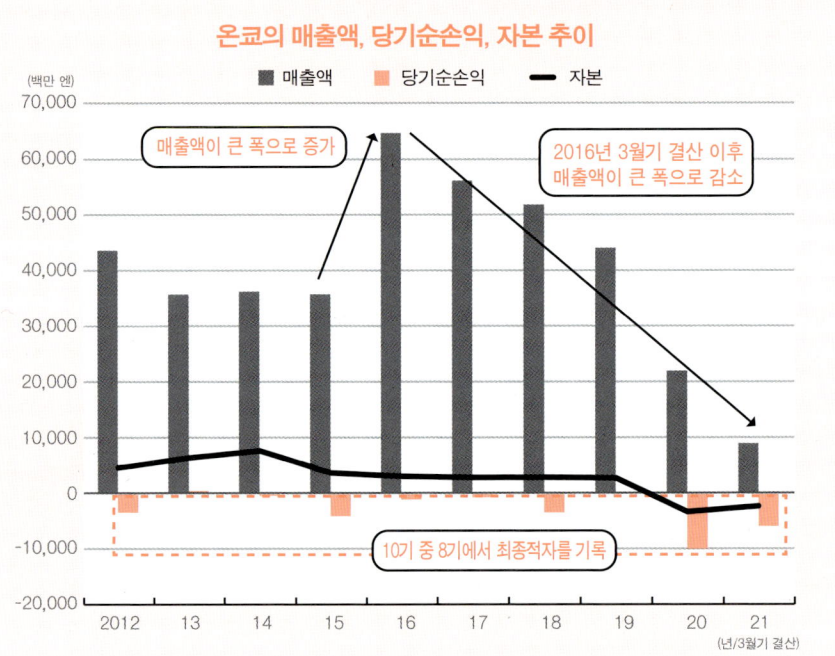

2022년 5월 13일, 온쿄홈엔터테인먼트オンキヨーホームエンターテイメント(이하 온쿄)는 오사카지방법원에 파산 신청을 하고, 파산 절차 개시 결정을 받았습니다.

파산관재인 변호사는 파산의 이유로 "시장 축소와 (사업의) 규모 확대로 채산이 악화됐다."라고 설명했습니다(2022년 5월 14일 자 니혼게이자이신문 조간).

앞의 그래프를 보면 **2016년 3월기 결산 시점에 온쿄의 매출액은 큰 폭으로 증가한 후에 다시 큰 폭으로 감소**했습니다. 당기순손익(2016년 3월기 결산 이후는 모회사주주에 귀속되는 당기순손익)도 2013년 3월기 결산과 2019년 3월기 결산에 가까스로 흑자를 낸 것 이외에는 10기 중 8기에서 최종적자를 기록했습니다.

명문 오디오 제조업체인 온쿄가 파산에 이르게 된 요인은 과연 무엇이었을까요?

우선 재무상태표와 손익계산서를 살펴본 후에 10기분의 재무제표 데이터를 사용하여 파산에 이르게 된 과정을 알아보겠습니다.

파산 직전 온쿄의 재무제표는 어떤 모습이었을까?

다음 그림은 온쿄의 2021년 3월기 결산 재무상태표 및 손익계산서로 만든 비례축척도입니다. 2021년 3월기 결산은 온쿄의 상장폐지 전 마지막 본결산기에 해당합니다.

먼저 재무상태표부터 살펴볼까요. 재무상태표의 왼쪽(자산)에서 유동자산은 50억 8,800만 엔입니다.

여기에는 받을어음 및 외상매출금(매출채권) 65억 1,100만 엔, 재고자산(상품 및 제품, 재공품, 원재료 및 저장품) 19억 5,500만 엔이 포함되어 있습니다. 한편 **매출채권의 회수 불능 예상액에 상당하는 대손충당금은 마이너스 50억 4,900만 엔**입니다. 현금 및 현금성자산은 4억 7,000만 엔에 불과합니다.

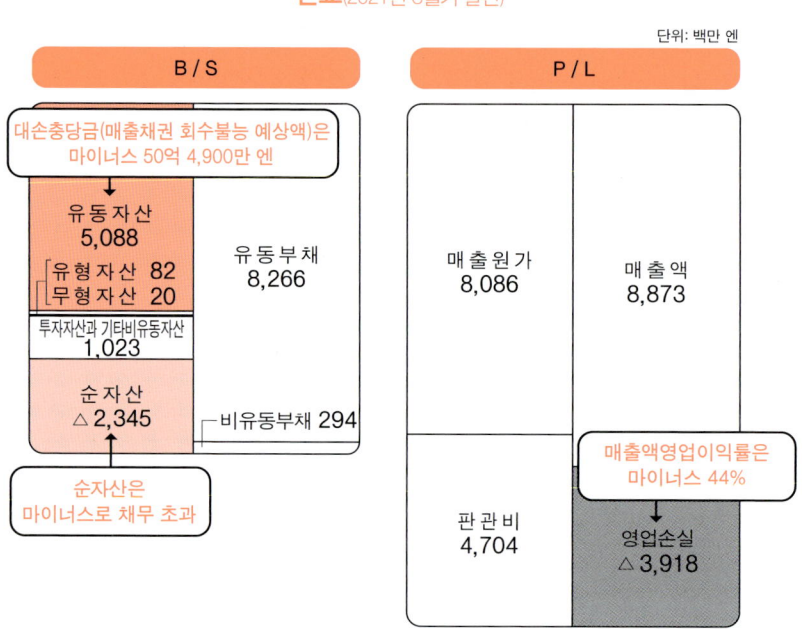

투자자산과 기타비유동자산은 10억 2,300만 엔으로 대부분 투자유가증권(9억 1,300만 엔)에 해당합니다.

재무상태표의 오른쪽(부채·자본)에서 유동부채는 82억 6,600만 엔, 비유동부채는 2억 9,400만 엔이고, 유동부채에 포함된 단기차입금은 6억 6,000만 엔입니다.

그리고 **자본은 마이너스 23억 4,500만 엔으로 부채가 자산을 웃도는, 이른바 채무초과**[66] **상태입니다.**

---

66 부채(소극재산)가 자산(적극재산)을 초과하는 상태를 말한다.

손익계산서를 보면 매출액이 88억 7,300만 엔, 매출원가가 80억 8,600만 엔(원가율 91%), 판관비가 47억 400만 엔(판관비율 53%)이므로, 영업손실은 39억 1,800만 엔입니다. 매출액영업이익률은 마이너스 44%로 매우 큰 폭의 적자 결산입니다.

2기 연속 채무초과와 상장폐지에 이른 과정

다시 서두에도 나왔던 실적 추이를 살펴보겠습니다.

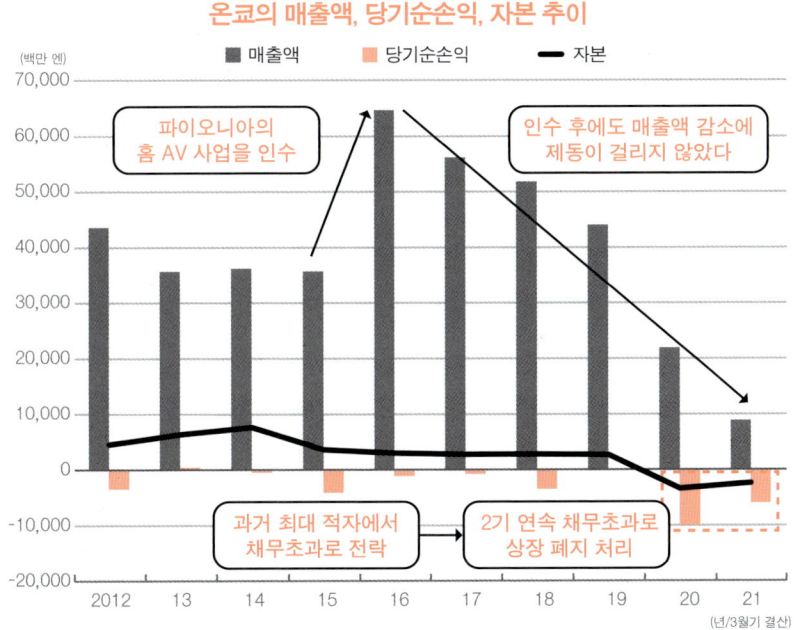

앞에서 설명한 바와 같이 온쿄는 2013년 3월기 결산과 2019년 3월기 결산을 제외하고 지난 10기 중 8기에서 최종적자를 기록하며 장기적으로 실적 침체가 이어졌다는 것을 알 수 있습니다.

2016년 3월기 결산을 보면 매출액이 전기인 2015년 3월기 결산 355억 6,300만 엔에서 643억 9,200만 엔으로 대폭 증가했습니다. 이는 2015년 3월에 파이오니아의 홈 AV(Audio/Video) 사업 등을 인수하며 발생한 것입니다.

인수 목적은 두 회사의 사업을 통합하여 성장시장으로 주목받던 휴대형 오디오 사업 등에 개발 인원 등 경영자원을 투입하는 것이었습니다(2015년 5월 4일 자 닛케이산교신문).

하지만 이후에도 매출액 감소는 멈추지 않았습니다.

온쿄는 2016년 3월기 결산부터 2020년 3월기 결산에 걸쳐서 종업원 수를 1,814명에서 1,134명으로 줄이는 등 고정비 삭감 등을 모색했지만, 매출액 감소를 따라잡지 못하고 적자 결산은 계속되었습니다. 2016년 3월기 결산 제3사분기 보고서에는 '계속기업가정에 대한 주석'이 기재되어 계속기업으로서 존속이 위험한 상황이었습니다(계속기업가정에 대한 주석은 레나운의 사례(209쪽)도 참조).

그리고 2020년 3월기 결산에는 영업적자 53억 4,600만 엔과 더불어 미국 판매대리점의 실적 부진에 따른 대손충당금 이월액(29억 3,400만 엔)을 특별손실로 처리하며 98억 8,000만 엔이라는 역대 최대의 최종적자(모회사주식에 귀속되는 당기순손실)를 냈습니다. 그 결과, 온쿄의 자본은 마이너스를 기록하고 채무초과 상황에 놓였습니다.

2021년 3월기 결산에도 채무초과를 피하지 못한 채 결국 도쿄증권거래소 자스닥의 상장폐지기준에 해당하여 2021년 8월 1일에 상장폐지를 맞았습니다.

현금흐름의 시점으로 해석하는 온쿄의 경영 상황

온쿄의 경영 상황을 알아보기 위해 다음 현금흐름표의 데이터도 살펴볼까요. 본업으로 벌어들인 현금수지를 나타내는 영업현금흐름은 2012년 3월기 결산부터 2021년 3월기 결산까지의 10기 중 8기에서 마이너스를 기록했습니다.

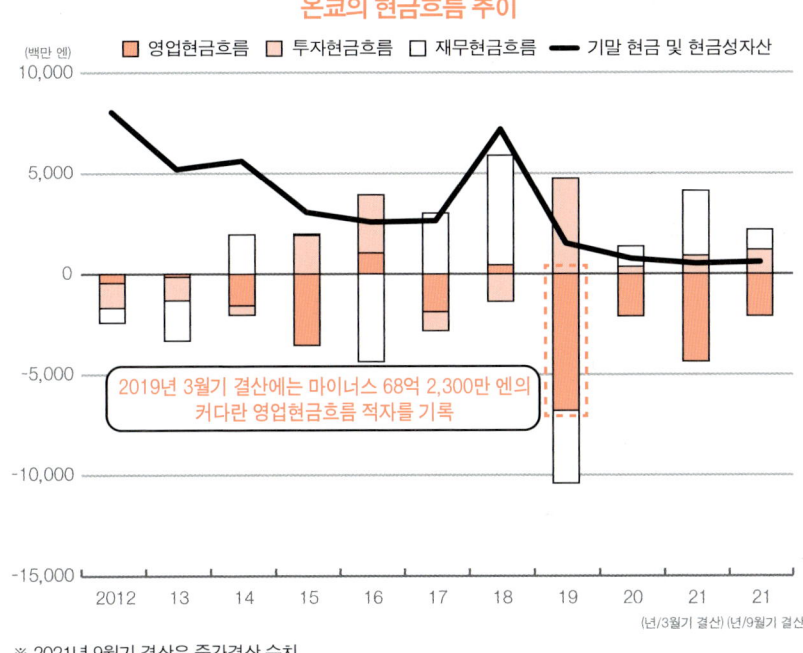

※ 2021년 9월기 결산은 중간결산 수치

현금흐름의 관점에서 봐도 온쿄는 영업지출이 영업수입을 웃도는 상황이 계속되는 것을 확인할 수 있습니다.

특히 **2019년 3월기 결산에는 영업현금흐름에서 마이너스 68억 2,300만 엔이라는 큰 적자를 기록**했는데, 그 요인을 알아보기 위해 현금흐름표를 자세히 살펴보겠습니다.

다음 그림에 따르면, 영업현금흐름의 적자가 커지는 요인은 매입채무의 감소(45억 9,200만 엔)입니다. **매입채무가 감소한다는 것은 그 감소분만큼 현금으로 지불한다는 의미이기 때문에 현금 감소의 요인이 됩니다.** 그렇다면 왜 이렇게까지 매입채무가 감소했을까요?

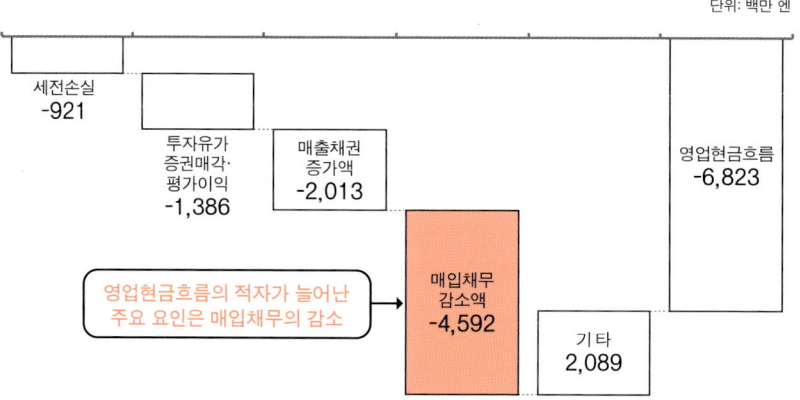

2019년 3월기 결산 유가증권보고서에 기재된 '계속기업가정에 대한 주석'에 따르면, 온쿄의 '거래처 영업채무의 지급 지연'은 2019년 3월말 시점에 38억 7,400만 엔이 존재합니다. 자금조달이 심각해진 결과, 거래처에 지급이 밀린 상황을 엿볼 수 있습니다.

이러한 상황을 타파하고자 온쿄는 여러 재무 기반 강화 대책을 실시하고, 이를 거래처에 설명하여 '대체로 양호한 반응'을 얻어냈습니다. 그러나 영업현금흐름에서 매입채무 감소액이 컸던 것으로 보아, 실제로는 상당수의 거래처에서 신용을 잃고 엄격한 거래조건을 요구하는 상황이었을 것으로 추측됩니다.

상황이 여기까지 오면 제품 생산에 필요한 부품과 원재료 등의 재고를 매입하는 일도 여의치 않습니다. 실제로 2020년 3월기 결산 유가증권보고서에 따르면, AV 사업에 관한 '영업채무의 지급 지연이 계속되어 일부 거래처로부터 거래조건을 재검토하자는 요청을 받고, 생산을 축소·정지'할 수밖에 없는 상황에 놓였습니다.

이처럼 온쿄는 매입 거래 조건이 악화하며 **부품과 원재료를 매입하여 제품을 생산·판매하는 정상적인 영업 사이클을 돌리기 어려워졌을 것**으로 짐작됩니다.

상장폐지 후에 온쿄의 자금조달이 막혀버린 이유

여기까지 살펴본 바와 같이 온쿄는 본업에서 현금을 벌기 어려워지면서 만성적인 영업현금흐름의 적자가 계속되는 상황이었습니다. 그래서 온쿄는 유형자산과 투자유가증권을 매각하며 현금 부족에 대응했습니다.

예를 들어 2019년 3월기 결산에 유형자산 매각으로 6억 8,000만 엔, 투자유가증권 매각으로 26억 7,800만 엔, 유럽자회사의 사업양도로 14억 8,800만 엔의 현금수입을 얻었습니다.

그리고 여기에 더해 **증자를 진행하여 자금을 마련했습니다.** 이는 일반적인 공모증자[67] 또는 제3자 배정 유상증자가 아닌 행사가액 수정조항이 붙은 신주예약권[68]과 신주예약권부사채[69] 등을 통한 자금조달 방법입니다.

이러한 자금조달은 신주예약권의 행사가액이 주가 변동에 맞춰서 조정된다는 점에 그 특징이 있습니다. 일례로 온쿄가 2019년 3월 1일에 결의한 제5회

---

67 신규로 주식을 발행할 때 일반대중으로부터 발행유가증권의 응모를 받는 증자.
68 신주 발행회사로부터 일정 기간 내에 일정 가격으로 일정 수량의 주식을 취득할 수 있는 권리. 기업매수자의 지분율을 강제로 낮춘다.
69 행사 기간 내에 발행회사의 주식을 일정 가격으로 취득할 수 있는 권리가 부여된 사채.

신주예약권은 전 거래일 주가(종가)의 90%로 행사가액을 수정하게 됩니다. 이러한 조항을 붙임으로써 신주예약권의 투자가는 10%의 차익금을 확보하는 구조입니다. 단, **이러한 자금조달은 1주당 이익이 감소하므로 주가를 떨어트리는 압력으로 작용합니다.**

그리고 온쿄는 2021년 3월기 결산에서 2기 연속으로 채무초과를 피하기 위해 증자를 통한 자금조달과 더불어 2020년 6월과 2021년 3월에는 부실채권을 주식으로 전환하는 출자전환(채무의 주식화)도 실시했습니다. 그렇지만 최종적으로 채무초과를 벗어나지 못하고, 상장폐지가 된 것은 이미 설명한 내용입니다.

상장폐지가 결정되고, 주식시장에서 자금조달이 어려워진 가운데 온쿄가 모색한 방안은 홈 AV 사업의 매각이었습니다. 그래서 2021년 5월 미국 복스인터내셔널과 샤프에 홈 AV 사업을 양도하는 계약체결을 이사회에서 결의했습니다. 그리고 같은 해 6월 정기주주총회에서 매각이 결정되었습니다.

그러나 7월 1일에 예정되어 있던 매각완료가 9월로 늦춰지며 그 사이에 발생한 고정비 부담을 흡수하지 못하고, 최종적으로 이 사업 양도를 통한 채무 완제도 어려워졌습니다. 그 후 남은 사업을 매각하는 등 자금 확보에 분주했지만, 2022년 3월 18일에 같은 해 2월부터 사업활동을 중지했던 두 개의 연결 자회사(온쿄사운드, 온쿄마케팅)가 오사카지방재판소에 파산신청을 했습니다. 결국 마지막에는 **온쿄도 자금조달에 실패하며 파산 절차를 밟게 되었습니다.**

Point

이번 사례의 핵심 정리!

온쿄의 파산은 오디오 시장 축소에 대응하지 못한 것이 요인이었습니다. 특히 파이오니아의 홈 AV 사업 등을 인수한 뒤 급격한 매출액 저하와 고정비 압박이 온쿄의 경영 상황을 힘들게 만들었다고 볼 수 있겠지요.

이후, 온쿄는 사업 매각을 진행하는 동시에 증자 및 출자전환을 실시하여 2기 연속으로 채무초과를 벗어나려 했지만, 결과적으로는 그마저도 실패했습니다. 그리고 최종적으로 자금조달이 막히며 파산에 이르렀습니다.

Section 5

그레이스테크놀로지의 분식 회계를 왜 알아차리지 못했는가?

회전기간분석은 교묘한 분식 회계를 알아보기 위한 무기가 된다

▸ 교묘하게 숨긴 분식 회계를 알아차릴 수 있을까?

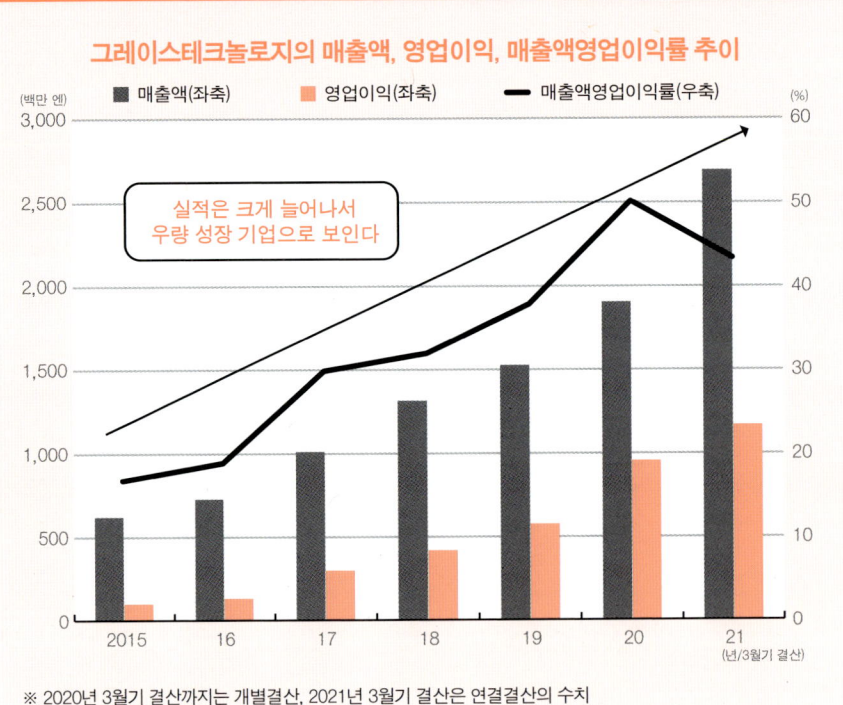

그레이스테크놀로지의 매출액, 영업이익, 매출액영업이익률 추이

실적은 크게 늘어나서 우량 성장 기업으로 보인다

※ 2020년 3월기 결산까지는 개별결산, 2021년 3월기 결산은 연결결산의 수치

그레이스테크놀로지グレイステクノロジー는 분식 회계가 발각되어 2022년 2월 28일에 상장폐지가 결정되었습니다. 이 회사는 제조사를 고객으로 하는 매뉴얼 기획·제작 사업과 매뉴얼을 디지털화하여 제작단계를 줄여주는 시스템의 도입·운영 사업을 주요 사업으로 운영했습니다. 2016년 12월에는 도쿄증권거래소의 마더스에, 2018년 8월에는 도쿄증권거래소 1부에 상장했습니다.

앞의 그래프를 보면, 상장 직전 결산기인 2015년 3월기 결산에 매출액 6억 2,000만 엔, 영업이익 1억 400만 엔, 매출액영업이익률 17%이었던 것에 비해, 2021년 3월기 결산에는 매출액 26억 9,100만 엔, 영업이익 11억 6,500만 엔, 매출액영업이익률 43%가 되었습니다(그레이스테크놀로지는 2020년 3월기 결산까지 개별결산만 작성했는데, 2021년 3월기 결산만 연결결산 수치를 사용-).

여기서부터 매출액과 영업이익이 함께 대폭 성장하며 이익률도 계속해서 향상되는 모습이 나타납니다. **손익계산서상 그레이스테크놀로지의 실적은 순조롭고 성장성이 높은 우량 기업으로 보입니다.**

그레이스테크놀로지는 한때 성장기업으로 장래를 촉망받았지만, 2021년 11월 외부기관으로부터 과년도 결산에서 부적절한 회계처리가 의심된다는 지적을 받았다고 발표한 뒤 2022년 3월기 제2분기 보고서를 제출하지 못한 채 상장폐지가 결정되었습니다.

기업이 분식 회계를 하는 이유는 자사의 실적을 잘 보이려는 목적이기 때문에 손익계산서상에서 보이는 성장성과 수익성이 높은 것은 어찌 보면 당연하다고 말할 수 있습니다. 그렇기 때문에, 손익계산서 이외의 재무제표에서 분식 회계의 징후를 찾아야 합니다.

그레이스테크놀로지가 2022년 1월 27일에 공표한 분식 회계 특별조사위원회의 조사보고서에 따르면, 2021년 4월에 서거한 전 회장 등이 상당히 교묘하게 분식 회계를 주도했다는 사실이 밝혀졌습니다. 그렇다면 재무제표에는 이러한 분식 회계의 징후가 나타났을까요?

여기서는 공시된 재무제표의 데이터를 바탕으로 교묘하게 짜인 분식 회계를 알아보겠습니다.

그레이스테크놀로지의 재무상태표와 손익계산서

먼저 그레이스테크놀로지의 재무상태표와 손익계산서를 살펴보겠습니다. 다음 그림은 분식 회계가 밝혀지기 직전 결산기인 2021년 3월기 결산 연결재무상태표와 손익계산서로 만든 비례축척도입니다.

그레이스테크놀로지 (2021년 3월기 결산)

단위: 백만 엔

B/S
- 유동자산 5,216
  - 현금 및 현금성자산이 41억 8,800만 엔을 차지하고 있다
- 유형자산 779
- 무형자산 60
- 투자자산과 기타비유동자산 312
- 유동부채 1,652
- 비유동부채 1,510
- 자본 3,204

P/L
- 매출원가 661
- 판관비 865
- 영업이익 1,165
  - 매출액영업이익률은 43%로 상당히 높다
- 매출액 2,691

236

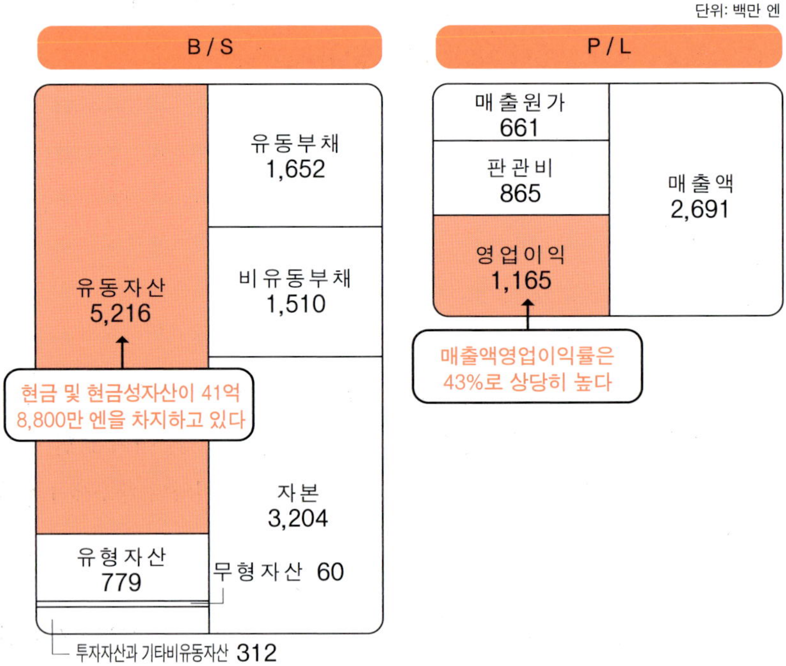

먼저 재무상태표부터 설명하겠습니다. 재무상태표의 왼쪽(자산)에서 유동자산(52억 1,600만 엔)이 가장 큰 금액을 차지합니다. 이 유동자산의 상세 내용을 들여다보면 현금 및 현금성자산 41억 8,800만 엔이 포함되어 있습니다.

재무상태표의 오른쪽(부채·자본)에서 유동부채는 16억 5,200만 엔, 비유동부채는 15억 1,000만 엔이고, 여기에 포함된 유이자부채(차입금)는 각각 9억 2,600만 엔과 14억 6,700만 엔입니다. 자본은 32억 400만 엔, 자기자본비율은 50%입니다.

다음으로 손익계산서를 보면, 매출액은 26억 9,100만 엔, 매출원가는 6억 6,100만 엔(원가율 25%), 판관비는 8억 6,500만 엔(판관비율 32%)입니다. 영업이익은 11억 6,500만 엔이고, 매출액영업이익률은 43%로 상당히 높은 수준입니다.

재무상태표와 손익계산서를 보는 한, 그레이스테크놀로지는 지극히 높은 수익성을 자랑하며 현금부자인 우량 기업으로 볼 수 있습니다.

현금흐름표에서 분식 회계의 징후를 읽어낼 수 있을까?

FOI의 사례(196~201쪽)에서도 언급했듯이 분식 회계를 알아차리는 데 유력한 정보원은 바로 **현금흐름표**입니다.

대부분의 분식 회계 사례는 허위매출을 반영하는데, 이러한 허위매출로 손익계산서상의 매출액과 이익을 조작하더라도 그 거래에서 현금은 생겨나지 않습니다.

따라서, **분식 회계를 하는 기업은 손익계산서상의 이익이 흑자여도 본업의 현금수지를 나타내는 영업현금흐름은 마이너스가 만성적으로 이어지는 경**

우가 흔합니다.

거기다 감사법인은 회계감사를 진행하면서 반드시 금융기관에 예금 잔액을 직접 확인하고 정확한 데이터를 입수하기 때문에, 현금 및 예금 잔액을 조작하는 분식 회계 처리를 했다고 하더라도 금방 감사법인에 발각됩니다. 그래서 일반적으로 '손익과 비교하여 현금흐름은 분식하기 어렵다'고 말합니다.

다음 그림은 그레이스테크놀로지의 현금흐름 추이를 나타낸 차트입니다 (2021년 3월기 결산만 연결결산 수치).

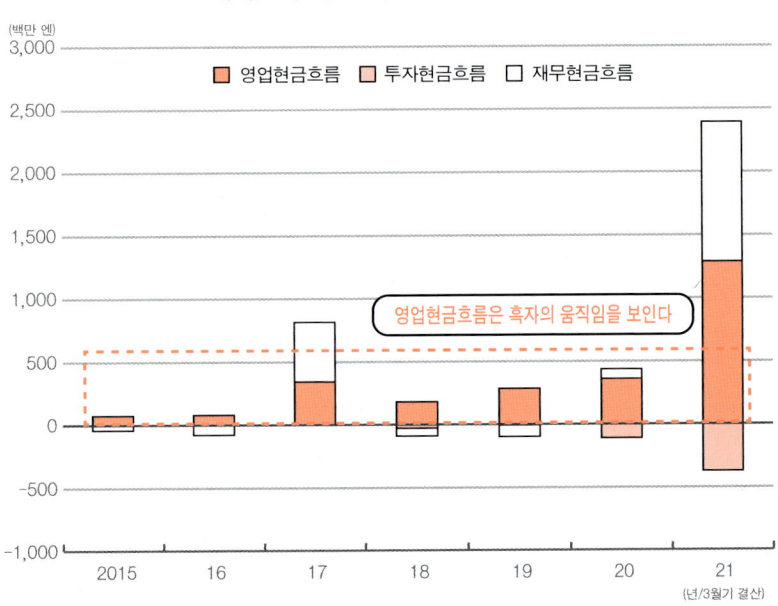

※ 2020년 3월기 결산까지는 개별결산, 2021년 3월기 결산은 연결결산 수치

이에 따르면, 2015년 3월기 결산부터 2021년 3월기 결산까지 그레이스테크놀로지의 영업현금흐름은 일관되게 플러스로 움직입니다. 이를 보이는 그대로 받아들이면 그레이스테크놀로지는 본업으로 현금을 벌어들인다고 해석

할 수 있습니다.

사실 그레이스테크놀로지는 **임원에게 부여한 스톡옵션(자사주를 일정 가격으로 취득하는 권리)을 행사하여 취득한 주식을 시장에서 매각하고, 그것으로 얻은 사적인 자금을 거래처에 입금된 매출대금으로 둔갑시켜 위장입금을 하는 수법**으로 분식 회계를 저질렀습니다. 바로 **영업현금흐름이 플러스가 되도록 조작**한 것입니다. 그래서 그레이스테크놀로지의 현금흐름 데이터에서는 분식 회계의 징후를 발견하기가 어렵습니다.

매출채권회전기간이 장기화된다는 의미는 무엇일까?

분식 회계를 파헤칠 때 유용한 수법은 회전기간지표를 활용한 분석입니다.

회전기간지표란, 재무상태표에 반영된 **매출채권(받을어음 또는 외상매출금), 재고(재고자산), 매입채무(지급어음 또는 외상매입금)가 매출액의 며칠분에 상당하는지**를 보는 지표입니다. 바꿔 말하면, 매출채권회전기간은 매출채권이 현금으로 회수되기까지의 기간, 재고자산회전기간은 재고를 매입하여 판매하기까지의 기간, 매입채무회전기간은 재고를 매입하여 매입대금을 지급하기까지의 기간을 기준으로 합니다.

허위매출을 만들거나 매출 처리를 앞당기는 방식의 분식 회계를 한 경우, 매출대금의 미입금이나 입금 지연 등이 발생하기 때문에 **매출채권회전기간이 부자연적으로 장기화**되는 형태로 분식 회계의 징후가 나타납니다. 따라서 **회전기간분석은 분식 회계를 간파하는 데 강력한 도구가 됩니다.**

다음 그림은 그레이스테크놀로지의 매출채권회전기간, 재고자산회전기간, 매입채무회전기간을 나타낸 그래프입니다(그래프를 보기 쉽도록 매입채무회전기간을 마이너스 쪽으로 표시했는데, 실제로 계산된 수치는 플러스).

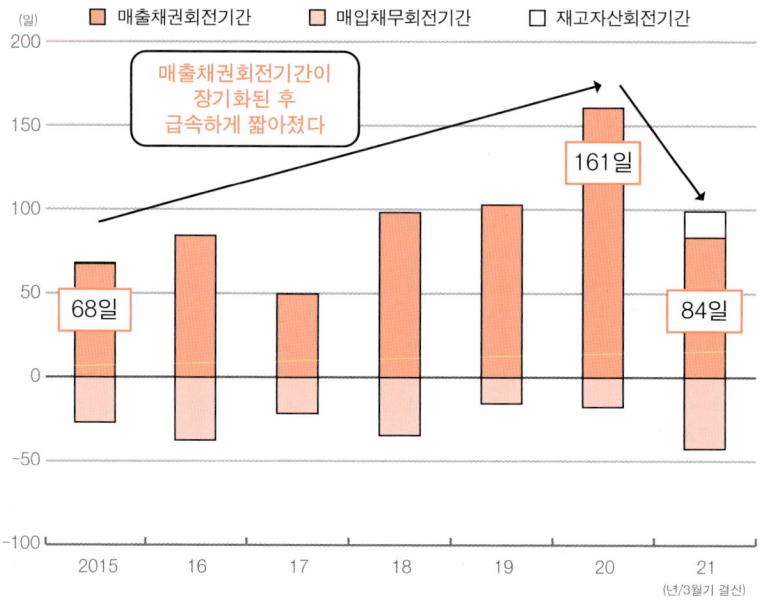

이에 따르면, 그레이스테크놀로지의 **매출채권회전기간은 2015년 3월기 결산에 68일이었던 것에 비해, 2020년 3월기 결산에는 161일로 장기화되었습니다.** 서비스업의 매출채권회전기간은 일반적으로 60~80일 정도인 것으로 보아, **그레이스테크놀로지의 2020년 3월기 결산 매출채권회전기간은 비정상적으로 길어져 있다**고 볼 수 있습니다. 실제로 그레이스테크놀로지는 매출을 앞당겨 처리하거나, 허위매출을 반영했습니다. 그래서 매출대금의 입금 지연이 발생하고, 매출채권회전기간은 장기화되었습니다. 여기서 분식회계의 징후가 나타났다고 볼 수 있습니다.

그런데 2021년 3월기 결산(연결)의 매출채권회전기간은 84일로 단축되었습니다. 이것을 호의적으로 해석하면, 어떠한 사정으로 매출대금의 입금은 늦어졌지만, 2021년 3월기 결산에는 그 입금이 완료되었다고도 볼 수 있겠지요.

하지만 이 매출채권회전기간의 단축도 분식 회계로 인해 나타난 것이었습니다.

그레이스테크놀로지의 분식 회계는 어떻게 진행되었을까?

특별조사위원회의 조사보고서에 따르면, 그레이스테크놀로지의 매출액과 이익을 부풀린 분식 회계의 주요 수법은 '매출의 조기 계상'과 '허위매출 계상' 이 두 가지였습니다.

일반적으로 이러한 수법에 의한 단순 분식 회계는 매출대금의 미입금 또는 입금 지연이 원인이 되어 영업현금흐름이 만성적인 마이너스가 되거나 매출채권회전기간 등이 장기화되기 때문에 분식 회계의 징후를 알아차릴 수 있습니다.

한편 이러한 영업현금흐름의 마이너스를 속이기 위해 본래 재무현금흐름에 반영해야 하는 현금수입을 영업현금흐름에 반영하거나, 또는 투자현금흐름의 현금지출을 그대로 영업현금흐름의 현금수입으로 되돌리는 수법을 사용하는 경우도 있습니다. 이러한 수법으로 분식 회계의 실태를 파악하려면 회사 내부에서 투자가 실재하고 있는지 여부 등을 조사할 필요가 있습니다. 그래서 외부에서 분식 회계의 존재를 발견하기는 쉽지 않습니다.

심지어 그레이스테크놀로지의 경우는 앞에서 언급한 바와 같이 임원이 스톡옵션을 행사하여 얻은 사적 자금을 거래처의 매출대금으로 둔갑시켜 위장입금을 하는 방식의 교묘한 수법을 사용했기 때문에, 외부에서 분식 회계가 진행되고 있었는지를 단정하기 어려운 사례입니다.

그렇지만 **2020년 3월기 결산까지 매출채권회전기간이 장기화된 것을 알아차렸다면**, 어떠한 이유로 매출대금의 입금이 늦어지고 있는지 파악할 수 있었을 것입니다.

이것으로 분식 회계의 존재를 의심할 때 회전기간분석이 유효한 도구라는 것을 알았습니다.

Point

이번 사례의 핵심 정리!

여기서 살펴본 그레이스테크놀로지는 재무제표에 반영하지 않은(부외) 사적자금을 사용하여 매출대금이 회수된 것처럼 위장입금으로 처리했습니다. 그래서 영업현금흐름을 보더라도 분식 회계 여부를 추측하기 어려운 사례였습니다. 분식 회계를 저지르는 경영자는 기본적으로 걸리지 않으려는 생각으로 조작하기 때문에 분식 회계를 외부에서 간파하기는 쉽지 않습니다.

그렇지만 회전기간분석을 활용하면 2020년 3월기 결산까지 매출채권의 회수가 장기화된 것을 파악할 수 있습니다. 이러한 경우 적어도 '왜 매출채권 회수가 늦어지고 있지?'라는 의문점을 가지고 그 회사의 비즈니스 실태를 지켜볼 필요가 있겠지요.

맺음말

이 책의 목적은 독자 여러분에게 재무제표를 비즈니스 모델과 연결하여 해석하는 힘을 길러주려는 것이었습니다. 비즈니스에서 재무제표 읽기의 중요성은 날로 늘어가고 있습니다. 제가 경영컨설턴트로 커리어를 시작한 약 25년 전의 상황과 비교해 봐도 경영자층이나 경영기획 등의 부문에서 회계 및 재무 숫자의 활용도는 비약적으로 높아졌다고 느껴집니다.

그렇다면 현장에서 일하는 직장인의 이해도는 어떨까요? 아직 회계 숫자에 대한 거부감이 강하게 자리를 잡고 있는 것 같습니다. 본인이 일하는 회사나 속해 있는 부서의 매출액과 이익에 관계된 손익계산서는 어느 정도 읽을 수 있어도, 재무상태표와 현금흐름표는 익숙하지 않아서 여전히 꺼리는 사람이 많은 것 같습니다.

경영진은 회계 및 재무 숫자를 활용하여 회사가 안고 있는 문제를 분석하고, 다양한 전략을 검토합니다. 그리고 그렇게 세워진 대책을 현장에 적용하게 됩니다. 그런데 현장에서 회계 및 재무에 대한 이해도가 낮으면 어떤 일이 벌어질까요? 각각의 대책에서 어떤 효과가 기대되는지, 그 의도를 잘 이해하지 못하기 때문에 현장에서 그 대책이 충분한 효과를 불러오지 못하는 일이 자주 발생합니다.

그래서 경영진은 자신들이 이해하고 있는 회계 및 재무 지식을 현장에도 요구하기 때문에 재무제표를 읽지 못하면 곤란하다고 느끼는 직장인이 늘어나고 있습니다. 이러한 사정이 재무제표를 읽는 방법이나 회계 숫자를 통해 회사의 문제를 분석하는 방법을 배우고 싶어 하는 수요가 높아지는 이유라고 생각합니다.

저는 대학에서 교편을 잡고 있는데, 강의를 이수하고 있는 학생에게 "취업하고 싶은 회사의 실제 경영 상태를 알고 싶은데, 어떻게 분석해야 할까요?"라는 질문을 자주 받습니다. 이렇게 취업준비생도 재무제표 읽는 방법을 배워 두면 굉장히 유익합니다. 물론 이직을 고려 중인 직장인에게도 필수 스킬이라고 말할 수 있지요.

왜냐하면 재무제표의 숫자를 보고 그 회사의 경영 상태와 전략, 과제를 확실히 부각할 수 있기 때문입니다. 기업설명회는 대부분 그 회사의 '좋은 점, 보여주고 싶은 점'을 중심으로 설명하겠지만, 재무제표에는 그 회사가 되도록 '감추고 싶다'라고 생각하는 부분이 드러나는 경우가 많습니다.

하지만 재무제표의 숫자만 본다고 재무제표를 읽을 수는 없습니다. '머리말'에서 언급한 대로 재무제표와 비즈니스는 각각 단독으로 존재하는 것이 아니라 상호 연결되어 있습니다. 재무제표의 내용에 대한 이해를 높이기 위해 비즈니스 자체에 대한 이해도 빠질 수 없습니다.

그래서 이 책에서는 제가 재무제표를 읽을 때 숫자의 어떤 부분에 주목하는지, 그리고 그 회사의 비즈니스와 어떻게 연결하면서 재무제표를 읽는지를 알 수 있도록 고민하며 집필했습니다. 한 명이라도 많은 독자에게 이 책이 '비즈니스 모델'의 시점을 익히는 데 도움이 됐다면 저자로서 이보다 더한 기쁨은 없습니다.

이 책이 세상에 나오기까지 정말로 많은 분의 협조를 받았습니다. Twitter에서 저의 계정을 팔로우해 주신 분들에게 어떤 회사의 재무제표를 사례로 다루면 더 재미있게 배울 수 있을지, 현재 주목을 받는 회사는 어디인지, 이러한 질문을 하면서 큰 힌트를 얻었습니다. 팔로워 여러분에게 마음속 깊이 감사드립니다.

대학 외에 컨설팅프로젝트나 사외이사로 일하면서 비즈니스 현장에서 회계 숫자가 어떻게 활용되는지를 생생하게 배울 수 있었습니다. 현장에서 함께 일하는 여러분들에게 진심으로 감사의 뜻을 표합니다. 그리고 대학 강의와 세미나에 참여하는 수강생과 나눴던 이야기도 이 책을 집필하는 데 큰 도움이 되었습니다. 깊이 감사드립니다.

이 책의 기획, 내용에 대하여 지지해 주고 출판의 기회를 주신 도요게이자이 신문사 東洋経済新報社 여러분, 특히 편집자로 이 책의 구성, 집필, 디자인 등에 이르기까지 서포트해 주신 오카다 코지 岡田光司 님, 곤도 오야아토 近藤彩斗 님에게 깊이 감사드립니다.

그리고 원고 분량 관계상 이름은 적지 못했지만, 이 책을 완성하기까지 도움을 주셨던 많은 분께 진심으로 감사드립니다. 마지막으로 이 책을 집필하는 데 언제나 격려해 주고 끊임없이 지원해 준 가족에게 늘 고맙다는 말을 전하고 싶습니다.

2023년 3월

야베 켄스케 矢部 謙介

글로벌 기업 재무제표로 알아보는

비즈니스 모델 분석

출간일	2024년 7월 12일
지은이	아베 켄스케
옮긴이	김여은
펴낸이	김범준
기획 · 책임편집	조부건
교정교열	양은하
편집디자인	김옥자
표지디자인	이세래나
발행처	(주)비제이퍼블릭
출판신고	2009년 05월 01일 제300-2009-38호
주 소	서울시 중구 청계천로 100 시그니처타워 서관 9층 949호
주문 · 문의	02-739-0739 팩스 02-6442-0739
홈페이지	http://bjpublic.co.kr 이메일 bjpublic@bjpublic.co.kr
가 격	22,000원
ISBN	979-11-6592-276-4 (93320)

한국어판 ⓒ 2024 (주)비제이퍼블릭

이 책은 저작권법에 따라 보호받는 저작물이므로 무단 전재와 무단 복제를 금지하며,
내용의 전부 또는 일부를 이용하려면 반드시 저작권자와 (주)비제이퍼블릭의 서면 동의를 받아야 합니다.

이 책을 저작권자의 허락 없이 **무단 복제 및 전재(복사, 스캔, PDF 파일 공유)하는 행위**는 모두 저작권법
위반입니다. 저작권법 제136조에 따라 **5년** 이하의 징역 또는 **5천만 원** 이하의 벌금을 부과할 수 있습니다.
무단 게재나 불법 스캔본 등을 발견하면 출판사나 한국저작권보호원에 신고해 주십시오(불법 복제 신고
https://copy112.kcopa.or.kr).

잘못된 책은 구입하신 서점에서 교환해드립니다.